大学生劳动教育教程

刘社欣　主编

清华大学出版社
北京

内 容 简 介

2020年3月20日，中共中央、国务院《关于全面加强新时代大中小学劳动教育的意见》（下称《意见》），为构建德智体美劳全面培养的教育体系，就加强新时代大中小学劳动教育提出了新的系统部署和要求。本书正是根据《意见》精神进行编写，主要内容包括：大学生劳动教育的基本要求；构建体现新时代特征的劳动教育体系；坚持新时代劳动精神，做新时代合格劳动者；弘扬新时代工匠精神，争做新时代大国工匠；继承新时代劳模精神，争当新时代新劳模；高校开设劳动教育课程基本要求；学校劳动教育与实践；大学生勤工助学劳动教育与实践；新时代大学生义务劳动教育与实践；家庭劳动教育与方案设计；大学生企业实训劳动教育与实践等。本书还设置了"学习目标""思政目标""导航阅读""拓展阅读"等栏目，增强了内容的可读性和可实践性。

本书旨在培养大学生的劳动精神和劳动习惯，提升大学生的劳动技能，帮助大学生形成正确的世界观、人生观、价值观，可作为全国高等学校大学生劳动教育通识必修课的教材。

图书在版编目(CIP)数据

大学生劳动教育教程 / 刘社欣主编. —北京：清华大学出版社，2022.9
ISBN 978-7-302-61574-3

Ⅰ. ①大… Ⅱ. ①刘… Ⅲ. ①劳动教育—高等学校—教材 Ⅳ. ①G40-015

中国版本图书馆 CIP 数据核字(2022)第 140696 号

责任编辑：李万红
封面设计：周晓亮
版式设计：孔祥峰
责任校对：马遥遥
责任印制：丛怀宇

出版发行：清华大学出版社
    网 址：http://www.tup.com.cn，http://www.wqbook.com
    地 址：北京清华大学学研大厦 A 座   邮 编：100084
    社 总 机：010-83470000   邮 购：010-62786544
    投稿与读者服务：010-62776969，c-service@tup.tsinghua.edu.cn
    质 量 反 馈：010-62772015，zhiliang@tup.tsinghua.edu.cn
印 装 者：大厂回族自治县彩虹印刷有限公司
经 销：全国新华书店
开 本：185mm×260mm 印 张：15.75 字 数：323 千字
版 次：2022 年 9 月第 1 版 印 次：2022 年 9 月第 1 次印刷
定 价：49.80 元

产品编号： 098766-01

编委会

前　言

　　源远流长的中华优秀传统文化，蕴藏着丰富的劳动教育思想。劳动教育是中国共产党取得伟大胜利的法宝之一，我党历史上从开国领袖毛泽东主席，到中国特色社会主义新时代的习近平总书记，历任领导人都高度重视劳动教育。

　　2020 年 3 月 20 日，中共中央、国务院《关于全面加强新时代大中小学劳动教育的意见》（以下简称《意见》），对加强和改进大中小学生劳动教育及其课程建设提出了新的系统部署和要求，充分反映了党中央站在新时代培养社会主义建设者和接班人的政治高度，以及对加强劳动教育的高度重视。《意见》明确指出，"把劳动教育纳入人才培养全过程""与德育、智育、体育、美育相融合"。五育必须融合，既因为教育是一个整体，五育之间有着密切的内在关联，相互渗透、相互支撑、相互促进，也因为融合是教育改革发展的趋势，有利于形成育人的合力，培育、发展学生核心素养，建构更高水平的育人体系。在大学开设劳动教育课，核心是培养大学生的劳动精神、提升大学生的劳动技能、养成大学生的劳动习惯。

　　《意见》明确要求，设置劳动教育课程，整体优化学校课程设置，将劳动教育纳入职业院校、普通高等学校人才培养方案，形成具有综合性、实践性、开放性、针对性的劳动教育课程体系。职业院校以实习实训课为主要载体开展劳动教育，其中劳动精神、劳模精神、工匠精神专题教育不少于 16 学时。普通高等学校要明确劳动教育主要依托课程，其中本科阶段不少于32 学时。除劳动教育必修课程外，其他课程也应结合学科、专业特点，有机融入劳动教育内容。大中小学每学年设立劳动周，可在学年内或寒暑假自主安排，以集体劳动为主。高等学校也可安排劳动月，集中落实各学年劳动周要求。

　　如何培养大学生的劳动精神？首先是要树立马克思主义劳动价值观，即《意见》上所明确的"牢固树立劳动最光荣、劳动最崇高、劳动最伟大、劳动最美丽的观念"；其次是倡导勤劳、奋斗、奉献精神；再次是树立劳模精神和工匠精神；最后是具体的行为表现，即尊重劳动者、珍惜劳动成果、养成劳动习惯等。

　　如何提升大学生的劳动技能？劳动教育要坚持以实践为导向，要"做劳动"，而非简单地"讲劳动"。劳动精神附着在劳动技能上，一个没有劳动技能的人、不会劳动的人，很难有所谓的劳动精神。但是，劳动技能要以劳动精神为目标导向，让劳动技能训练过程折射出劳动精神，让劳动精神在劳动过程中、在技能训练中发挥引领作用。

如何养成大学生的劳动习惯？养成劳动习惯是劳动教育目标中的具体要求。劳动习惯是长期养成的。劳动习惯的养成，在于劳动教育的常态化，表现在日常生活劳动中，特点就是"日常"，日复一日，年复一年，天天做，日日做，经常做，持续做，久而久之，形成习惯。服务性劳动要公益化。因此，要让公益精神在服务性劳动中生长出来，让公益劳动成为自觉要求和行动。当公益精神成为一种动力机制时，就会激发服务的激情，增强自觉性，那么服务性劳动就可以逐步成为一种习惯。生产劳动，要以身体为之，以心领悟之。以身体为之，意即参加到生产劳动中去，经受磨炼；以心领悟之，意即用心领悟生产劳动的价值意义，身心俱进，养成习惯。

根据《意见》的明确要求，我们组织了一批有代表性的高校的专家学者，精心编写了这本《大学生劳动教育教程》。本书主要有以下特点：一是严格根据《意见》要求编写，确立教材体系，重点突出；二是内容科学严谨，既考虑到劳动教育课程的性质，又考虑到教材内容重在教育而非对一种简单劳动的解读，体现了大学课程的学科特点和理论指导特色；三是内容充分注意理论与实践的结合，理论指导与实践操作并重，体现了该课程突出的实践性；四是编写体例新颖，每个章节都有"学习目标""思政目标""导航阅读""拓展阅读""延伸阅读""学习思考""参考文献"等栏目，给学生以理论扩展和实践练习的机会。希望这本教材能对加强高等学校的劳动教育起到积极的推动作用。

本书由刘社欣主编，参加本书编写与审稿的作者和专家有：柏育红、李琳、林高标、张云义、范卉敏、梁辉良、曾锦标、张容、杨越明、林海峰、郭华鸿、谭钊、贺志勇、郭云霞、黄晓新、郑丽娜、余绍标、汪小云、王燕、龚亚东、于洪霜、林文雄、魏晓波、张清华、谭慧连、曾峥、江君、邹采荣、刘明贵、李满启、李鹏、孙健、杜环欢、王佳佳、李朝峰、易艳等人，在此对他们的付出表示衷心的感谢。

本书作为高校通识课教材，在编写过程中，主要以党中央、国务院文件，教育部文件，党的十九大，十九届四中、五中、六中全会报告，新华社、人民日报、光明日报、参考消息等官方主流媒体公开报道的资料为依据，也参考了百度文库等网络媒体资料，特此说明，以示感谢！

本书免费提供教学大纲、教学课件，读者可通过扫描下列二维码下载。

教学大纲

教学课件

刘社欣

2022 年 5 月

目　录

第 一 章

大学生劳动教育的基本要求

马克思主义不仅把生产劳动看作人类社会存在和发展的基础，也把它看作培养人全面发展的根本途径。马克思在《资本论》中谈到"未来教育"时已经提出，"生产劳动同智育和体育相结合""生产劳动是造就全面发展的人的唯一方法"。毛泽东在江西瑞金召开的第二次全国苏维埃代表大会上论述苏维埃文化教育的总方针时，要求"使教育与生产劳动联系起来"。他在1958年又强调，"教育与劳动结合的原则是不可移易的"。1978年4月，邓小平同志在全国教育工作会议上提出，教育与生产劳动相结合，是培养全面发展的新人的"根本途径"。我国教育法已经对教育"必须与生产劳动和社会实践相结合"作出明确规定，指明了培养人的途径。中国特色社会主义建设的新时代，习近平总书记高度重视劳动教育，要求全体学生广泛开展劳动教育实践活动，着力提升劳动教育支撑保障能力，切实加强劳动教育的组织实施。

📖 学习目标

1. 党和国家领导人重视劳动教育。
2. 中共中央、国务院关于大学生劳动教育的要求。

📖 思政目标

1. 毛泽东、邓小平、江泽民、胡锦涛、习近平重视劳动教育。
2. 充分认识新时代培养社会主义建设者和接班人对加强劳动教育的新要求。
3. 培养大学生正确的劳动观。

📖 导航阅读

❧ 延安时期劳动精神的培育对当代高职教育的启示 ❧

马克思主义认为，劳动是人的本质、是人的自我实现。党中央在延安十三年期间，非常重视劳动精神的培育。受制于解决抗日战争、解放战争时期时代主要矛盾的局限，虽然当时没有明确地提出"劳动精神",但回望那段历史,中国共产党在局部执政条件下,方方面面强调劳动意识、选树劳动模范、宣扬劳动事迹、培育劳动精神的脉络清晰可见。历史总会给我们带来启示。习近平总书记在 2018 年全国教育大会上指出,要在学生中弘扬劳动精神,教育引导学生崇尚劳动、尊重劳动,懂得劳动最光荣、劳动最崇高、劳动最伟大、劳动最美丽的道理,培养德智体美劳全面发展的社会主义建设者和接班人。高等职业教育新时代发展内涵中当然 不能缺少对劳动精神的教育培养。

(一) 延安时期劳动精神培育的历史图景

"延安时期劳动精神"指的是党中央从 1935 年 10 月 19 日到 1948 年 3 月 23 日这个时间段,在陕北这块土地上所激发、鼓励、培育出来的尊重劳动、崇尚劳动、热爱劳动的价值理念。这种精神是由每个劳动者个体认同、实践的基础上凝聚形成的,其培育过程体现在陕甘宁边区的各个方面。

1. 经济建设中培育劳动精神

从党中央落脚陕北到 1939 年底,陕甘宁边区的经济来源主要以爱国华侨、仁人志士的捐赠、共产国际分配的经费和国民政府的军饷等这些外援为主。1939 年底,国民党停发八路军军饷,再加上自然灾害、抗日战争进入相持阶段的时局变化,边区财政经济遇到了前所未有的困难。在内忧外患的综合因素下,边区以毛主席的号召"自力更生 艰苦奋斗"为发端,开展了近四年的大生产运动,克服了经济困难、渡过了难关。在此过程中,从上到下,从首长到马夫,全部编入生产小组,每个人都有生产任务,人人参与生产。此外,中国共产党的军队还在农忙时节主动帮助群众生产劳动。热火朝天的农业生产劳动成为后方的主要场景。除了农业,在工业方面,陕甘宁边区在几乎为零的基础上发展了纸张、皮革、火柴、炼铁、修造机器等生产部类,劳动的类别得到了扩大。

经济战线所取得的成绩保证了陕甘宁边区党政军的给养需求,使持久抗战有了物质基础,同时也生动地诠释了"劳动改变生活、劳动创造幸福"的判断。

2. 社会生活中培育劳动精神

党政军干部带头参加生产劳动。党中央一直非常重视干部参加生产劳动,从井冈山时期就形成了这种优良传统。延安时期,毛泽东亲自下地干活,在杨家岭种了菜园子。周恩来一只胳臂受伤,在纺线比赛中成为纺线能手。朱德是拾粪能手。林伯渠带头制定"个人生产节约计划",近 60 岁以身作则,参加劳动。各级干部也都在繁忙的本职工作之余,参加体力劳动。毛泽东送毛岸英到特等劳动英雄吴满有处上"劳动大学"。1949 年 10 月,毛泽东在同绥远负责人的谈话中就指出:"干部要参加生产指挥和劳动。劳动可以改造思想,改造人。"可见,参加劳动的意义和价值已经超出了劳动本身。

改造"二流子"。陕甘宁边区的农村，存在约占人口 6% 的"脱离生产""游手好闲""好吃懒做"的人。他们不劳动，还影响了边区的社会风气。从 1940 年到 1945 年，边区全面开展改造"二流子"工作，使绝大多数"二流子"成为自食其力的劳动者，"好吃懒做被看作是耻辱"，改造过的"二流子"不仅努力生产，自食其力，摆脱了贫困，而且自给有余，走向了丰衣足食，有的甚至成为劳动模范。

劳模运动。陕甘宁边区的劳模运动是从土地革命战争时期的革命竞赛开始，先后举行了"第一届农业展览会""第一届工业展览会""五一劳动大竞赛""生产总结、颁奖大会""劳动英雄代表大会"等多场以表彰先进劳动者、形成示范引领为目的的活动，促进了生产发展，形成了热爱劳动的风尚。

3. 教育事业中培育劳动精神

延安时期，党中央创办的各级各类学校在人才培养过程中明确要求，教育要与实际相结合。

抗大学员最擅长三件事：枪杆子、笔杆子和锄把子。抗大学员除了露天、在"窑洞"里面学习抗日救国的真理外，还自己动手建校舍，自己生产，开荒种地解决衣食住行的物质问题。陕北公学在办学过程中非常重视培养学生对人民群众的革命感情，学生除参与军事训练、理论学习外，还积极参加建校劳动和农业生产劳动。学生在"锄头和土地石子发出铿锵的和谐的合奏"声中提高生产实践能力，培养同劳动人民的深厚感情。

4. 文艺事业中培育劳动精神

延安文艺座谈会，明确提出了文艺为工农兵服务的方针，强调文艺工作者必须到群众中去、到火热的斗争中去，熟悉工农兵，转变立足点。广大文艺工作者深入基层，从信天游、陕北大秧歌中汲取有益营养，创作出了《兄妹开荒》《小二黑结婚》《白毛女》等大量反映劳动人民生活的文艺作品，既改造了文艺工作者本身的人生观、价值观，同时也向社会公众宣传和弘扬了劳动精神。

(二) 延安时期培育劳动精神的历史意义

延安时期劳动精神的培育是全方位的，是中国共产党局部执政状态下社会的共同价值取向，是人们从内而外的一种自觉行动。劳动精神就属于延安精神的有机组成部分，延安精神内涵中本身就有劳动精神的因子。

1. 筑牢了执政基础

延安时期的劳动在较大成分上单指体力劳动，而体力劳动的主体是农民。中国共产党认同劳动，就是和农民拉近了感情距离，也赢得了农民对共产党的支持和拥护。此外，陕甘宁边区对旧日地主富农和小资产阶级进行思想改造，通过劳动教育改变其"贱视劳动"的不良思想，将其培养为社会发展的新人，使其团结在党的周围。对劳动精神的感情认同，很好地诠释了中国共产党"为人民服务"的根本宗旨，筑牢了执政根基。

2. 改造了社会风气

劳动精神的塑造，一改陕甘宁边区之前劳动者就是"受苦人"、其社会地位低下的形象，也扫清了封建寄生意识存活的空间。陕甘宁边区"十个没有"清朗社会风气的形成，劳动精神起了很大作用。人民群众增强了依靠自己辛勤劳动改变生活面貌的信心，群众士气得到了提升。党政军干部实事求是、艰苦奋斗，工作作风得到了改善。

3. 积累了教育经验

陕甘宁边区确定的国民教育工作方针为：学校要与劳动社会家庭相结合，同时发展生产、扩大学校。各级各类学校以此为指导，在教育教学过程中融入劳动教育的做法，既继承了中国教育的优良传统，也开创了面向生产、面向时代开展教育的新局面。

(三) 延安时期劳动精神的培育对当代高职教育的启示

延安时期劳动精神的培育实践和取得的经验成果，对于新时代高等职业教育具有重要的现实意义。高职教育是距离生产实践最为接近的一种教育类型，是基础教育的延伸，也是岗位教育的前站。高职教育的毕业生，走上工作岗位，逐渐成为社会的中坚力量，如果没有对劳动者的充分尊重，或者劳动意识缺失、轻视劳动价值，必然会影响个人事业发展和成长，也会影响高职教育的社会声誉。因此，一定要在继承优良传统的基础上，把劳动精神的培育贯穿于高职教育办学全过程。

1. 在落实立德树人根本任务中强化劳动教育

落实立德树人根本任务，要让学生具有正确的政治方向、具有为国家、为民族而奋斗的精神境界。要教育学生牢固树立"道路自信、理论自信、制度自信、文化自信"，坚定永远跟党走的决心。高职教育要继承延安时期劳动教育兼济思想政治教育的传统，要让学生明白，中国特色社会主义事业不是轻轻松松敲锣打鼓就能实现的，要扛起这项事业的建设者和接班人的重任，必须要有"勤勉的意志、坚毅的品质和忍辱负重的性格"这些劳动背后的精神支撑。立德树人必须回答好"为谁培养人，怎样培养人，培养什么样的人？"的问题，要有理论层面的解读，更要有实践层面实实在在的付出，强化劳动教育势在必行。

2. 在深化产教融合中强化劳动教育

产教融合要向深层次迈进，要充分调动企业参与的积极性，就要使企业在产教融合中获得某种"收益"。产教融合要将学校高涨的热情，化为具体的行动。二者之间，有一个重要的连接点就是人才的供给与需求的匹配。企业希望的人才是"来者能用""来者好用"，高职院校培养的学生必须具备这种价值诉求。延安时期的学校教育非常重视这种结合，很多实行"教学、科研、生产实践三位一体的教学体制"，将学校办成"一面学习、一面工作的实际部门"。借鉴历史经验，高职教育要坚持工学结合的办学模式，培养更多双师型教师，校企合作开发更多实用教材，让课程内容与生产实际和技术进步深度、全面对接，保证实践教学的课时比例，广泛推行理实一体化教学，使学生在学校实践学习过程中体悟劳动精神、提升劳动技能。

3. 在服务经济社会发展中强化劳动教育

延安时期的劳动精神培育是面向全社会铺展开来，是因社会需求而催生出来的。所以，当代高职教育在服务区域经济社会发展过程中要强化劳动教育。然而，服务的方式非常多元，其中最为主要的一个途径就是为社会培养高素质技术技能人才。此外，还要为地方产业发展搭建服务平台，发挥科技人才优势组建社会服务团队，推广先进的科学技术，助推生产发展，引领产业升级。这些环节里，要创造机会让学生广泛地深度参与，在社会实践、科技推广、项目研发、基层扶贫等活动中了解民生、体察民情，从而增强对劳动改变生活、劳动创造幸福的情感认同，同时提高自身的劳动技能。

除此而外，在创新创业教育中、在工匠精神的培育中也应融入劳动教育。

需要注意防止两种狭隘的劳动教育：一是劳动教育就是参加体力劳动。时代在发展，新业态、新职业层出不穷，同时有一些职业和岗位在逐渐淘汰。劳动对象多样化，劳动形态也各异。劳动教育不能仅仅局限于体力劳动。二是为了劳动教育而劳动。如在人才培养方案中专门设立劳动课，采取集中上课、考核等形式主义的方式刻意进行劳动教育；或者过度重视仪式感，在一场场的劳动作秀和表演中进行劳动教育。

劳动教育要回归教育本真，急不得也慢不得。劳动精神对个人应是一辈子需要修养和提升的，对社会应是全体成员应该共同培育和营造的。劳动精神在一定程度上可以革故鼎新生产关系，促进生产力的发展。当代高职教育应借鉴延安时期劳动精神的培育经验，在技能型劳动者担当社会生产者角色之前要将劳动意识筑牢在学生思想深处，将勤劳、诚实奋斗等劳动基因注入学生的行为模式，在提高人才培养质量的同时厚植发展内涵。

资料来源: 樊建荣, 谯坤华. 延安时期劳动精神的培育对当代高职教育的启示. 延安职业技术学院学报. 2018年第6期. https://wenku.baidu.com/view/c05275f6f58a6529647d27284b73f242326c31f7.html.

第一节　国家领导人重视劳动教育

劳动教育是中国共产党从无到有，从弱到强，取得伟大胜利的宝贵法宝之一。我党历史上从开国领袖毛泽东主席，到中国特色社会主义新时代的习近平总书记，历任领导人都高度重视劳动教育。

一、毛泽东主席重视劳动教育

1949 年 10 月 1 日，中华人民共和国成立。刚刚当选为中华人民共和国中央人民政府主席的毛泽东发布公告，宣布中央人民政府"接受《中国人民政治协商会议共同纲领》为本政府的施政方针"。《中国人民政治协商会议共同纲领》确认了"中华人民共和国的文化教育为新民主主义的，即民族的、科学的、大众的文化教育"的基本方针。在中国共产党从革命转向建设的初期，首先坚决摧毁了半殖民地半封建社会的教育制度，迅速完成了对旧中国教育制度的"坚决改造"。中央人民政府政务院 1951 年颁布《关于改革学制的决定》，重点向工农大众敞开教育普及大门，努力保障广大人民群众受教育的基本权利。

1956 年，党的八大宣告完成了从新民主主义到社会主义的过渡。以毛泽东同志为主要代表的中国共产党人于 1957 年提出，"我们的教育方针，应使受教育者在德育、智育、体育几方面都得到发展，成为有社会主义觉悟的有文化的劳动者"。这标志着新民主主义教育方针转变成为社会主义教育方针，新中国开始建立社会主义教育制度的新征程。1958 年，毛泽东同志认为，"教育必须为无产阶级政治服务，必须同生产劳动相结合。劳动人民要知识化，知识分子要劳动化"。同年，《中共中央　国务院关于教育工作的指示》提出，"党的教育工作方针，是教育为无产阶级的政治服务，教育与生产劳动相结合。……教育的目的，是培养有社会主义觉悟的有文化的劳动者"。这是党在社会主义建设初期对教育方针的积极探索。

二、邓小平同志重视劳动教育

1978 年，党的十一届三中全会开辟了改革开放和社会主义现代化建设新时期，以邓小平同志为主要代表的中国共产党人作为第二代党中央领导集体的核心，对我国教育重大问题作出的深刻阐释，逐渐形成了邓小平教育理论体系，成为邓小平理论的重要组成部分。面对世界经济、科技竞争的形势和我国经济实力薄弱、资源不足、人口众多的基本国情，邓小平同志指出，社会主义的根本任务是发展生产力，科学技术是第一生产力。"我们要实现现代化，关键是科学技术要能上去。发展科学技术，不抓教育不行。""我这里说的关于教育、科技、知识分子的意见，是作为一个战略方针，一个战略措施来说的。从长远看，这个问题到了着手解决的时候了。"1992 年，邓小平同志在视察南方时再次指出："经济发展得快一点，必须依靠科技和教育。"

邓小平同志站在社会主义历史命运的高度，反复强调要坚持社会主义办学方向，处理好坚持改革开放与坚持四项基本原则的关系，造就一代又一代社会主义事业的建设者和接班人。他积极倡导："我们在建设具有中国特色的社会主义社会时，一定要坚持发展物质文明和精神文明，坚持五讲四美三热爱，教育全国人民做到有理想、有道德、有文化、有纪律。""革命的理想，共产主义的品德，要从小开始培养。"

为了完善新时期党的教育方针，邓小平同志从教育事业必须与国民经济要求相适应的角度出发，强调教育与生产劳动相结合。1978 年，邓小平同志指出："为了培养社会主义建设需要的合格的人才，我们必须认真研究在新的条件下，如何更好地贯彻教育与生产劳动相结合的方针。"对教育与生产劳动相结合的组织工作进行了具体部署，对马克思主义教育思想作出重大贡献。1995 年，教育"必须与生产劳动相结合"的内容，被列入《中华人民共和国教育法》第五条，成为国家教育方针的重要组成部分。

面对改革开放时期各种社会思潮，1986 年，邓小平同志强调："搞四个现代化一定要有两手，只有一手是不行的。所谓两手，即一手抓建设，一手抓法制。"他要求"要加强各级学校的政治教育、形势教育、思想教育，包括人生观教育、道德教育"。1989 年前后，邓小平同志曾多次深刻地指出："十年最大的失误是教育，这里我主要是讲思想政治教育，不单纯是对学校、青年学生，是泛指对人民的教育。对于艰苦创业，对于中国是个什么样的国家，将要变成一个什么样的国家，这种教育都很少，这是我们很大的失误。"

三、江泽民、胡锦涛同志重视劳动教育

以江泽民同志、胡锦涛同志为主要代表的中国共产党人，在建设中国特色社会主义的实践中，不断完善党和国家教育方针，推动教育改革开放迈上一个个新的台阶，为加快社会主义现代化建设和促进人的全面发展提供了有力支持。1990 年，党的十三届七中全会在关于"八五"计划的建议中提出，"继续贯彻教育必须为社会主义现代化服务，必须同生产劳动相结合，培养德、智、体全面发展的建设者和接班人的方针，进一步端正办学指导思想，把坚定正确的政治方向放在首位，全面提高教育者和被教育者思想政治水平和业务素质"。

中共中央、国务院 1993 年发布的《中国教育改革和发展纲要》重申，各级各类学校要认真贯彻"教育必须为社会主义现代化建设服务，必须与生产劳动相结合，培养德、智、体全面发展的建设者和接班人"的方针。1995 年，《中华人民共和国教育法》第五条规定："教育必须为社会主义现代化建设服务，必须与生产劳动相结合，培养德、智、体等方面全面发展的社会主义事业的建设者和接班人。"这是以教育基本法形式确定的国家教育方针。

1999 年，《中共中央　国务院关于深化教育改革全面推进素质教育的决定》指出，"实施素质教育，就是全面贯彻党的教育方针，以提高国民素质为根本宗旨，以培养学生的创新精神和实践能力为重点，造就'有理想、有道德、有文化、有纪律'的、德智体美等全面发展的社会主义事业建设者和接班人"。2002 年，党的十六大报告提出，"全面贯彻党的教育方针，坚持教育为社会主义现代化建设服务，为人民服务，与生产劳动和社会实践相结合，培养德智体美全

面发展的社会主义建设者和接班人"。这是关于党的教育方针的全面阐述，为 2015 年《中华人民共和国教育法》的修订提供了重要依据。

四、习近平总书记重视劳动教育

党的十八大以来，以习近平同志为核心的党中央领导全党全国人民推动中国特色社会主义进入了新时代，在统筹推进中国特色社会主义事业"五位一体"总体布局中，更加高度重视教育事业，围绕协调推进"四个全面"战略布局，在党的十八届三中、四中、五中、六中全会上相继作出重要部署，对深化教育领域综合改革、全面推进依法治教办学、加强教育系统党的建设、促使教育更好服务全面建成小康社会大局，提出了一系列更为具体的要求。2016 年 12 月，习近平总书记在全国高校思想政治工作会议上提出，"高校培养什么样的人、如何培养人以及为谁培养人"，是一个"根本问题"。2018 年 9 月 10 日，在全国教育大会上，习近平总书记再次强调关于教育"根本问题"的观点，指出：党的十八大以来，我们围绕培养什么人、怎样培养人、为谁培养人这一根本问题，全面加强党对教育工作的领导。在明确教育"根本问题"的同时，他又提出了关于教育"首要问题"的观点，把"培养什么人"论定为"教育的首要问题"。

2018 年 5 月 2 日，习近平总书记在北京大学师生座谈会上说："我先给出一个明确答案，就是我们的教育要培养德智体美全面发展的社会主义建设者和接班人。"他强调："培养社会主义建设者和接班人，是我们党的教育方针，是我国各级各类学校的共同使命。"习近平总书记是基于对历史的考察，以社会客观规律为依据，从维护中国人民根本利益和实现中华民族伟大复兴的高度来阐述为什么我们的教育要培养社会主义建设者和接班人的。他说："近代以来我国历史告诉我们，只有社会主义才能救中国，只有中国特色社会主义才能发展中国，才能实现中华民族伟大复兴。坚持好、发展好中国特色社会主义，把我国建设成为社会主义现代化强国，是一项长期任务，需要一代又一代人接续奋斗。我们的今天就是这样走过来的，我们的明天需要青年人接着奋斗下去，一代接着一代不断前进。" 为中国人民谋幸福，为中华民族谋复兴，是中国共产党人的初心和使命。中国近代以来的历史已经证明，只有坚持中国共产党人 100 多年来接力探索开创的融道路、理论体系、制度和文化为一体的中国特色社会主义，才能把我国建设成为社会主义现代化强国，实现中华民族伟大复兴。因此，在党的领导下坚持和发展中国特色社会主义，成为亿万人民为之共同奋斗的事业，成为当代中国社会生活的主题。这一事业需要一代又一代人接续奋斗。教育作为培养人的事业，对提高人民综合素质、促进人的全面发展具有决定性意义。由此就决定了，作为中国特色社会主义事业有机构成部分的当代中国教育，必须承担起自己的历史使命，把培养社会主义建设者和接班人作为根本任务。概而言之，因为我国是中国共产党领导的社会主义国家，所以我们的教育必须把培养一代又一代拥护中国共产党领导和我国社会主义制度，立志为中国特色社会主义奋斗终身的建设者和接班人作为根本任务。

　　坚持中国特色社会主义教育发展道路，加快推进教育现代化，建设教育强国，既要回答培养什么人的问题，又要回答怎样培养人的问题。习近平总书记在全国教育大会上的讲话作出了系统阐述。讲话提出的"培养德智体美劳全面发展的社会主义建设者和接班人"这一重要论断，对培养目标和培养体系作出了新的概括，发展了党的教育方针。

　　"坚持把立德树人作为根本任务"和"我们的教育必须把培养社会主义建设者和接班人作为根本任务"，是习近平总书记在这一讲话中提出的关于"根本任务"的两个重要论断，是对同一个问题即"我国教育的根本任务是什么"的回答。这表明，我国教育法中规定的"教育应当坚持立德树人"，就是指坚持培养社会主义建设者和接班人。

　　培养社会主义建设者和接班人，必须有实现这一培养目标的教育体系。习近平总书记在讲话中提出，要努力构建德智体美劳全面培养的教育体系，形成更高水平的人才培养体系。要把立德树人融入教育的各个环节，贯穿教育的各个领域。学科体系、教学体系、教材体系、管理体系都要围绕这个目标来设计，教师要围绕这个目标来教，学生要围绕这个目标来学。凡是不利于实现这个目标的做法都要坚决改过来。

　　怎样才能构建起"德智体美劳全面培养的教育体系"？落实立德树人的根本任务，需要在哪些方面下功夫？习近平总书记在讲话中以立德为重点，从德、智、体、美、劳诸方面作了全面阐述。立德树人，首先要在坚定理想信念上下功夫，教育引导学生树立共产主义远大理想和中国特色社会主义共同理想，增强"四个自信"；要在厚植爱国主义情怀上下功夫，教育引导学生热爱和拥护中国共产党，听党话、跟党走，扎根人民、奉献国家；要在加强品德修养上下功夫，教育引导学生培育社会主义核心价值观；要在增长知识见识上下功夫，教育引导学生珍惜学习时光，求真理，悟道理，明事理；要在培养奋斗精神上下功夫，教育引导学生树立高远志向，历练敢于担当、不懈奋斗的精神；要在增强综合素质上下功夫，教育引导学生培养综合能力、创新思维；要树立健康第一的教育理念，开齐开足体育课，帮助学生在体育锻炼中享受乐趣、增强体质、健全人格、锤炼意志；要全面加强和改进学校美育，坚持以美育人、以文化人，提高学生审美和人文素养；要在学生中弘扬劳动精神，教育引导学生崇尚劳动、尊重劳动，长大后能够辛勤劳动、诚实劳动、创造性劳动。

　　党的十八大以来，习近平总书记一贯强调弘扬劳动精神，教育学生热爱劳动。他说："劳动是推动人类社会进步的根本力量。""劳动创造了中华民族，造就了中华民族的辉煌历史，也必将创造出中华民族光明未来。""人世间的美好梦想，只有通过诚实劳动才能实现。必须坚持崇尚劳动。""必须牢固树立劳动最光荣、劳动最崇高、劳动最伟大、劳动最美丽的观念。"他把对劳动的认识提到人类的本质和文明进步规律的高度，指出："劳动是人类的本质活动，劳动光荣、创造伟大是人类文明进步规律的重要诠释。"他明确提出："要教育孩子们从小热爱劳动、热爱创造，通过劳动和创造播种希望、收获果实，也通过劳动和创造磨炼意志、提高自己。"劳动教育不只是劳动知识、劳动技能的教育和劳动能力的培养，也是劳动观念的教育、劳动精神的培育。在中国特色社会主义新时代召开的全国教育大会，把劳动教育与德育、智育、体育、美育一起列入教育方针，表明劳动不仅是实现培养目标的途径，而且其本身就是教育的重要内容，是教育培养体系的重要构成部分。这既是长期教育实践经验的总结，也是教育对现实社会需求和社会问题的回应，抓住了当前教育发展中一个迫切需要解决的关键性问题，必将对进一步明确我国教育的培养目标和发展方向，构建全面培养的教育体系产生深远影响。

第二节　关于全面加强新时代大中小学劳动教育的意见

2020年3月20日，中共中央、国务院《关于全面加强新时代大中小学劳动教育的意见》(以下简称《意见》)，为全面贯彻党的教育方针，构建德智体美劳全面培养的教育体系，就加强大中小学劳动教育进行了系统设计和全面部署。

一、充分认识新时代培养社会主义建设者和接班人对加强劳动教育的新要求

(一) 重大意义。劳动教育是中国特色社会主义教育制度的重要内容，直接决定社会主义建设者和接班人的劳动精神面貌、劳动价值取向和劳动技能水平。长期以来，各地区和学校坚持教育与生产劳动相结合，在实践育人方面取得了一定成效。同时也要看到，近年来一些青少年中出现了不珍惜劳动成果、不想劳动、不会劳动的现象，劳动的独特育人价值在一定程度上被忽视，劳动教育正被淡化、弱化。对此，全党全社会必须高度重视，采取有效措施切实加强劳动教育。

(二) 指导思想。以习近平新时代中国特色社会主义思想为指导，全面贯彻党的教育方针，落实全国教育大会精神，坚持立德树人，坚持培育和践行社会主义核心价值观，把劳动教育纳入人才培养全过程，贯通大中小学各学段，贯穿家庭、学校、社会各方面，与德育、智育、体育、美育相融合，紧密结合经济社会发展变化和学生生活实际，积极探索具有中国特色的劳动教育模式，创新体制机制，注重教育实效，实现知行合一，促进学生形成正确的世界观、人生观、价值观。

(三) 基本原则。

——把握育人导向。坚持党的领导，围绕培养担当民族复兴大任的时代新人，着力提升学生综合素质，促进学生全面发展、健康成长。把准劳动教育价值取向，引导学生树立正确的劳

动观，崇尚劳动、尊重劳动，增强对劳动人民的感情，报效国家，奉献社会。

——遵循教育规律。符合学生年龄特点，以体力劳动为主，注意手脑并用、安全适度，强化实践体验，让学生亲历劳动过程，提升育人实效性。

——体现时代特征。适应科技发展和产业变革，针对劳动新形态，注重新兴技术支撑和社会服务新变化。深化产教融合，改进劳动教育方式。强化诚实合法劳动意识，培养科学精神，提高创造性劳动能力。

——强化综合实施。加强政府统筹，拓宽劳动教育途径，整合家庭、学校、社会各方面力量。家庭劳动教育要日常化，学校劳动教育要规范化，社会劳动教育要多样化，形成协同育人格局。

——坚持因地制宜。根据各地区和学校实际，结合当地在自然、经济、文化等方面条件，充分挖掘行业企业、职业院校等可利用资源，宜工则工、宜农则农，采取多种方式开展劳动教育，避免"一刀切"。

二、全面构建体现时代特征的劳动教育体系

(四) 把握劳动教育基本内涵。劳动教育是国民教育体系的重要内容，是学生成长的必要途径，具有树德、增智、强体、育美的综合育人价值。实施劳动教育重点是在系统的文化知识学习之外，有目的、有计划地组织学生参加日常生活劳动、生产劳动和服务性劳动，让学生动手实践、出力流汗，接受锻炼、磨炼意志，培养学生正确的劳动价值观和良好的劳动品质。

(五) 明确劳动教育总体目标。通过劳动教育，使学生能够理解和形成马克思主义劳动观，牢固树立劳动最光荣、劳动最崇高、劳动最伟大、劳动最美丽的观念；体会劳动创造美好生活，认识劳动不分贵贱，热爱劳动，尊重普通劳动者，培养勤俭、奋斗、创新、奉献的劳动精神；具备满足生存发展需要的基本劳动能力，形成良好的劳动习惯。

(六) 设置劳动教育课程。整体优化学校课程设置，将劳动教育纳入中小学国家课程方案和职业院校、普通高等学校人才培养方案，形成具有综合性、实践性、开放性、针对性的劳动教育课程体系。

根据各学段特点，在大中小学设立劳动教育必修课程，系统加强劳动教育。中小学劳动教育课每周不少于 1 课时，学校要对学生每天课外校外劳动时间作出规定。职业院校以实习实训课为主要载体开展劳动教育，其中劳动精神、劳模精神、工匠精神专题教育不少于 16 学时。普通高等学校要明确劳动教育主要依托课程，其中本科阶段不少于 32 学时。除劳动教育必修课程外，其他课程结合学科、专业特点，有机融入劳动教育内容。大中小学每学年设立劳动周，可在学年内或寒暑假自主安排，以集体劳动为主。高等学校也可安排劳动月，集中落实各学年

劳动周要求。

根据需要编写劳动实践指导手册，明确教学目标、活动设计、工具使用、考核评价、安全保护等劳动教育要求。

(七) 确定劳动教育内容要求。根据教育目标，针对不同学段、类型学生特点，以日常生活劳动、生产劳动和服务性劳动为主要内容开展劳动教育。结合产业新业态、劳动新形态，注重选择新型服务性劳动的内容。

小学低年级要注重围绕劳动意识的启蒙，让学生学习日常生活自理，感知劳动乐趣，知道人人都要劳动。小学中高年级要注重围绕卫生、劳动习惯养成，让学生做好个人清洁卫生，主动分担家务，适当参加校内外公益劳动，学会与他人合作劳动，体会到劳动光荣。初中要注重围绕增加劳动知识、技能，加强家政学习，开展社区服务，适当参加生产劳动，使学生初步养成认真负责、吃苦耐劳的品质和职业意识。普通高中要注重围绕丰富职业体验，开展服务性劳动、参加生产劳动，使学生熟练掌握一定劳动技能，理解劳动创造价值，具有劳动自立意识和主动服务他人、服务社会的情怀。中等职业学校重点是结合专业人才培养，增强学生职业荣誉感，提高职业技能水平，培育学生精益求精的工匠精神和爱岗敬业的劳动态度。高等学校要注重围绕创新创业，结合学科和专业积极开展实习实训、专业服务、社会实践、勤工助学等，重视新知识、新技术、新工艺、新方法应用，创造性地解决实际问题，使学生增强诚实劳动意识，积累职业经验，提升就业创业能力，树立正确择业观，具有到艰苦地区和行业工作的奋斗精神，懂得空谈误国、实干兴邦的深刻道理；注重培育公共服务意识，使学生具有面对重大疫情、灾害等危机主动作为的奉献精神。

(八) 健全劳动素养评价制度。将劳动素养纳入学生综合素质评价体系，制定评价标准，建立激励机制，组织开展劳动技能和劳动成果展示、劳动竞赛等活动，全面客观记录课内外劳动过程和结果，加强实际劳动技能和价值体认情况的考核。建立公示、审核制度，确保记录真实可靠。把劳动素养评价结果作为衡量学生全面发展情况的重要内容，作为评优评先的重要参考和毕业依据，作为高一级学校录取的重要参考或依据。

三、广泛开展劳动教育实践活动

(九) 家庭要发挥在劳动教育中的基础作用。注重抓住衣食住行等日常生活中的劳动实践机会，鼓励孩子自觉参与、自己动手，随时随地、坚持不懈进行劳动，掌握洗衣做饭等必要的家务劳动技能，每年有针对性地学会 1 至 2 项生活技能。鼓励学校(家委会)和社区等组织开展学生生活技能展示活动。学生参加家务劳动和掌握生活技能的情况要按年度记入学生综合素质档案。鼓励孩子利用节假日参加各种社会劳动。家庭要树立崇尚劳动的良好家风，家长要通过日常生活的言传身教、潜移默化，让孩子养成从小爱劳动的好习惯。

（十）学校要发挥在劳动教育中的主导作用。学校要切实承担劳动教育主体责任，明确实施机构和人员，开齐开足劳动教育课程，不得挤占、挪用劳动实践时间。明确学校劳动教育要求，着重引导学生形成马克思主义劳动观，系统学习掌握必要的劳动技能。根据学生身体发育情况，科学设计课内外劳动项目，采取灵活多样形式，激发学生劳动的内在需求和动力。统筹安排课内外时间，可采用集中与分散相结合的方式。组织实施好劳动周，小学低中年级以校园劳动为主，小学高年级和中学可适当走向社会、参与集中劳动，高等学校要组织学生走向社会、以校外劳动锻炼为主。

（十一）社会要发挥在劳动教育中的支持作用。充分利用社会各方面资源，为劳动教育提供必要保障。各级政府部门要积极协调和引导企业公司、工厂农场等组织履行社会责任，开放实践场所，支持学校组织学生参加力所能及的生产劳动、参与新型服务性劳动，使学生与普通劳动者一起经历劳动过程。鼓励高新企业为学生体验现代科技条件下劳动实践新形态、新方式提供支持。工会、共青团、妇联等群团组织以及各类公益基金会、社会福利组织要组织动员相关力量、搭建活动平台，共同支持学生深入城乡社区、福利院和公共场所等参加志愿服务，开展公益劳动，参与社区治理。

四、着力提升劳动教育支撑保障能力

（十二）多渠道拓展实践场所。大力拓展实践场所，满足各级各类学校多样化劳动实践需求。充分利用现有综合实践基地、青少年校外活动场所、职业院校和普通高等学校劳动实践场所，建立健全开放共享机制。农村地区可安排相应土地、山林、草场等作为学农实践基地，城镇地区可确认一批企事业单位和社会机构，作为学生参加生产劳动、服务性劳动的实践场所。建立以县为主、政府统筹规划配置中小学(含中等职业学校)劳动教育资源的机制。进一步完善学校建设标准，学校逐步建好配齐劳动实践教室、实训基地。高等学校要充分发挥自身专业优势和服务社会功能，建立相对稳定的实习和劳动实践基地。

（十三）多举措加强人才队伍建设。采取多种措施，建立专兼职相结合的劳动教育师资队伍。根据学校劳动教育需要，为学校配备必要的专任教师。高等学校要加强劳动教育师资培养，有条件的师范院校开设劳动教育相关专业。设立劳模工作室、技能大师工作室、荣誉教师岗位等，聘请相关行业专业人士担任劳动实践指导教师。把劳动教育纳入教师培训内容，开展全员培训，强化每位教师的劳动意识、劳动观念，提升实施劳动教育的自觉性，对承担劳动教育课程的教师进行专项培训，提高劳动教育专业化水平。建立健全劳动教育教师工作考核体系，分类完善评价标准。

(十四) 健全经费投入机制。各地区要统筹中央补助资金和自有财力，多种形式筹措资金，加快建设校内劳动教育场所和校外劳动教育实践基地，加强学校劳动教育设施标准化建设，建立学校劳动教育器材、耗材补充机制。学校可按照规定统筹安排公用经费等资金开展劳动教育。可采取政府购买服务方式，吸引社会力量提供劳动教育服务。

(十五) 多方面强化安全保障。各地区要建立政府负责、社会协同、有关部门共同参与的安全管控机制。建立政府、学校、家庭、社会共同参与的劳动教育风险分散机制，鼓励购买劳动教育相关保险，保障劳动教育正常开展。各学校要加强对师生的劳动安全教育，强化劳动风险意识，建立健全安全教育与管理并重的劳动安全保障体系。科学评估劳动实践活动的安全风险，认真排查、清除学生劳动实践中的各种隐患特别是辐射、疾病传染等，在场所设施选择、材料选用、工具设备和防护用品使用、活动流程等方面制定安全、科学的操作规范，强化对劳动过程每个岗位的管理，明确各方责任，防患于未然。制定劳动实践活动风险防控预案，完善应急与事故处理机制。

五、切实加强劳动教育的组织实施

(十六) 加强组织领导。在党委统一领导下，各级政府要把劳动教育摆上重要议事日程，出台相关政策措施，切实解决劳动教育实施过程中的重大问题，做好督促落实。省级政府要加强劳动教育工作的统筹协调，明确市地级、县级政府及有关部门加强劳动教育的职责，推动建立全面实施劳动教育的长效机制。

(十七) 强化督导检查。把劳动教育纳入教育督导体系，完善督导办法。对地方各级政府和有关部门保障劳动教育情况以及学校组织实施劳动教育情况进行督导，督导结果向社会公开，同时作为衡量区域教育质量和水平的重要指标，作为对被督导部门和学校及其主要负责人考核奖惩的依据。开展劳动教育质量监测，强化反馈和指导。

(十八) 加强宣传引导。引导家长树立正确劳动观念，支持配合学校开展劳动教育。加强劳动教育科学研究，宣传推广劳动教育典型经验。积极宣传企事业单位和社会机构提供劳动教育服务的先进事迹。注重挖掘在抗疫救灾等重大事件中涌现出来的典型人物和事迹，大力宣传不畏艰难、百折不挠、敢于担当的高尚品格。鼓励和支持创作更多以歌颂普通劳动者为主题的优秀作品，大力宣传辛勤劳动、诚实劳动、创造性劳动的典型人物和事迹，弘扬劳动光荣、创造伟大的主旋律，旗帜鲜明地反对一切不劳而获、贪图享乐、崇尚暴富的错误观念，营造全社会关心和支持劳动教育的良好氛围。

拓展阅读

加强劳动教育　培育时代新人(节选)

【摘要】新时代大学生肩负着实现中华民族伟大复兴的重任，劳动教育是中国特色社会主义教育制度的重要内容，直接决定社会主义建设者和接班人的劳动精神面貌、劳动价值取向和劳动技能水平。本文分析了加强新时代大学生劳动教育的重要意义及加强新时代大学生劳动教育的内容要求及具体举措。

【关键词】新时代劳动教育；劳动精神；当代价值

2020 年 3 月，中共中央、国务院颁布的《关于全面加强新时代大中小学劳动教育的意见》中指出，"劳动教育是中国特色社会主义教育制度的重要内容，直接决定社会主义建设者和接班人的劳动精神面貌、劳动价值取向和劳动技能水平"，并明确指出当前我国青少年劳动教育取得的成效与存在的问题，要求"把劳动教育纳入人才培养全过程，贯通大中小学各学段，贯穿家庭、学校、社会各方面"。新时代大学生肩负着实现中华民族伟大复兴的重任，加强大学生劳动教育具有重大意义。

(一) 源远流长的中华优秀传统文化中蕴藏着丰富的劳动教育思想

中华优秀传统文化博大精深，学习和掌握其中的各种思想精华，对树立正确的世界观、人生观、价值观很有益处。中华民族是热爱劳动的民族，源远流长的中华优秀传统文化中蕴藏着丰富的劳动教育思想。因此，学习和借鉴其中的思想精华对新时代大学生树立正确的劳动价值观大有裨益。

作为新时代的青年大学生，他们的劳动价值观、劳动态度以及劳动技能直接关系到祖国的未来和民族的希望。因此，加强新时代大学生劳动教育具有重要的历史和现实意义，不仅有利于培育时代新人、完善高校思想政治教育，也有利于实现中华民族伟大复兴的中国梦。

(二) 加强新时代大学生劳动教育有利于培育时代新人

新时代培育时代新人需要加强德育、智育、体育、美育及劳动教育。而本文所主张的新时代大学生劳动教育不仅具有德智体美"四育"不可替代的独特育人价值——提升学生的劳动素养，同时也具有树德、增智、健体、育美的综合育人价值。即：一方面通过劳动的内容教育，帮助大学生树立正确的劳动观点、积极的劳动态度以及良好的劳动习惯等，以提升大学生的劳动素养。另一方面通过劳动这种形式的教育，使大学生在身体力行中树立高尚的品德、增长智力、锻炼身体以及培养审美能力。因此，新时代大学生劳动教育有利于培育德智体美劳全面发展的社会主义建设者和接班人。

加强新时代大学生劳动教育有利于拓宽高校思想政治教育路径。"大学思想政治教育包括思想政治理论教育和日常思想政治教育两个重要的方面。"劳动教育作为完善高校思想政治教育的必然要求,而思想政治理论课是思想政治理论教育的主渠道,当前,高校加强劳动教育,使其与思想政治理论课同向同行,形成协同效应,可以更好地提高高校思想政治教育的针对性。一方面,有利于提升思想政治理论教育的针对性,另一方面,有利于拓宽日常思想政治教育的路径。劳动教育是联系知识和实际的纽带,辅导员是大学生日常思想政治教育的主要力量,高校辅导员可以通过劳动教育这种方式,使学生将所学习的理论知识应用到劳动实践当中,并从中发现问题、解决问题,完善自己。因此,劳动教育有利于拓宽高校思想政治教育的路径。

新时代加强大学劳动教育有利于实现中华民族伟大复兴的中国梦。国家富强、民族振兴、人民幸福是中国梦最本质的要求,当今国家富强、民族振兴、人民幸福中国梦的实现也需要青年一代的辛勤劳动。新时代是创新发展的时代,中国速度向中国质量的转变、制造大国向制造强国的转变、中国制造向中国创造的转变离不开创新,在激烈的国际竞争中赢得主动离不开创新,人民生活的智能化、便捷化离不开创新。而创新离不开创造性劳动,创造性劳动是创新的源泉。所以,国家富强、民族振兴、人民幸福的中国梦实现也需要青年一代的创造性劳动。而无论是辛勤劳动、诚实劳动还是创造性劳动,都离不开对大学生的劳动教育。作为时代新人主体的青年大学生应该接过奋斗的接力棒,用劳动托起中国梦。因此,新时代大学生劳动教育有利于实现中华民族伟大复兴的中国梦。

(三) 加强新时代大学生劳动教育的内容要求

新时代大学生劳动教育是以新时代大学生为教育对象开展的劳动教育。与以往劳动教育相比,新时代大学生劳动教育具有显著特点。新时代大学生劳动教育应以全面提升大学生的劳动素养为目标,并对大学生劳动价值观、劳动技能、劳动态度、劳动习惯等方面的教育提出新的具体的要求。新时代劳动教育要采用一些新技术新手段,以提高新时代大学生劳动教育的针对性和实效性。新时代大学生劳动教育应在坚持以往劳动教育内容的基础上,展现出劳动教育的新内涵和新要求。

在劳动价值观教育方面,新时代大学生劳动教育应该在坚持以往劳动价值观教育的基础上,更加突出劳动幸福观教育和劳动使命观教育。劳动价值观是劳动者对劳动的根本看法,它不仅决定着劳动者的价值判断和行为选择,也影响着他们劳动习惯和劳动态度的养成。因此,在地位上,大学生劳动价值观教育应置于劳动教育的首要地位;在内容上,大学生劳动价值观教育应该引导大学生充分认识劳动对于国家发展和个人成长的重要意义;深刻理解体力劳动和脑力劳动相结合的伟大意义;切实改变轻视体力劳动和体力劳动者的错误心态,并由衷地尊重和认同一切劳动;真正明白辛勤劳动的光荣,并从内心深处热爱劳动。但基于新时代大学生劳动价值观教育的新目标——使"劳动最光荣、劳动最崇高、劳动最伟大、劳动最美丽"的观念内化于心、外化于行,新时代的大学生劳动价值观教育还需要在上述劳动价值观教育的基础上,更加突出劳动幸福观教育和劳动使命观教育。一方面,目前我国社会主要矛盾已经转化为人民日益增长的美好生活需要和不平衡不充分的发展之间的矛盾。在新时代相较于物质文化需求,人们对美好生活的需求更加广泛、更加迫切。另一方面,新时代大学生劳动教育不仅仅要让大学生懂得劳动的意义,更要让他们明白为什么要劳动。在当今政治、经济、文化等发生巨大变化的新时代,理应对青年大学生进行劳动使命观教育,使他们担负起民族复兴的使命和任务,在面对重大疫情、灾害的危急时刻,在实现"两个一百年"奋斗目标和中华民族伟大复兴中国梦的紧要关头,报效国家、奉献社会。

在劳动技能教育方面,新时代大学生劳动教育应该在坚持以往劳动技能教育的基础上,更加强调创造性劳动技能的培养。在新时代建设中国特色社会主义现代化强国,实施创新驱动发展战略,都离不开创造性劳动。因此,在鼓励以创造性劳动实现伟大梦想的新时代,大学生劳动技能教育也应顺势而新,在教育的过程中应更加强调创造性劳动技能的培养,而劳动技能教育包括劳动技术的教育和劳动能力的培养两方面。新时代注重创造性劳动技能的培养,一方面要求教育主体将科学知识和技能融入专业课教学之中,另一方面要创造更多的实践形式以培养大学生的创新能力,培养更多的专业技能过硬、自主创新能力高超、满足时代发展需求的新型劳动者。

在劳动态度教育方面,新时代大学生劳动教育应该在坚持以往劳动态度教育的基础上,大力培养大学生精益求精的劳动态度。劳动态度即劳动者在长期劳动实践的基础上形成的一种对待劳动的情感倾向。热爱劳动不仅是我国的传统美德,也是我国劳动教育特别重视培养的劳动态度。因此,针对时代发展的要求和新时代大学生的特点,新时代大学生劳动教育除了一以贯之地进行热爱劳动的劳动态度教育以外,也更加强调精益求精劳动态度的培养。劳模精神和工匠精神传递的不仅是一种甘于奉献的精神,更是一种精益求精的态度。因此,新时代培养大学生精益求精劳动态度,需要教育主体在教育的过程中弘扬劳模精神和工匠精神,最终把大学生培养成为在工作和学习中尚巧求精、执着耐心、专注品质的匠心青年。

注:本文为教育部 2018 年度示范马克思主义学院和优秀教学科研团队建设项目(重点选题)"柴素芳全国高校思想政治理论课名师工作室建设"(编号 18JDSZK025)的研究成果。

资料来源:柴素芳,蔡亚楠. 中国教育新闻网-中国高等教育杂志. http://www.jyb.cn/rmtzcg/xwy/wzxw/202105/t20210520_589573.html,节选.

☰ 延伸阅读

1. 习近平. 坚持中国特色社会主义教育发展道路 培养德智体美劳全面发展的社会主义建设者和接班人[N]. 人民日报,2018-09-11.

2. 樊建荣，谯坤华. 延安时期劳动精神的培育对当代高职教育的启示[J]. 延安职业技术学院学报，2018-12(6).

学习思考

1. 毛泽东、邓小平、习近平同志对劳动教育分别作了哪些阐述？

2. 中共中央、国务院文件要求加强劳动教育的基础原则是什么？

3. 高等学校开设劳动教育课有什么重要的意义？

参考文献

1. 中共中央马克思恩格斯列宁斯大林著作编译局. 马克思恩格斯文集(第 5 卷)[M]. 人民出版社，2009：556-557.

2. 中共中央文献编辑委员会. 邓小平文选(第 2 卷)[M]. 人民出版社，1994：107.

3. 习近平. 在北京大学师生座谈会上的讲话，2018-05-02.

4. 习近平. 在同全国劳动模范代表座谈时的讲话，2013-04-28.

5. 习近平. 在庆祝"五一"国际劳动节暨表彰全国劳动模范和先进工作者大会上的讲话，2015-04-28.

构建体现新时代特征的
劳动教育体系

全面构建体现时代特征的劳动教育体系，意味着让学生接受扎实有效的劳动教育，强调以习近平新时代中国特色社会主义思想为指导，落实立德树人根本任务，把劳动教育纳入人才培养全过程，贯通大中小学各学段，贯穿家庭、学校、社会各方面，与德育、智育、体育、美育相结合，把握育人导向，遵循教育规律，创新体制机制，注重教育实效，实现知行合一，促进学生形成正确的世界观、人生观、价值观。

📚 学习目标

1. 劳动教育是国民教育体系的重要内容。
2. 明确劳动教育总体目标。
3. 确定劳动教育内容要求。

📚 思政目标

1. 理解劳动教育基本内涵。
2. 全面构建劳动认知体系，突出劳动教育的思想性。
3. 掌握劳动技能，形成良好的劳动行为习惯。

📚 导航阅读

∽ 浙江大学积极探索构建特色劳动教育体系 ∽

浙江大学深入学习贯彻习近平总书记关于教育的重要论述和全国教育大会精神，认真落实党中央、国务院关于全面加强新时代大中小学劳动教育的部署要求，聚焦"德智体美劳全面发展"的人才培养目标，大力加强劳育课程建设，着力丰富劳育实践活动，全力完善劳育评价机制，聚力打造具有特色的劳动教育体系。

加强顶层设计，完善劳动教育培养机制

发挥学校学科优势，通过优化培养方案、完善课程建设等，将劳动教育有机融入人才培养全过程。制定《关于全面加强新时代大学生劳动教育的实施方案》，明确劳动教育要求，分别设定一定学时和学分，并将社会实践、志愿服务、就业创业、实习实训等纳入劳动教育认定范围。设置博士生社会实践必修环节，配备实践指导老师，全程参与指导、管理与评价，切实将劳动教育贯穿博士生培养过程。加强劳动教育课程建设，已建成《农事劳动实践》等公共劳动平台课程，多措并举推进劳动教育进课堂。明确要求各院系结合学科专业特点开设专业实践劳动课程，支持和鼓励专业课教师在授课中结合专业内容开展劳动观教育，目前已建成 72 门专业实践劳动课程，实现劳育类课程在所有专业全覆盖。

广开实践渠道，拓展劳动教育实施路径

将社会实践作为劳动教育的重要平台，深入推进"三下乡""青年学者社会责任行动"等社会实践活动，实施"行远""致远"等专项实践计划，每年组织近万名学生、近千支团队开展社会实践，打造学生受教育、长才干的精品实践课程。大力推进志愿服务工作，持续创新志愿服务项目，引导广大学子在志愿服务中涵养劳动精神、提高实践能力，先后承担 G20 杭州峰会、全国学生运动会、世界游泳锦标赛等大型赛会的志愿服务工作，每年参与志愿服务的学生达 12 万余人次。依托"蒲公英""挑战杯""互联网+"等创新创业赛事平台，大力支持学生开展基于创新的创业实践，引导学生在劳动中培育奋斗精神。推动劳动教育常态化、生活化，鼓励学生主动投身学生社区运营管理，积极参与教室、实验室、食堂、校园场所的卫生保洁、绿化美化、公共秩序管理等工作。充分挖掘勤工助学工作的劳动育人内涵，在校内设立 2300 余个勤工助学岗位，每年参与人数达 1.1 万余人次。

夯实组织保障，优化劳动教育生态环境

成立劳动教育评价工作小组，细化落实《深化新时代教育评价改革总体方案》中有关劳动教育的相关要求，健全和完善学生劳动素养评价标准、程序和方法，将过程性评价和结果性评价相结合，依托信息化手段实现学生劳动教育过程记录，将劳动素养评价纳入学生评价体系，并作为衡量学生全面发展的重要内容。整合各方资源，联合地方政府、行业企业、科研院所、基层社区等协同推动大学生社会实践共同体建设，引导广大学子在服务社会经济发展中深化劳动实践、强化劳动育人。积极选树优秀志愿者、公益之星等典型，大力宣传劳动教育的典型做法、典型人物及典型事迹，弘扬"劳动光荣、创造伟大"的主旋律，营造热爱劳动、尊重劳动

的浓厚氛围。

资料来源：教育部官网. http://www.moe.gov.cn/jyb_xwfb/s6192/s133/s192/202107/t20210715_544820.html. 2021-07-15.

第一节　理解劳动教育基本内涵

劳动教育是一个动态发展的概念，其内涵随着时代的变化而不断丰富、发展和完善。至今社会各界对劳动教育的内涵在一定程度上仍存在着误解。在学校和家庭教育中，劳动常常被窄化为参与简单的体力劳动，致使劳动教育成为与脑力劳动、日常学习无关的活动，被认为是学生的额外负担，也因此使劳动教育的价值没有得到彰显。劳动教育有时还被等同于技艺学习、娱乐活动、惩罚手段。这些现实畸变都与对劳动教育的内涵缺乏深度解读有关。要全面构建体现时代特征的劳动教育体系，首先要深刻理解劳动教育的基本内涵。

一、劳动教育是国民教育体系的重要内容

马克思主义劳动观认为，劳动创造世界、劳动创造历史、劳动创造人本身，劳动是人类的本质特征和存在方式，是实现人的全面发展的重要途径，劳动在人类文明进步和社会发展中发挥了重要作用；马克思主义政治经济学则强调劳动价值理论，倡导按劳分配等社会主义经济原则；在马克思主义的教育思想中，培养在体力、脑力上全面发展的人，以及"教育与生产劳动相结合"等，一直是社会主义教育实践的重要指针。苏联及新中国在社会主义教育方针以及相关教育政策中，劳动教育也一直受到高度重视。可以说：劳动教育是社会主义建设事业的需要，对劳动教育的强调是社会主义教育的根本特征之一。然而，受市场经济体制的建立，工业化和城市化进程的不断推进，以及人口与计划生育政策的实施等因素的影响，社会对劳动的认识也在逐步发生改变。当前一些青少年不珍惜劳动成果、不想劳动、不会劳动，劳动教育正在被软化、弱化。基于此，必须明确新时代劳动教育是中国特色社会主义教育制度的重要内容，是我国国民教育体系不可缺少的一部分，是学生成长的必要途径。加强新时代劳动教育，要以习近平新时代中国特色社会主义思想为指导，帮助当代青年深刻理解和形成马克思主义劳动观。

《教育大辞典》从劳动教育的内容和劳动素养出发，将劳动教育定义为"劳动、生产、技术和劳动素养方面的教育，旨在培养学生正确的劳动观点、劳动态度、劳动习惯，使学生获得工农业生产基本知识和技能"。学者檀传宝也从劳动素养方面界定劳动教育，认为劳动教育是以提升学生劳动素养的方式促进学生全面发展的教育活动，并指出良好的劳动素养包括确立正

确的劳动观点、积极的劳动态度、热爱劳动和劳动人民、形成劳动习惯、有一定劳动知识与技能、有能力开展创造性劳动等。可见，在养成良好劳动素养方面，劳动教育特别强调：促进学生具备一定劳动知识与技能，成为全面发展的人；发展学习者创造性劳动的潜质，成为新时代所需要的创造性劳动者；形成良好的劳动习惯，成为"流自己的汗、吃自己的饭"的有尊严、有教养的现代公民。

对于高职教育来说，培养的是适应生产、建设、管理、服务第一线需要的高素质技术技能人才，尤其需要吃苦耐劳、艰苦奋斗精神。在社会价值观多元化的背景下，一些学生好逸恶劳、拈轻怕重，毕业后频繁跳槽，表明其劳动意识、劳动态度以及劳动精神等方面都出现了一定的问题，急需补上劳动教育这块短板。劳动教育是培养和提高学生劳动素质和职业能力的重要途径，有助于培养正确的劳动观、价值观、成才观，对高校育人工作有着重要意义。因此重视劳动教育，重构"德智体美劳"的教育体系，既是落实教育为人民服务，培养社会主义劳动者的政治需要，又是培养大国工匠，助推产业结构转型升级的经济需要，更是调整教育结构和提高教育质量的需要。

二、劳动教育具有综合育人价值

新时代劳动教育立足于人的整体性，融合多学科知识，对人、社会和自然进行整合，将理论知识有机融入现实社会，对学生健全人格发展起着重要作用，具有树德、增智、强体、育美的综合育人价值，全党全社会必须高度重视，坚持立德树人，把劳动教育贯穿于人才培养的全过程。

(一) 劳动能"树德"

品德修养是一个人的立身之本、成才之要。习近平总书记强调，"一个人只有明大德、守公德、严私德，其才方能用得其所"。劳动是人类最基本、最普遍的实践活动，在培养和发展人的道德品质、提高人的思想境界过程中扮演着重要的角色。马克思在《政治经济学批判》中指出，"在再生产的行为本身中……生产者也改变着，炼出新的品质，通过生产而发展和改造着自身，造成新的力量和新的观念，造成新的交往方式，新的需要和新的语言"。劳动教育的核心是培养劳动价值观、劳动情感态度和劳动伦理品德，与道德教育有着天然的密切联系，还曾一度作为德育的重要内容。青少年阶段是人生的拔节孕穗期，最需要精心引导和栽培，尤需以劳树德，扣好人生的第一粒扣子。把劳动教育纳入人才培养全过程，注重培养勤俭、奋斗、创新、奉献的劳动精神，引导学生树立正确的劳动观，崇尚劳动、尊重劳动，增强对劳动人民的感情，报效国家，奉献社会。劳动本身就是一种美德，可以使学生深刻理解"幸福是奋斗出来的"，唯有通过辛勤劳动才能实现人世间的美好梦想，从而更加坚定为中华民族伟大复兴而奋斗的理想信念；可以使学生积极践行社会主义核心价值观，主动参加志愿服务，勇于担当时代责任，不断增强社会责任感和公益心，大力弘扬社会文明新风；可以使学生更加珍惜劳动成果，明白"成由勤俭败由奢"的道理，牢固树立节约光荣、浪费可耻的思想观念；可以使学生懂得"天下大事，必作于细"，成就事业必须脚踏实地，把劳动当作锻炼自己难得的机遇，用不懈劳动创造出彩人生、为民族复兴赋能。

(二) 劳动能"增智"

劳动作为一种创造性活动，是一切知识的源泉。无论是体力劳动，还是脑力劳动，要想熟练掌握一项劳动技能，必须手脑并用。大脑指挥手做出各种各样的动作，劳动过程中的不断试错和纠错，又促进了大脑的思考。劳动还能将学生在课本上学到的知识用于实践，学以致用，解决生活问题。在这样的劳动过程中，学生对书本知识的理解会更深、记得更牢，既训练了实践技能，又促进了智力的不断发展。

新时代劳动形态已发生了重大变化，不仅是传统的简单劳动，还包括新兴、复杂的创造性劳动，特别是以人工智能、大数据、云计算、区块链等为代表的科学技术日新月异，各种新事物、新知识、新技术层出不穷，为新时代劳动注入新的内涵。新时代实施劳动教育，应与时代发展同向同行、同频共振，应注意手脑并用、安全适度，强化实践体验，让学生亲历劳动过程，注重培养学生科学精神，引导学生在干中学、在学中干，善于发现问题，勇于探索新知，提高创造性劳动能力，实现智慧劳动、创造劳动，提升育人实效性。

(三) 劳动能"强体"

毛泽东同志指出，"欲文明其精神，先自野蛮其体魄"。从人的身体生长发育规律来看，青少年时期是生长发育的关键期，这一时期身体发育状况直接关乎将来的生命质量。习近平总书记强调，"少年强、青年强则中国强。少年强、青年强是多方面的，既包括思想品德、学习成绩、创新能力、动手能力，也包括身体健康、体魄强壮、体育精神"。劳动不是一种简单的体力或脑力活动，而是一种有效的教育手段、科学的健体方式，特别是适当的体力劳动，能够促使人的肌体充满活力，改善血液循环，促进新陈代谢，优化生理机能，磨炼意志耐力，对促进青少年身体发育、培养健康体魄、实现全面发展具有十分重要的作用。

实施劳动教育的重点是在让学生动手实践、出力流汗，接受锻炼、磨炼意志。这突出强调了劳动教育要以课堂之外的体力劳动为主，符合青年学生身心成长规律和教育规律，要有助于学生强身健体、吃苦耐劳、注重协作，为其全面发展、健康工作、幸福生活打下坚实基础。

(四) 劳动能"育美"

审美是人类重要的精神活动,人类发展史既是一部自然进化的历史,也是一部在文明发展中不断自我教育的历史。马克思在《1844 年经济学哲学手稿》中提出"劳动创造了美"的观点,科学揭示了美的根源在于劳动,反映了劳动之美具有合规律性与合目的性的有机统一。劳动不仅是个体谋生的基本手段,更是通往自由王国的必由之路,一切幸福都源于劳动价值的美丽绽放。习近平总书记强调,幸福不会从天而降,美好生活靠劳动创造。当前,一些青年学生价值观、幸福观、审美观出现了偏差,有的人不懂劳动、不愿劳动、不会劳动,甚至幻想不劳而获、少劳多得、一劳永逸。美是培育道德精神的重要源泉,对塑造美好心灵具有重要作用。劳动既具有传授知识技能的教育功能,又具有创造美好的价值功能,注重追求人的自我实现和全面发展。实施劳动教育,可以有效发挥青年学生的主观能动性,深入挖掘学生的创新创造潜能,使学生在致力创造美好的过程中,体验劳动愉悦、收获劳动成果,从而实现自我完善与自我提高,不断增强创造美和欣赏美的能力。构建大中小学各学段上下贯通,普通教育与职业教育有机衔接,家庭、学校、社会各方面相互作用的劳动教育体系,引导不同层次、不同阶段、不同类型学生在劳动中,循序渐进培养审美观念、丰富审美体验、提升审美旨趣,深刻认识和理解劳动之美,真正懂得"劳动最光荣、劳动最崇高、劳动最伟大、劳动最美丽"的道理,主动追求更有高度、更有境界、更有品位的美好人生。

三、教育与劳动相结合,确立劳动教育的独立学科地位

劳动不仅创造了历史,还成就了教育。教育与劳动相结合是马克思主义教育的基本思想,也是我国《教育法》的明确要求。苏联教育家苏霍姆林斯基认为,离开劳动,不可能有真正的教育。列宁指出:"没有年轻一代的教育和生产劳动的结合,未来社会的理想是不能想象的;无论是脱离生产劳动的教学和教育,或是没有同时进行教学和教育的生产劳动,都不能达到现代技术水平和科学知识现状所要求的高度。"无论时空如何变化,时代如何发展,劳动促进人全面发展的作用都不会发生改变。

依据马克思主义劳动观,劳动分为生产劳动和非生产劳动,相应地劳动教育可分为生产劳动教育和非生产劳动教育。鉴于劳动教育内容的针对性和可行性,非生产劳动教育分为日常生活劳动教育和服务性劳动教育,前者注重在学生个人生活自理中强化劳动自立意识,体验持家之道,这也是学生健康发展、适应社会生活的重要基础;后者具有较强的时代特点,注重利用知识、技能、工具、设备等为他人和社会提供服务,特别是在公益劳动、志愿服务中强化社会责任,培养良好的社会公德。

随着时代的发展,劳动的构成更加复杂多元,现代化、信息化、智能化的劳动内容不断增

加。实施劳动教育应针对学生的特点，根据人才培养目标，重点在系统的文化知识学习之外，有目的、有计划地组织学生参加日常生活劳动、生产劳动和服务性劳动，让学生动手实践、出力流汗，接受锻炼、磨炼意志，培养学生正确劳动价值观和良好劳动品质，实现知行合一，获得身心全面发展。这实际上确立了劳动教育的独立学科地位，将劳动教育与智育区别开，强调劳动教育不同于系统的文化知识学习，或者说不能用系统的文化知识学习代替劳动教育，劳动教育具有自己独立的教育体系。

第二节　明确劳动教育总体目标

教育方针从"德智体美"到"德智体美劳"，要求五育并举、协同育人，充分体现了党和国家对劳动教育的高度重视和引导学生崇尚劳动、尊重劳动的目标导向。新时代劳动教育，主要针对一些青少年中出现的不珍惜劳动成果、不想劳动、不会劳动的现象，从思想认识、情感态度、能力习惯三个方面，明确了总体目标，即通过劳动教育，使学生能够理解和形成马克思主义劳动观，牢固树立劳动最光荣、劳动最崇高、劳动最伟大、劳动最美丽的观念。体会劳动创造美好生活，体认劳动不分贵贱，热爱劳动，尊重普通劳动者，培养勤俭、奋斗、创新、奉献的劳动精神；具备满足生存发展需要的基本劳动能力，形成良好劳动习惯。这一总体目标，突出强调了劳动教育的思想性，体现了劳动的知情意行各个要素的辩证有机统一，为人才培养全过程切实加强推进劳动教育、提升教育实效，指明了正确方向与科学路径。

一、全面构建劳动认知体系，突出劳动教育的思想性

(1) 系统掌握马克思主义劳动观的基本原理。通过专题讲授，明确马克思主义劳动观的基本内容：劳动是人类的本质活动、劳动创造了人、劳动交往推动了人类社会和人类历史的形成与发展、劳动是价值创造的源泉、对资本主义劳动异化问题的批判、劳动对人自身解放的意义与作用，等等。这些内容为学生构建科学的劳动知识体系夯实了理论基础。

(2) 树立正确的劳动价值观。引导学生能够对劳动及其在各自人生目标中的作用和意义进行正确的价值判断，牢固树立劳动最光荣、劳动最崇高、劳动最伟大、劳动最美丽的观念。要以辛勤劳动为荣，以好逸恶劳为耻，形成正确的劳动伦理道德。

(3) 加强劳动法律教育。劳动是全体公民的权利和义务，指导学生学习宪法和劳动法中关于公民劳动、合法劳动、维护劳动者合法权益以及公民依法履行劳动义务等相关规定，树立法治观念，增强法律意识。

二、培养高尚的劳动情感，形成对劳动的情感认同

劳动情感是对劳动是否满足自身需求而产生的态度体验，具体表现为对劳动是尊重还是鄙视，是热爱还是厌恶的情感倾向。培育高尚的劳动情感是新时代劳动教育总体目标的关键内容，要帮助学生树立崇尚劳动、尊重劳动、热爱劳动的劳动态度，让他们懂得"一切劳动，无论是体力劳动还是脑力劳动，都值得尊重和鼓励；一切创造，无论是个人创造还是集体创造，也都值得尊重和鼓励。"只有产生与马克思主义劳动观相一致的积极劳动情感，学生才能在真正意义上理解劳动没有高低贵贱之分，日后走上社会工作岗位才能干一行、爱一行、钻一行。情感认同是以情感所特有的方式来实现对价值观的认可与接受，对劳动的情感认同是建立在情感体验基础之上的，即日常生活场景下对劳动价值观的直观感受与体验。要遵循情感教育规律，通过在全社会营造劳动光荣、创造伟大、切实尊重与保障劳动者权益的社会氛围以及对劳动模范先进事迹和进取精神进行大力宣传，使得学生在感受新时代中国特色社会主义社会发展所汇聚的强大正能量之时精神振奋，运用情感的增力作用提高自身的实践劳动能力，更好地发挥劳动的积极性、主动性和创造性；发生负面事件时，要善于调节学生的消极劳动情绪，做好这些消极劳动情感的转化和升华工作，努力去除消极情感的减力作用，将学生的消极情感转化为积极劳动行为的动力。高级情感的充分发展依托于多彩的实际生活场景，培养健康的劳动情感，增强情感认同，必须使学生尽可能丰富自身健康的劳动生活内容，在感受生活意义的同时增强对劳动的情感体验。

三、培育优秀的劳动意志品质，充分发挥劳动意志品质的调控作用

意志品质是人在克服困难、实现特定目标的过程中表现出来的品性和素质，劳动意志品质主要体现为从事劳动行为的自觉性、劳动过程中遇到困难的坚持性、劳动选择的果敢性以及受到诱惑所表现出的自制性。劳动行为本质上就是一种意志行动，当前部分学生中出现的劳动"知行分离"现象，其关键原因就在于缺乏上述排除内外障碍以努力实现社会劳动要求的坚强的意志品质。劳动意志品质的调控作用贯穿于人对劳动的认知、情感与行为过程，劳动意志坚定，才可能有深入持久的劳动认知过程，才可能对劳动产生火热的情感，才可能形成良好的劳动行为习惯。反之亦然。顽强的意志行动来源于伟大的目标与科学的世界观，要将马克思主义劳动观与人生理想、与实现中华民族伟大复兴的宏伟目标紧密结合，为培养学生良好的劳动意志品质提供坚定正确的方向指引；充分发挥劳动情感的助力功能，激发学生热爱劳动、自觉自愿从事劳动实践，弘扬劳动精神、促进劳动意志品质的活跃性；由易到难，循序渐进，持之以恒，注重在日常生活中平凡的实践活动中锤炼劳动意志品质。

四、掌握劳动技能，形成良好的劳动行为习惯

必要的知识与技能是实际行为具有科学性的保证，新时期一些学生"不珍惜劳动成果、不想劳动、不会劳动"现象的出现，部分原因就是缺乏基本的劳动技术。无论是体力劳动还是脑力劳动，都有其自身的规律性，学校、家庭、社会要形成协同育人格局，通过设置各个层次的劳动教育课程体系和日常化、规范化、多样化的劳动教育形式，让学生熟练掌握基本的劳动操作技术，具备实践动手能力，让他们"能劳动，会劳动"。实践育人，劳动精神与劳动习惯的养成离不开劳动实践的锤炼。要努力拓展劳动实践渠道，有目的、有计划地组织学生参加生活生产劳动、服务性劳动与创新性劳动，让学生在出力流汗和辛勤创造中掌握劳动技能，提高劳动素养。劳动是一种辛苦的付出，劳动体验的过程有利于学生端正劳动态度，增强劳动责任意识，理解与尊重他人的劳动成果，而学生在体验劳动成果带来的获得感的同时，更能充分认识劳动的价值与意义，良好的行为习惯也得以形成与固化。

第三节　设置劳动教育课程体系

在新时代背景下，设置劳动教育课程体系是全面构建体现时代特征劳动教育体系的一项重要内容。为使劳动教育落实落地，应以课程为抓手，整体优化劳动教育课程设置，设立劳动教育必修课和劳动周，保证必要的劳动实践时间，同时强调其他课程有机融入劳动教育内容和要求；积极推进劳动教育课程改革，全面搭建劳动教育的平台，形成培养学生劳动意识、劳动习惯和劳动技能的多维阵地。

一、整体优化劳动教育课程设置

整体优化学校课程设置，高职院校应将劳动教育纳入人才培养方案，形成具有综合性、实践性、开放性、针对性的劳动教育课程体系。其中，劳动教育课程设计是重要一环，应注重学生核心素养的培养。具体来说，劳动教育课程设计应当包括劳动意识、劳动习惯、劳动素养、劳动技能、劳动成果等要素，让学生在劳动教育课程中提高对劳动重要性的认识，自觉形成劳动习惯，具备务实重行、不畏困难、百折不挠、精益求精、追求卓越的劳动素养和品格，锻炼学生的动手能力以及创造性设计、研发的能力，从而最终做出创造性的劳动成果。

整体来看，不仅要大力推进劳动教育课程设计的落实，而且要执行已有劳动教育的相关课程，将劳动教育课程纳入教学大纲和教学计划。高职院校应以实习实训课为主要载体开展劳动

教育，其中劳动精神、劳模精神、工匠精神专题教育不少于 16 学时。普通高等学校要明确劳动教育主要依托课程，其中本科阶段不少于 32 学时。开展劳动教育除了开设专门的劳动教育必修课程外，还要结合其他课程的学科、专业特点，梳理各学科中所蕴含的劳动知识和劳动教育功能，实现劳动教育与其他学科知识体系的有机融合，润物细无声地将劳动教育思想和内容有机融入各学科教学，让学生受到潜移默化的影响。如思想政治教育与劳动教育的整合，以德育增强认识，实现德育与劳育协同育人；专业课与劳动教育的整合，根据不同专业的学科特色，充分挖掘劳动教育的元素，有针对性地引领青年提升劳动素养。此外，还可在职业辅导、就业指导等课程中融入劳动精神和劳动知识，给予大学生适当引导，让他们正视自身劳动技能的优点和缺点，找到合适的工作岗位，为学生今后的学习和就业奠定基础。还可以把毕业实习、实训与劳动教育的内容充分结合，在强化专业知识和专业技能中培养大学生的劳动素养。

此外，学校可在学年内或寒暑假设立劳动周，以集体劳动为主；也可安排劳动月，集中落实各学年劳动周要求。有条件的地方和高校还可以开发地方特色课程和校本课程，为学生提供更丰富多样的劳动教育课程。可根据需要编写劳动实践指导手册，明确教学目标、活动设计、工具使用、考核评价、安全保护等要求。

二、积极推进劳动教育课程改革

劳动教育课程改革要紧紧把握时代特点，旨在教育学生在继承中华民族优秀劳动传统的同时掌握新时代劳动基本技能，树立现代劳动观念，使劳动意识和行为与未来社会发展需求相匹配，为培养高素质劳动者和接班人奠定坚实基础。在劳动教育课程的设计上，要加强系统规划，一方面体现学段特征的渐进性，另一方面要体现不同层面和类别劳动素养的目标要求和实现路径，用科学的顶层设计引领学校的创新实践。要进一步增强劳动教育课程的先进性和科学性，梳理并审定已有相关劳动教育的各种课程和教材，明确课程内容，有针对性地调整劳动教育课时，保障劳动教育能够可持续、与时俱进地长期开展。开放劳动教育教材的区域输出和输入渠道，促进一些具有先进教育思想、教学方法、学习模式的教材跨区域流通，有效交流。探索适合劳动教育实施的多种教学模式，不断提高劳动教育的教育教学质量，支持和鼓励学生积极参加社会劳动实践、志愿服务等活动，在劳动过程中逐渐养成敢于承担社会责任、饱含真善美的情怀。

三、全面搭建劳动教育的平台

全面加强新时代劳动教育，不仅需要落实到课程优化设置上，还需要搭建良好的实施平台。

世界上很多国家都十分重视劳动教育课程设计与平台搭建，例如：日本劳动课程体系历史悠久，包括家政课、午餐教育、田地教育等，将劳动教育融入校园和家庭；德国十分强调和重视基础教育中的劳动技术教育，把它视为学生职业生活和社会的重要准备和基础，是学生全面素质教育的重要组成部分，精心设计，并贯穿在基础教育的全过程；美国的劳动教育围绕着学生的职业生涯规划而开展，课程主要分为基于成为家庭有效成员的劳动教育、基于就业的劳动教育、基于公民培养的劳动教育。

我们可以参考借鉴西方发达国家劳动教育的经验，着眼于中国和本地实际，紧密结合当代大学生全面发展和区域经济社会发展的需要，积极创设广泛多样的劳动教育实践平台，突出体力劳动，让学生动手实践、出力流汗，接受锻炼、磨炼意志。校内平台开发方面，除已建立的实训基地、实训车间外，教室、图书馆、运动场馆等校园场所都是开展劳动教育的重要资源。同时，结合校园文化建设，开展与劳动教育有关的多样化的课外活动，例如征文演讲比赛、"文明寝室评比"、劳动技能竞赛等，学生亲身体验劳动，感悟劳动的意义；还可以利用宣传标语、校园广播、微信公众号等传播载体，或者召开劳动模范和先进人物的报告会、分享会和学习会，做好对劳动模范、工匠精神的宣传工作，通过一系列切实有效的措施营造崇尚和尊重劳动的良好氛围，这对大学生形成正确的劳动意识，提升劳动素养起到重要的作用。

校外平台拓展方面，加大与地方政府、周边社区、产业园区等的合作，充分利用和有效整合各类社会劳动教育资源，构建优势互补、联动发展的校内外多元劳动教育平台。总而言之，应通过劳动教育的课程设计与平台搭建，在全社会创造浓厚的劳动文化氛围，激发广大学生热爱劳动的内生动力，教育引导他们学会劳动、学会勤俭、学会感恩、学会助人，立志成长为德智体美劳全面发展的社会主义建设者和接班人。

第四节　确定劳动教育内容要求

劳动教育内容主要有开展日常生活劳动教育、生产劳动教育和服务性劳动教育三个方面。在总体内容设计基础上，分学段提出教育内容要点，强化具体指导。

一、开展日常生活劳动教育，培养学生创造性解决实际问题的能力

日常生活劳动是一项基本技能，既是回报国家与社会的需要，也是自己今后安身立命的需要。"夙兴夜寐，洒扫庭内"，热爱劳动特别是生活劳动，是中华民族的优秀传统。洗衣做饭是劳动，打扫卫生是劳动，修理桌椅也是劳动，而且这些维持我们日常生活正常运转的"刚需劳

动"技能，理应被每一个人所掌握。高校通过引导学生开展自我服务劳动、家务劳动、班务劳动、校务劳动等形式多样的日常生活劳动，帮助学生在个人生活自理中强化劳动自立意识，体验持家之道，培养学生创造性地解决实际问题的能力，为学生健康发展、适应社会生活奠定重要基础。

二、开展生产劳动教育，提升学生艰苦奋斗、实干兴邦的职业素质

生产劳动是指直接创造物质财富的劳动，如农业、工业、交通运输业、建筑业等中的劳动。与普通教育(尤其是普通中小学)开展旨在增强学生劳动荣誉感、体会劳动的艰辛等情感培育不同，高校的劳动教育应注重围绕创新创业，结合学科和专业积极开展实习实训、专业服务、社会实践、勤工助学等，为学生参加生产劳动创造更多机会。应帮助学生了解实际生产岗位工作人员所需具备的知识、技能、态度等综合职业能力，锻炼提高自身的操作技能，重视新知识、新技术、新工艺、新方法应用，创造性地解决实际问题，使学生增强诚实劳动意识，积累职业经验，提升就业创业能力，树立正确择业观，具有到艰苦地区和行业工作的奋斗精神，懂得空谈误国、实干兴邦的深刻道理，提升他们的就业创业能力与职业经验。

三、开展服务性劳动教育，培育学生的公共服务意识和奉献精神

服务劳动包括志愿服务、社区服务、敬老服务等义务性、公益性劳动形式。高校要引导大学生深入社会、走进基层，在体验劳动服务社会的过程中，提高生产生活技能，强化学生的社会责任感，培育公共服务意识，培养良好的社会公德、艰苦奋斗意识与责任担当的优良品质，使学生具有面对重大疫情、灾害等危机时主动作为的奉献精神。把劳动评价结果作为衡量学生全面发展的重要内容，作为评优评先的重要参考和毕业依据，将服务性劳动也融入学生日常学习和生活。此外，在开展服务性劳动教育的过程中，要结合产业新业态、劳动新形态，注重选择新型服务性劳动的内容。

让劳动成为劳动教育的最佳方式，还要防止劳动教育中的娱乐化、形式化、惩戒化等问题。要通过劳动培养学生生活自理能力，着力提升学生综合素质，把好劳动教育价值取向，促进学生全面发展、健康成长；通过劳动培养学生正确的世界观、人生观和价值观，弘扬劳动精神，养成热爱劳动的习惯，从而在劳动中发现生活的美；通过劳动培养学生正确的劳动观，形成对劳动的正确态度和看法，崇尚劳动、尊重劳动，增强对劳动人民的感情，报效国家，奉献社会，培养担当民族复兴大任的时代新人。

第五节 健全劳动素养评价制度

为使劳动教育更好地贯彻落实，防范学生劳动积极性不高、内在动力不足的问题，还需要健全劳动素养评价制度。将劳动素养纳入学生综合素质评价体系，制定一整套劳动素养评价标准，充分发挥评价的激励和导向作用，组织开展劳动技能和劳动成果展示、劳动竞赛等活动，全面客观记录课内外劳动过程和结果，加强实际劳动技能和价值体认情况的考核。建立公示、审核制度，确保记录真实可靠。把劳动素养评价结果作为衡量学生全面发展情况的重要内容，作为评优评先的重要参考和毕业依据，作为高一级学校录取的重要参考或依据，使新时代劳动教育体系变得更加完善。

一、劳动素养评价的主要内容

劳动素养是指经过生活或教育活动形成的与劳动有关的人的素养，包括劳动价值观、知识、能力等具体指向。苏霍姆林斯基认为，劳动素养还包括"劳动活动在一个人精神生活中的作用和地位，以及劳动创造中的充实的智力内容、丰富的道德意义和明确的公民目的性"。结合大学生特点、评价指标可操作性、社会认知程度等综合角度采看，劳动素养的内涵与指向主要体现为以下四个方面。

(1) 劳动意识的评价维度。人类的劳动活动是有意识的，在活动之前就存在着一定的思考和安排。培养正确的劳动意识就是让学生具有正确的劳动动机和劳动态度。劳动动机体现为劳动者在劳动过程中所追求的目的，劳动态度体现为劳动者在劳动过程中的心理感受。学校通过劳动教育，使学生明确劳动动机、端正劳动态度，进而加强劳动意识。

(2) 劳动观念的评价维度。劳动可以锻炼人的吃苦精神，会让人有坚定的意志。劳动观念是人们对劳动的看法和态度。新时代的劳动观念要以热爱劳动为荣、以不劳而获为耻，尊重努力劳动、贡献社会的不同阶层的劳动者，愿意以自己的体力和脑力劳动建设祖国、贡献社会、服务人民，树立正确的劳动观念，是提高学生劳动素养的基本要求。

(3) 劳动能力的评价维度。劳动能力是人们进行劳动工作的能力，包括体力劳动和脑力劳动两个方面，是体力劳动和脑力劳动的总和。劳动能力让学生懂劳动、会劳动，是人们通过劳动创造价值的必要手段。

(4) 劳动成果的评价维度。劳动是人与社会、人与自然的互动过程，强调结果评价是在探讨人作为劳动主体，对生活和工作的影响。劳动能使学生学会生活、学会生存、学会交往、学会发展，劳动使人身心健康，通过劳动实践活动培养学生热爱劳动的思想、吃苦耐劳的精神和对工作的责任心。

二、劳动素养的评价载体

劳动素养作为人的内在素质，具有充分的内生性、内在性、自主性特点，必须在外化形态下才能得到准确评价与衡量。构建科学合理的劳动素养评价体系，要重点在丰富评价载体上下功夫，给予劳动素养充分的外在表达空间与形式，既是加强劳动教育的必然要求，也是实现劳动素养科学评价的重要方面。依据大学生管理的特点，结合劳动教育中对"服务""创造""躬行"等劳动价值的重点弘扬，劳动素养的评价载体与呈现形式，即评价体系建构中应涵盖以下方面。

(一) 日常劳动行为

劳动是人类社会各项活动的基本形态之一，劳动素养的生成、塑造与展现都在日常行为中充分存在。大学生学习、生活各个方面都与劳动意识、劳动观念、劳动能力有着千丝万缕的联系：学生在校内外各个公共场所中能否自觉维护环境卫生，充分尊重他人的劳动成果；在学生宿舍能否具备"一屋不扫，何以扫天下"的劳动意识和行动；在参与考试测验、学术研究和科研探索时，能否自觉诚实守信、遵纪守法，严格遵从学术规范，从劳动成果的角度更加深刻和自觉地维护学习学术秩序。劳动素养在日常行为上的表现还可以外化为服务他人、奉献集体的意识与行动。对高校学生来讲，积极参与学生社团组织、为集体举办的文体活动贡献力量，都是以个人劳动与付出服务他人的形式之一，在构建劳动素养评价体系中，应从劳动成果的维度予以适当体现。

(二) 志愿服务

志愿服务是劳动教育的重要载体之一，志愿服务的过程是学生实践能力、劳动精神、劳动素质全面锻炼与提升的过程。高校将劳动教育融入志愿服务中，让学生有意识、有目的地参与其中，在志愿服务过程中实践劳动精神、弘扬劳动精神。大量的学生志愿服务活动，能够培养学生勇于实践、无私奉献的勤劳奋进精神，增强学生的劳动意识和劳动素质。

(三) 实习实训

实习实训是课堂教学的巩固和提升，是学生将理论应用于实践的必要途径，是培养学生吃苦耐劳、知行合一、乐于奉献等优秀品德及责任担当意识的重要基地。高校应结合自身专业特色，不断完善实习实训项目，为学生提供更多的劳动实践机会，加强校内外实习实训基地对学生劳动素养的引导与教育作用。一方面，深化校企合作，提升人才培养质量，通过校内外指导老师合力，学生在实习实训中树立热爱劳动、劳动光荣的意识；另一方面，学生能够在实际工作岗位的实践锻炼中，立足本职，强化劳动意识和劳动能力，形成个人责任感和使命感，深刻体悟劳动的价值与意义。

(四) 社会实践

社会实践活动提供了学生与社会的全方位体验与交流的真实场景，学生通过社会实践将知识转化为劳动成果，能够更加直观地感受到通过劳动实现目标、通过劳动创造价值的意义。同时，社会实践活动能够促进学生劳动能力的提高，塑造职业素养和道德品质，通过亲身实践，理解劳动价值的内涵，形成尊重劳动、热爱劳动的真挚情感。

三、劳动素养评价结果的运用

构建劳动素养评价体系要充分借鉴和吸收综合素质评价的有益成果，真正做到评价设计科学合理、评价过程公开公正、评价结果导向正确、社会信服。劳动素养评价体系应当与当前高校普遍实行的学生综合素质评价体系相一致、相融合，把劳动素养纳入综合素质评价的"五育"目标之一，从加强劳动教育的视角，优化学生综合素质评价的各项指标设计，实现劳动教育在综合素质体系中的独立占比，提升劳动教育各项内容的重要性。因此，劳动素养评价的结果运用方面应当注重以下三个方面。

(一) 要探索劳动素养评价的独立表彰机制

劳动教育作为五育并举的重要指标之一，与德智体美相比，尚未建立起有效的表彰或惩戒机制。学生的思想状态、学习成绩、体格检测、文体评比等都有相对独立的考评办法和表彰机制，但对于"劳育"而言，探索劳动素养评价体系的目标之一，就是要在形成劳动素养评价的定量或定性结果基础上，对劳动素养优秀的学生予以表彰，对相对落后的学生进行督促，通过正面奖励和反向引导的方式，强化劳动教育的具体实施。因此，要从劳动素养评价体系的结果认定上，建立"劳育"表彰的物质性或荣誉性奖励机制，设立"劳动光荣奖""劳动之星""劳动先进奖""劳动创造奖"等项目，并辅以适当的物质奖励，还要举办劳动技能大赛、劳动表彰大会等活动，扩大劳动素养的教育教学成果，巩固劳动教育的长期效应。

(二) 要建立劳动素养评价与学生综合素质测评融合机制

劳动教育是"德智体美劳"全面培养教育体系的重要组成部分，将劳动素养纳入到学生综合素质评价体系中，能够充分发挥劳动教育的激励和导向功能。制定涵盖劳动观念、劳动意识、劳动能力的评价制度和评价标准，通过学生综合测评结果将劳动教育与学生评奖评优挂钩，能够促进学生增强劳动意识，更加注重自身劳动素质的培养。目前在学生综合素质评价体系中，劳动教育方面的体现不多，甚至缺失，这种情况亟待改变。劳动素养评价融入综合素质评价体系，要充分考虑劳动素养评价的四项维度，既要设计好劳动意识、劳动观念等非客观维度的测量方法，也要为劳动能力、劳动结果等适宜定量考察的指标进行合理赋值，从而达到充分肯定学生劳动素养的成长与进步的测评目的。

(三) 要建立劳动素养评价结果的长期记录机制

劳动素养评价体系要能够体现出学生综合劳动素质，促进学生崇尚劳动、尊重劳动，让学生争做辛勤劳动、诚实劳动、创造性劳动的积极践行者。劳动素养评价为挖掘学生的专业能力潜质提供了基本素质保障，学生在专业知识的学习中发扬吃苦耐劳的精神，形成比学赶超、奋勇争先的浓厚学习氛围，更加有助于挖掘专业能力潜质，为未来成为本专业、本行业的卓越劳动者打下基础。建立劳动素养评价结果的长期记录，能够客观反映学生的成长过程，体现出学生劳动能力、劳动态度的发展变化，这对其未来求职升学、择业就业、创新创业等方面都是有益的参考。学生个体的劳动素养评价结果是检验学生个人成长的重要记录，以建立劳动素养评价评分卡、记录表等方式综合反映学生的基本素质，为开展就业推荐、择业指导等提供背景材料和基础信息。另外，对学生劳动素养评价做群体性的长期记录分析，是检验和考察劳动教育成果、效率的重要方面。因此，要尝试通过网络化、系统化、平台化的方式采集学生劳动素养评价信息，构建科学合理的劳动素养评价体系，形成劳动素养评价结果的长期记录，推动劳动教育在高校的具体落实落地。

➷ 拓展阅读

∾ 全国劳动模范杨振巍：守初心精钻细研，担使命屡创佳绩 ∾

杨振巍，中石油锦西石化公司一个响亮的名字。入职 23 年来，他从籍籍无名的实习生成长为经验丰富的技术员；他从最基层职员做起走向领导岗位；他从点滴中钻研起步迈向大国工匠行列，再成为令人瞩目的全国劳动模范。一分耕耘一分收获，他靠的是追求卓越的品格，他守的是执着的初心，他担的是永不退却的使命。

自 1997 年毕业分配到中国石油锦西石化分公司工作，励精图治 23 载，从初出茅庐的实习生，到经验丰富的技术员，再到受尊敬爱戴的车间主任，每一次进步都印刻着他呕心沥血的身影，他真正地践行了在平凡的工作中作出非凡的成绩。数年如一日，时刻提醒自己"不忘初心"，努力为员工办实事、办好事，作为领导者他没有不苟言笑、没有官场架子，而是与员工打成一片，不断地了解员工的工作状态和需求，时时刻刻把"牢记使命"记在心中，在群众中有很高的威信，同时也受到员工的爱戴和拥护。而从其丰富的荣誉履历中可以看出，他是一位值得党和国家信赖的优秀党员干部。

杨振巍现任重整车间主任，管理方式标新立异，管理理念与时俱进，工作中极具创新意识和精神，制定了重整车间"高、严、细、实、准"的工作准则和"工作有计划、行动有方案、步步有确认、事后有总结"的工作方法，通过他的管理，使重整车间的工作团队就像战争时期一只最擅长打攻坚战的部队一样，鹤立在锦西石化各个团队的前列。尤其是 2019 年，在锦西石化分公司的精细管理年中，他开拓创新，明确了向精细管理要效益的方向，确定了降波动省成本的目标。在优化操作方面，将原来只看结果的粗犷式管理摒弃，取而代之的是精细化过程管理，通过降低各塔低温，节省燃料气消耗，通过调整塔顶回流，降低冷却负荷。在全年的优化过程中，单单连续重整这一套装置的能耗就从既定的 69.3 kgEo/t 下降至 65.1 kgEo/t，仅能耗一项就为锦西石化节省加工成本 900 余万元；重整装置还进行了辛烷值桶的优化，为锦西石化创造效益近 1500 万元/年。在调整操作优化参数的同时，开展降波动省成本措施，仅车间机泵机械密封更换数量就由 56 套降低至 20 套，节省检修配件费用 160 万元；同时进行了机组润滑油冬季加热方式的攻关，年节省 30 桶压缩机油，节省维护成本约 20 万元。另外由于装置末期连续重整装置预处理单元换热器泄漏，处理泄漏点通常的方式需要连续重整和航煤加氢两套装置停工，他通过与分公司各级领导和部门协调沟通，最终将其创造的只停预处理单元的方案付诸实践，仅避免航煤加氢装置停工一项就为分公司节省了 600 万元。

杨振巍始终紧跟社会发展步伐，把重整车间带入了一个全新的历史时代。锦西石化分公司面临着转型、升级、生存和发展的多项任务。众所周知，石化企业的转型，最关键的一环就是连续重整装置，而他作为锦西石化的股肱之臣和重整行业的带头人，毅然决然地肩负起了分公司新建 100 万吨/年重整联合装置的重任。既要保证车间现有 4 套装置的安全稳定生产，又要保证新联合装置的设计建造的安全、质量和进度，其任务不可谓不重。

新装置可行性研究阶段，他翻阅中外文献和专业书籍，既比选各系列方案，又根据公司实际情况，对装置工艺路线的正确选择提供了强有力的指导，最终选择了技术含量、产品收率和经济效益均较高的 UOP 工艺。基础设计阶段，带领团队对设计提出了 800 余项意见，根据其"保安全、去杠杆、降成本、稳质量"的理念，将工艺流程和设备选型进行了极致优化，优化工艺流程方面，为降低装置能耗和不必要的投资，将二甲苯系统发蒸汽改为流程换热，在给装置内其他介质加热的同时还能提供公司所需的热媒水热源，不仅一次性节省投资近 60 万，还回收了 26 MW/h 的热量消耗；通过计算将四合一炉的省煤器方案修正为余热回收节燃料气方案，日节省约 2 万元。设备选型方面，仅使用螺杆压缩机替代离心机进行 PSA 解析气外送这一项，就节省投资 700 万元；为合理配置蒸汽资源，选择凝汽式的汽轮机作为压缩机的驱动机，节省 3.5MPa 蒸汽 53t/h。所有的技术优化、选择和革新都得到了设计专家们的一致认可和好评，通过他一系列的优化措施，将新重整联合装置的理论能耗降低至 118 kgEo/t，达到了国内外先进水准。设备订货阶段，他毫无保留地将其宝贵的经验奉献出来，针对每一台都提出了建设性的意见，从源头上杜绝了安全隐患和"低、老、坏"的发生。根据项目建设和工艺包审查要求，其被派往美国 UOP 公司进行审查对接会议，靠着其对重整行业和新项目的充分理解，提出了 10 余条工艺包优化方案，每一条都令美国专家回味悠长，并对其衷心地竖起了拇指。

资源来源：九派新闻. https://baijiahao.baidu.com/s?id=1718036714709445332&wfr=spider&for=pc. 2021-12-02. 作者有删减.

延伸阅读

1. 陈梦越，孙邦华. 生活·劳动·教育：陶行知劳动教育思想探析[J]. 福建教育，总第 1205 期.

2. 王玮. 劳动就是劳动教育的最佳方式[N]. 中国教育报，2020-05-21(11).

3. 檀传宝. 劳动教育的概念理解——如何认识劳动教育概念的基本内涵与基本特征[J]. 中国教育学刊，2019-02.

学习思考

1. 如何理解新时代劳动教育的基本内涵？

2. 新时代劳动教育的总体目标是什么？

3. 全面构建体现新时代特征的劳动教育体系，应重点着眼于哪些方面？

参考文献

1. 王玮. 劳动就是劳动教育的最佳方式[N]. 中国教育报，2020-05-21(11).

2. 陈云龙，吴艳玲. 解读——新时代劳动教育的内涵、特征与价值[J]. 人民教育，2020(7).

3. 苏经强. 彰显新时代劳动教育的综合育人价值[EB/OL]. 中国社会科学网-中国社会科学报，2020-04-08. http://ex.cssn.cn/zx/bwyc/202004/t20200408_5110820.shtml?COLLCC=2219541333&.

4. 刘丽红，丁建安. 构建科学合理的学生劳动素养评价体系[EB/OL]. 中国社会科学网，2020-04-30. http://ex.cssn.cn/zx/bwyc/202004/t20200430_5121243.shtml?COLLCC=2649382900&.

5. 周洪宇. 课程设计与平台搭建：推进新时代劳动教育发展的两个关键[EB/OL]. 中国社会科学网，2020-04-21. http://ex.cssn.cn/jyx_jydj/202004/t20200421_5116510.shtml?COLLCC=2618402033&.

6. 张志勇，杨玉春. 深刻认识新时代劳动教育的新思想与新论断[J]. 中国教育学刊，2020(4).

第三章

坚持新时代劳动精神，争做新时代合格劳动者

习近平总书记 2018 年在全国教育大会上强调，要在学生中弘扬劳动精神，教育引导学生崇尚劳动、尊重劳动，懂得劳动最光荣、劳动最崇高、劳动最伟大、劳动最美丽的道理，长大后能够辛勤劳动、诚实劳动、创造性劳动。新时代劳动精神内涵丰富，坚持新时代劳动精神，遵循其基本要求，践行其基本内容，对大学生实现精神成人、完成人的社会化、顺利融入未来新生活有着重要意义；也为激发劳动者的劳动热情，投身新时代中国特色社会主义建设伟大事业，实现中华民族伟大复兴中国梦提供精神动力和精神支撑。

📖 学习目标

1. 准确了解劳动精神的定义。
2. 深刻理解劳模精神、劳动精神、工匠精神的丰富内涵。
3. 全面把握劳模精神、劳动精神、工匠精神的关系。

📖 思政目标

1. 了解习近平总书记新时代劳模精神、劳动精神、工匠精神的重要讲话。
2. 坚持弘扬劳模精神、劳动精神、工匠精神的核心价值。
3. 明确坚持劳动精神对大学生成才的重要意义。

📖 导航阅读

∾ 在学生中弘扬劳动精神——推动青少年全面发展 ∾

习近平总书记强调："要在学生中弘扬劳动精神，教育引导学生崇尚劳动、尊重劳动，懂

得劳动最光荣、劳动最崇高、劳动最伟大、劳动最美丽的道理，长大后能够辛勤劳动、诚实劳动、创造性劳动。"这一重要论述，突出了劳动教育对于新时代立德树人的重要意义，是我们开展劳动教育工作的重要遵循。

马克思指出："未来教育对所有已满一定年龄的儿童来说，就是生产劳动同智育和体育相结合，它不仅是提高社会生产的一种方法，而且是造就全面发展的人的唯一方法。"劳动教育不仅包括劳动观念、劳动态度、劳动习惯、劳动情感、劳动技能、劳动思维等方面，同时具有很强的兼容性，能够与德育、智育、体育、美育结合在一起，培养学生多方面素质和能力。同时，劳动本身就是创造美好生活的重要手段，是非常重要的日常实践。接受劳动教育的过程，也是创造美好生活、参与社会实践的过程，对于促进学生身心发展具有不可替代的作用。

长期以来，各地区和学校坚持教育与生产劳动相结合，在实践育人方面取得了一定成效。也要看到，近年来在一些青少年中出现了不珍惜劳动成果、不想劳动、不会劳动的现象，劳动的独特育人价值在一定程度上被忽视，劳动教育被淡化、弱化。2020年3月，中共中央、国务院发布《关于全面加强新时代大中小学劳动教育的意见》，提出在大中小学设立劳动教育必修课程、每学年设立劳动周的明确要求。在当前"双减"政策背景下，劳动教育越来越受到关注和重视，各地各学校探索劳动教育新形式的脚步也在加快。

加强劳动教育，需要在课程设置上下功夫，特别是要针对不同年龄段孩子的身心特点，差异化设计教学内容。比如，在小学阶段，需要围绕劳动意识的启蒙，培养日常生活自理能力，让学生感知劳动乐趣，进而培养良好的劳动和卫生习惯，鼓励做好个人清洁卫生；在初中阶段，可以聚焦增加劳动知识、技能，加强家政学习，开展社区服务，鼓励学生适当参加生产劳动；高中阶段，则要注重围绕丰富职业体验，使学生在熟练掌握一定劳动技能的同时，理解劳动创造价值，培养劳动自立意识和主动服务他人、服务社会的情怀。劳动教育是实践性很强的教育，只有符合学生成长规律，循序渐进、因材施教、因地制宜，才能提升劳动教育实效性，播下崇尚劳动、尊重劳动的种子。

每个人的成长都是学校、家庭和社会共同作用的结果，劳动教育的实施和发展离不开学校、家庭和社会的共同参与。对家庭来说，要发挥在劳动教育中的基础作用，抓住衣食住行等日常生活中的劳动实践机会，鼓励孩子自觉参与、自己动手，随时随地、坚持不懈进行劳动。对学校来说，要发挥在劳动教育中的主导作用，切实承担劳动教育主体责任，明确实施机构和人员，开齐开足劳动教育课程，不得挤占、挪用劳动实践时间，引导学生系统学习掌握必要的劳动技能。对社会来说，要发挥在劳动教育中的支持作用，为劳动教育提供必要保障，包括完善设施、搭建平台、提供岗位等。

注重劳动教育是中国特色社会主义教育制度的重要内容，直接决定社会主义建设者和接班人的劳动精神面貌、劳动价值取向和劳动技能水平。紧密结合经济社会发展变化和学生生活实际，汇聚学校、家庭、社会多方面合力，确保劳动教育与德育、智育、体育、美育协同配合，就一定能探索出具有中国特色的劳动教育模式，引导学生树立正确劳动观，促进学生全面发展、健康成长。

资料来源：人民日报. http://paper.people.com.cn/rmrb/html/2021-12/15/nw.D110000renmrb_20211215_2-05.htm.

第一节　弘扬新时代劳模精神、劳动精神和工匠精神

在全国劳动模范和先进工作者表彰大会上，习近平总书记指出，"在长期实践中，我们培育形成了爱岗敬业、争创一流、艰苦奋斗、勇于创新、淡泊名利、甘于奉献的劳模精神，崇尚劳动、热爱劳动、辛勤劳动、诚实劳动的劳动精神，执着专注、精益求精、一丝不苟、追求卓越的工匠精神"。习近平总书记强调大力弘扬劳模精神、劳动精神、工匠精神。在社会主义现代化建设新征程上，我们要深入学习贯彻习近平总书记重要讲话精神，以习近平总书记的重要讲话为指导，深刻认识和大力弘扬劳模精神、劳动精神、工匠精神，汇聚起亿万劳动者进行社会主义主义现代化国家建设的磅礴力量。

一、劳模精神、劳动精神、工匠精神的形成与发展

我们党的百年奋斗史，镌刻着劳模精神、劳动精神、工匠精神形成发展的光辉历程。劳模精神、劳动精神、工匠精神孕育于革命战争年代，形成于社会主义革命和建设时期，发展于改革开放新时期，光大于中国特色社会主义新时代，成为中国共产党人精神谱系的重要组成部分。

（一）劳模精神、劳动精神、工匠精神的形成

劳模精神、劳动精神、工匠精神的形成始于 20 世纪 30 年代。为发展生产、武装自己，党在苏区开展了热火朝天的生产运动。20 世纪 40 年代，党在陕甘宁边区开展了"大生产运动""新劳动者运动"，涌现出"边区工人一面旗帜"赵占魁、"兵工事业开拓者"吴运铎等先进人物。中华人民共和国成立后，在轰轰烈烈的爱国主义劳动竞赛中，涌现出"高炉卫士"孟泰、"铁人"王进喜等劳动模范。改革开放后，"蓝领专家"孔祥瑞、"金牌工人"窦铁成等一大批劳动模范和先进工作者，积极投身改革开放和社会主义现代化建设，为国家和人民建立了杰出功勋。

(二) 劳模精神、劳动精神、工匠精神在新时代的发展

劳模精神、劳动精神、工匠精神的发展进入新时代，我国工人阶级在劳模精神、劳动精神、工匠精神的激励和感召下，在实现中国梦伟大进程中拼搏奋斗、争创一流、勇攀高峰，为决胜全面建成小康社会、决战脱贫攻坚发挥了主力军作用，为全国抗疫斗争取得重大战略成果、统筹疫情防控和经济社会发展工作取得积极成效作出了突出贡献，用智慧和汗水营造了劳动光荣、知识崇高、人才宝贵、创造伟大的社会风尚，谱写了"中国梦·劳动美"的新篇章，涌现出巨晓林、高凤林、李万君等一大批劳动模范和先进典型。劳模精神、劳动精神、工匠精神在激发人民力量、振奋民族精神方面发挥着重要作用。

二、新时代劳模精神、劳动精神、工匠精神的核心内涵与内在联系

(一) 劳模精神、劳动精神、工匠精神的核心内涵

劳模精神反映劳动模范在生产实践中的职业素养、职业能力、职业品质，弘扬劳模精神强调用劳模的先进思想、模范行动影响和带动全社会。劳动精神是劳动者劳动意识、劳动理念、劳动态度、劳动习惯的集中展示，弘扬劳动精神强调正确认识劳动是人类的本质活动。工匠精神不仅是大国工匠群体特有的品质，更是广大技术工人心无旁骛钻研技能的专业素质、职业精神，弘扬工匠精神强调在追求卓越中超越自己。

(二) 劳模精神、劳动精神、工匠精神的内在联系

劳动精神是劳模精神、工匠精神的根基，离开劳动创造，劳模精神和工匠精神就是无源之水、无本之木。劳模精神和工匠精神是劳动精神向更高水平的发展、在更高层次的升华。

(三) 弘扬新时代劳模精神、劳动精神、工匠精神取得重大成绩

党的十八大以来，党和国家把大力弘扬劳模精神、劳动精神、工匠精神摆在重要位置来抓。十分重视劳模评选表彰工作，共表彰 5461 名全国劳动模范和先进工作者。广泛深入持久开展劳动和技能竞赛，全国引领性劳动和技能竞赛参赛企业 6 万余家，参赛职工 1500 万人。以"思想引领、建功立业、素质提升、地位提高、队伍壮大"五大任务为目标，扎实推进产业工人队伍建设改革。全国建立劳模和工匠人才创新工作室 8.2 万家，产业工人技能学习平台累计培训职工超过 1.4 亿人次。加大劳模、大国工匠宣传力度，持续开展"中国梦·劳动美"主题宣传教育活动，联合制作播出 8 季《大国工匠》，联合发布 8 届全国"最美职工"共 81 人次，发布 3 届"大国工匠年度人物"。通过形式多样的工作，不断推动形成劳动光荣、创造伟大的浓厚社

会氛围，对劳动的认可、对劳模的尊重、对工匠的推崇日益深入人心。实践证明，不论时代怎样变迁、社会怎样变化，劳模精神、劳动精神、工匠精神始终是鼓舞全党全国各族人民风雨无阻、勇敢前进的强大精神动力。

劳模精神、劳动精神、工匠精神跨越时空、历久弥新，必将继续激励和鼓舞包括工人阶级在内的全体人民不懈奋斗。当前，全党全国各族人民正在意气风发向着第二个百年奋斗目标进军，中华民族伟大复兴展现出无比光明的前景。同时，世界百年未有之大变局加速演进，国际形势继续发生深刻复杂变化，国内改革发展稳定任务艰巨繁重。进入新发展阶段，无论是贯彻新发展理念、构建新发展格局、推动高质量发展，还是促进全体人民共同富裕，归根到底要依靠辛勤劳动、诚实劳动、创造性劳动。新征程上，我们比以往任何时候都更加需要大力弘扬劳模精神、劳动精神、工匠精神，充分发挥工人阶级主力军作用，带动全社会一起拼搏、一起奋斗，为夺取全面建设社会主义现代化国家新胜利汇聚强大正能量。

三、新时代弘扬劳模精神、劳动精神、工匠精神的重大意义

（一）劳模精神、劳动精神、工匠精神是以爱国主义为核心的民族精神和以改革创新为核心的时代精神的生动体现

党的十八大以来，以习近平同志为核心的党中央十分重视在全国大力弘扬和讴歌劳模精神、劳动精神、工匠精神。2013 年 4 月 28 日，习近平总书记亲临全国总工会机关同全国劳动模范代表座谈，强调必须大力弘扬劳模精神、发挥劳模作用。2014 年 4 月 30 日，习近平总书记在乌鲁木齐接见劳动模范和先进工作者、先进人物代表时，提出劳动精神。2016 年 4 月 26 日，习近平总书记在安徽主持召开知识分子、劳动模范、青年代表座谈会时，提出工匠精神。2020 年 11 月 24 日，在全国劳动模范和先进工作者表彰大会上，习近平总书记强调，劳模精神、劳动精神、工匠精神是以爱国主义为核心的民族精神和以改革创新为核心的时代精神的生动体现。习近平总书记的重要论述，丰富和深化了我们党对劳动、劳动价值的认识，对新时代新征程上大力弘扬劳模精神、劳动精神、工匠精神具有重大意义。

（二）劳模精神、劳动精神、工匠精神是中国共产党人精神谱系的重要组成部分

我们党之所以历经百年而风华正茂、饱经磨难而生生不息，就是凭着那么一股革命加拼命的强大精神。劳模精神、劳动精神、工匠精神，是中国共产党人精神谱系的重要组成部分。习近平总书记对劳模精神、劳动精神、工匠精神的重要论述，体现了对劳动、劳动价值、劳动群众的高度尊崇，体现了马克思主义唯物史观，必将激励全体劳动者谱写新的劳动华章。

党带领广大人民群众的劳动创造史，是劳模精神、劳动精神、工匠精神的形成发展史。劳模精神、劳动精神、工匠精神与我们共产党人的精神谱系中一座座"精神标杆"一起，为立党兴党强党提供了丰厚滋养，拓印出党从孕育诞生到发展成熟的辉煌历程。

(三) 劳模精神、劳动精神、工匠精神是在新征程上迎难而上、开创新局的必要条件

一个国家的繁荣，离不开人民的奋斗；一个民族的强盛，离不开精神的支撑。习近平总书记指出："劳模精神、劳动精神、工匠精神是以爱国主义为核心的民族精神和以改革创新为核心的时代精神的生动体现。"大力弘扬劳模精神、劳动精神、工匠精神，既是新中国成立以来我们党领导人民不断创造辉煌成就的重要原因，也是在新征程上迎难而上、开创新局的必要条件。当前，我们所处的是一个船到中流浪更急、人到半山路更陡的时候，是一个愈进愈难、愈进愈险而又不进则退、非进不可的时候，摆在全党全国各族人民面前的使命更光荣、任务更艰巨、挑战更严峻、工作更伟大。担当起这些使命任务、应对好这些风险挑战，需要大力弘扬劳模精神、劳动精神、工匠精神。比如，核心技术是我们最大的"命门"，核心技术受制于人是我们最大的隐患。攻克关键核心技术，靠化缘是行不通的，靠花钱买也是解决不了的，只能立足自身实现科技自立自强，大力弘扬劳模精神、劳动精神、工匠精神，从根本上破解难题。同时要看到，我国经济发展已由高速增长阶段转向高质量发展阶段。适应新形势新任务，推动高质量发展，在质量、品牌、创新等方面实现新的突破，促进我国产业迈向全球价值链中高端，必须在更高层次上大力弘扬劳模精神、劳动精神、工匠精神。

(四) 劳模精神、劳动精神、工匠精神是鼓舞全党全国各族人民风雨无阻、勇敢前进的强大精神动力

实现奋斗目标，开创美好未来，我们必须弘扬劳模精神，做到爱岗敬业、争创一流、艰苦奋斗、勇于创新、淡泊名利、甘于奉献；实现奋斗目标，礼赞劳动创造，我们必须践行劳动精神，崇尚劳动、热爱劳动、辛勤劳动、诚实劳动；实现奋斗目标，争取人人出彩，我们还要坚守执着专注、精益求精、一丝不苟、追求卓越的工匠精神。社会主义是干出来的，新时代是奋斗出来的。当今世界正经历百年未有之大变局，新冠肺炎疫情全球大流行使这个大变局加速演进，我国正处于全面建成小康社会胜利在望的关键时期。

在社会主义现代化国家建设的新征程中，我们要继续学先进赶先进，用劳动模范和先进工作者的崇高精神和高尚品格鞭策自己，把党和国家确定的奋斗目标作为自己的人生目标，以民族复兴为己任。面对当今科学技术飞速发展并深刻影响国家进程的世界环境，广大劳动群众更要密切关注行业、产业前沿知识和技术进展，勤学苦练、深入钻研，不断提高技术技能水平。

唯有如此，才能努力在全面建设社会主义现代化国家新征程上创造新的时代辉煌、铸就新的历史伟业，做新时代的追梦人。

(五) 劳模精神、劳动精神、工匠精神是为夺取全面建设社会主义现代化国家新胜利的强大精神力量

社会主义是干出来的，新时代是奋斗出来的。"十四五"时期我国进入新发展阶段，这是全面建设社会主义现代化国家、向第二个百年奋斗目标进军的阶段，在我国发展进程中具有里程碑意义。实现党的十九届五中全会擘画的宏伟蓝图，归根结底要靠劳动创造。立足新发展阶段，贯彻新发展理念，构建新发展格局，推动高质量发展，必须紧紧依靠工人阶级和广大劳动群众。新形势下，我国工人阶级和广大劳动群众要自觉向劳模看齐，学先进赶先进，自觉践行社会主义核心价值观，用劳动模范和先进工作者的崇高精神和高尚品格鞭策自己，焕发劳动热情，厚植工匠文化，恪守职业道德，将辛勤劳动、诚实劳动、创造性劳动作为自觉行为。要用劳模的先进事迹感召社会，用劳模的卓越贡献鼓舞士气，用劳模的优秀品质引领风尚，讲好劳模故事、讲好劳动故事、讲好工匠故事，让劳动最光荣、劳动最崇高、劳动最伟大、劳动最美丽蔚然成风。要着眼于民族的未来，把劳动教育纳入人才培养全过程，教育引导青少年树立以辛勤劳动为荣、以好逸恶劳为耻的劳动观。要建立健全劳模发挥作用机制，为他们搭建平台、提供舞台，传承精神财富、传承技术技能，培养更多高素质的劳动者。

四、新时代弘扬劳模精神、劳动精神、工匠精神的具体措施

奋进新征程，建功新时代，我们要牢牢把握为实现中华民族伟大复兴中国梦而奋斗的时代主题，大力弘扬劳模精神、劳动精神、工匠精神，团结带领广大劳动者为实现第二个百年奋斗目标、实现中华民族伟大复兴的中国梦不懈奋斗。

(一) 必须毫不动摇坚持党的领导

大力弘扬劳模精神、劳动精神、工匠精神，就必须引领劳动群众坚定不移听党话、跟党走。必须毫不动摇坚持党的领导，深入学习贯彻习近平新时代中国特色社会主义思想，不断增强"四个意识"、坚定"四个自信"、做到"两个维护"，确保各行建设工作坚持正确政治方向。引导劳动群众深刻领会"两个确立"的决定性意义，更加紧密地团结在以习近平同志为核心的党中央周围。广泛开展"中国梦•劳动美"、劳动创造幸福等主题宣传教育活动，进一步擦亮叫响"最美职工""大国工匠"等品牌，在全社会大力宣传劳动模范和先进工作者典型事迹，引导劳动群众自觉把人生理想、家庭幸福融入国家富强、民族复兴的伟业之中，争做新时代的奋斗

者，通过劳动创造更加美好的生活。

(二) 必须调动劳动群众建功立业的积极性主动性创造性

大力弘扬劳模精神、劳动精神、工匠精神，必须调动劳动群众建功立业的积极性主动性创造性。紧密结合时代特征和社会实际，充分发挥劳模精神、劳动精神、工匠精神的价值。把全心全意依靠工人阶级方针贯彻到党和国家政策制定、工作推进全过程，落实到企业生产经营各方面，做到在政治上保证、制度上落实、素质上提高、权益上维护。牢牢把握我国第二个百年奋斗目标的时代主题，聚焦"十四五"时期国家重大战略、重大工程、重大项目、重点产业，组织劳动群众广泛深入持久开展各种形式的劳动和技能竞赛，深化技术革新、技术协作、合理化建议和"小发明、小创造、小革新、小设计、小建议"等群众性创新活动，为推动高质量发展作出更大贡献。

(三) 必须提高劳动群众技术技能素质

大力弘扬劳模精神、劳动精神、工匠精神，必须提高劳动群众技术技能素质。综合国力的竞争归根到底是人才的竞争、劳动者素质的竞争。大力弘扬劳模精神、劳动精神、工匠精神，必须落实到提高劳动者素质上。深化产业工人队伍建设改革，落实产业工人思想引领、建功立业、素质提升、地位提高、队伍壮大等措施，努力建设一支知识型、技能型、创新型劳动大军。推动完善落实技术工人培养、使用、评价、考核机制，提高技能人才待遇水平，畅通技能人才职业发展通道，完善技能人才激励政策，激励更多劳动者特别是青年人走技能成才、技能报国之路，培养更多高技能人才和大国工匠。引导职工群众树立终身学习理念，密切关注行业、产业前沿知识和技术进展，勤学苦练、深入钻研，不断提高技术技能水平。

(四) 必须让劳动群众共享改革发展成果

大力弘扬劳模精神、劳动精神、工匠精神，必须让劳动群众共享改革发展成果。让人民群众过上更加幸福的好日子是我们党始终不渝的奋斗目标。大力弘扬劳模精神、劳动精神、工匠精神，是为了实现劳动群众对美好生活的向往。要贯彻落实党中央关于扎实推进共同富裕的决策部署，推动实现多劳者多得、技高者多得，提高劳动报酬在初次分配中的比重，增加劳动者特别是一线职工劳动报酬。扎实有效做好职工权益维护工作，着力维护好新就业形态劳动者、农民工、城市困难职工等群体合法权益，健全劳动关系协调机制，努力使他们的获得感幸福感安全感成色更足。坚持从职工群众多样化需求出发开展工作，加快构建联系广泛、服务职工的工会工作体系，不断提高职工生活品质。强化制度保障，推动政策落实，加强舆论引导，努力营造劳动光荣的社会风尚和精益求精的敬业风气，培养一代又一代热爱劳动、勤于劳动、善于劳动的高素质劳动者，确保劳模精神、劳动精神、工匠精神薪火相传、生生不息。

第二节　新时代劳动精神的内涵理解

劳动精神，是指劳动者在劳动过程中所秉持的意识观念、表现的精神态度，以及形成的品质特色。劳动精神凝结了劳动对人类发展和社会进步的理性认知与感性实践。劳动精神是所有劳动者的共同特性，每一位劳动者都应该理解和领会劳动精神的内涵。

一、劳动精神的定义

劳动是发生在人与自然界之间的活动。其实质是通过人有意识的、有一定目的的自身活动来调整和控制自然界，使之发生物质变换，即改变自然物质的形态或性质，为人类的生活和自身的需要服务。劳动的内涵是指人类创造物质或精神财富的活动，从外延上看一切创造物质或精神财富的人类活动都属于劳动。马克思在《1844 年经济学哲学手稿》中指出："私有财产的主体本质，作为自为地存在着的活动，作为主体、作为个人的私有财产，就是劳动。"这一论述揭示了劳动是人的一种实践活动的本质，这种实践活动是人自为的特有活动，并能创造满足人需要的个人财富。恩格斯在《劳动在从猿到人转变过程中的作用》中指出，"劳动和自然界在一起才是一切财富的源泉，自然界为劳动提供材料，劳动把材料转变为财富。但是劳动的作用还远不止于此。劳动是整个人类生活的第一个基本条件，而且达到这样的程度，以致我们在某种意义上不得不说：劳动创造了人本身"。劳动是人类社会存在和发展的基本方式，是人类的本质特征。马克思分别从历史唯物主义、政治经济学和教育学三个维度，对劳动价值进行了全面阐释。从历史唯物主义角度出发，他阐明劳动创造了世界，劳动创造了历史，劳动创造了人类；从政治经济学角度出发，他揭示劳动是创造价值的唯一源泉；从教育学角度，他强调劳动是实现人的全面发展的重要途径。习近平总书记指出："人世间的美好梦想，只有通过诚实劳动才能实现；发展中的各种难题，只有通过诚实劳动才能破解；生命里的一切辉煌，只有通过诚实劳动才能铸就。"

精神主要是指人的情感、意志等生命体征和一般心理状态。劳动精神是劳动的本质属性，是对普通劳动者工作状态的基本要求，是人们在劳动过程中所表现出来的一种积极状态。对人们在劳动过程中所表现出来的这种积极状态按照时代的要求加以科学总结、高度凝练和理论提升，就成为这个时代的劳动精神。新时代劳动精神是社会主义核心价值观在劳动者身上的具体体现，主要包括爱岗敬业、勤奋务实、艰苦奋斗、创新创造、拼搏进取、淡泊名利、无私奉献等在劳动者身上体现出来的优秀品质和精神风貌，这就是劳动精神。从外延上看，一切符合时代要求、创造各种价值的勤奋劳动、诚实劳动、合法劳动和创造性劳动所体现出来的积极状态和优秀品质都属于时代劳动精神的范畴。

二、深刻理解劳模精神、劳动精神、工匠精神的丰富内涵

劳模精神、劳动精神、工匠精神一直以来受到社会各界的广泛关注。中共中央、国务院联合印发的《新时期产业工人队伍建设改革方案》强调，大力弘扬劳模精神、劳动精神、工匠精神，引导产业工人爱岗敬业、甘于奉献，培育健康文明、昂扬向上的职工文化。可见，新时代职工文化建设是弘扬劳模精神、劳动精神、工匠精神的有力抓手。

我们应该以习近平总书记关于劳模精神、劳动精神、工匠精神的系列重要讲话作为重要遵循，以党和国家的重要政策文件精神为指导，深刻领会科学内涵及其相互关系，通过大力弘扬劳模精神、劳动精神、工匠精神，建设知识型、技能型、创新型劳动者大军，从而推动实现中华民族伟大复兴的中国梦和建设社会主义现代化强国的新时代目标。

（一）劳模精神

劳模精神是劳模之所以成为劳模，在平凡岗位上做出不平凡业绩所坚持坚守坚定的基本信念、价值追求、人生境界及其展现出的整体精神风貌。"劳动模范身上体现的'爱岗敬业、争创一流，艰苦奋斗、勇于创新，淡泊名利、甘于奉献'的劳模精神，是伟大时代精神的生动体现。"习近平总书记关于劳模精神的表述，为我们科学理解和大力弘扬劳模精神提供了正确的方向和指导。这需要我们一方面正确理解这一表述中六个词汇的各自含义，又要从整体上把握劳模精神的科学内涵。

总体上看，这一表述一方面道出了劳模之所以能在广大劳动者群体中脱颖的根本原因，另一方面也为广大劳动者群体提出了奋斗的目标和方向。六个词汇中，爱岗敬业是本分，争创一流是追求，艰苦奋斗是作风，勇于创新是使命，淡泊名利是境界，甘于奉献是修为。做一个守本分、有追求、讲作风、担使命、有境界、有修为的人，是每一位劳模的精神风范，更是每一位劳动者应该追求的目标。

（二）劳动精神

劳动精神是每一位劳动者为创造美好生活而在劳动过程秉持的劳动态度、劳动理念及其展现出的劳动精神风貌。党的十八大以来，习近平总书记关于劳动和劳动精神的系列重要讲话是我们正确理解劳动精神的重要依据，也是大力弘扬劳动精神的重要参考。"我们要在全社会大力弘扬劳动精神，提倡通过诚实劳动来实现人生的梦想、改变自己的命运。"关于劳动，习近

平总书记强调，劳动是财富的源泉，也是幸福的源泉。人世间的美好梦想，只有通过诚实劳动才能实现；发展中的各种难题，只有通过诚实劳动才能破解；生命里的一切辉煌，只有通过诚实劳动才能铸就。

劳动创造了中华民族，造就了中华民族的辉煌历史，也必将创造出中华民族的光明未来。习近平总书记关于劳动和劳动精神的思想为我们正确认识劳动精神的科学内涵指明了方向。全社会都要贯彻尊重劳动、尊重知识、尊重人才、尊重创造的重大方针，维护和发展劳动者的利益，保障劳动者的权利。要坚持社会公平正义，排除阻碍劳动者参与发展、分享发展成果的障碍，努力让劳动者实现体面劳动、全面发展。全社会都要热爱劳动，以辛勤劳动为荣，以好逸恶劳为耻。

(三) 工匠精神

工匠精神是近年来我国社会的一个热点问题，也是学术界研究的一个重大课题。"弘扬劳模精神和工匠精神，营造劳动光荣的社会风尚和精益求精的敬业风气。"工匠精神这一概念，常被习近平总书记提及，也被写入了党的十九大报告之中。我们应该以习近平总书记关于工匠精神的系列重要讲话精神为指导，一方面理解工匠精神的科学内涵，另一方面认识到工匠精神与劳模精神、劳动精神相比所体现出的特色。

工匠精神是每一位不甘于平庸的劳动者在平凡的工作中不断对自己提出更高的要求，并不断自我超越、自我提升、自我完善，始终追求做更好的自己时所表现出的工作态度、工作境界、工作习惯以及整体工作精神面貌。工匠精神可以概括为：坚守执着、精益求精、专业专注、追求极致、一丝不苟、自律自省。从工匠精神的角度看，坚守执着是一个人的本分，精益求精是一个人的追求，专业专注是一个人的作风，追求极致是一个人的使命，一丝不苟是一个人的境界，自律自省是一个人的修为。

第三节 "劳动精神"是党治国理政最鲜明的理念

2015 年 4 月 28 日，习近平总书记《在庆祝"五一"国际劳动节暨表彰全国劳动模范和先进工作者大会上的讲话》(以下简称《讲话》)中，代表党中央首次提出了"劳动精神"这个概念，并在通篇讲话中多次进行强调。"劳动精神"的提出，是新时期党中央对我国广大劳动者的伟大实践所作出的高度凝练和本质概括，是对马克思主义劳动观的再丰富、再创新、再发展，具有鲜明的中国特色，是全体劳动者实现中国梦的一笔巨大的精神财富。研究和把握"劳动精神"的重要内涵，对于营造劳动光荣、劳动伟大的时代风尚，增强适应经济发展新常态下的内生动力，早日实现党中央提出的"四个全面"战略布局，都具有十分重大的理论意义和实践意义。

"劳动精神"的深刻内涵，可以从两方面来把握，一是劳动者伟大精神，二是劳动伟大精神，二者相辅相成，共同构成"劳动精神"的大厦。

一、劳动者伟大精神

精神是人创造的，精神也由人来提炼。一个浅显的道理是：劳动，是劳动者的劳动；劳动者，是劳动的劳动者。没有劳动者就没有劳动，没有劳动也没有劳动者。人类历史发展的客观规律充分证明，劳动者是物质财富和精神财富的创造者，劳动者是在劳动中展示伟大风采的。中国共产党所弘扬的"劳动精神"的重要内涵之一，就是劳动者伟大精神。

（一）劳动者至上

《讲话》强调指出："要坚持人民的主体地位。"我国是人民民主专政的社会主义国家，广大劳动者是国家的主人。在革命、建设、改革各个不同历史时期，党和国家都把劳动者摆在突出位置，广大劳动者也不断发挥历史主动精神和首创精神，为民族独立、人民解放和国家富强、人民幸福建立卓越功勋。可以说，我国广大劳动者的伟大实践过程，就是党始终重视劳动者和劳动者始终奋发有为的良性互动过程。从 1921 年青年毛泽东提出的"劳工神圣"，1954 年颁布实施第一部《中华人民共和国宪法》，1959 年国家主席刘少奇对劳模时传祥的谈话，1994 年颁布《中华人民共和国劳动法》，直至党的十八大以来，党和国家就劳动者根本问题所作出的一系列决策部署，都有一条红线贯穿始终，这就是党把劳动者放在心中最高位置、广大劳动者一心向党、同心同德，始终以国家主人翁姿态屹立于世界东方。劳动者至上，成为党治国理政最鲜明的理念，也是时代昂扬磅礴的主旋律。无论时代和条件怎么变，劳动者至上的精神没有变；无论怎样深化改革，劳动者至上的地位没有变；无论西化分化的图谋怎样干扰，劳动者至上的定力不受干扰。那种所谓的"精英政治""英雄史观"，尽管培流汹涌，却只能是"蚍蜉撼树""尺雾障天"，无损于"劳动者至上"的万丈光辉。当然，我们所说的劳动者是指整体而言，少数犯罪分子等劳动者不在其内。

（二）劳动者平等

《讲话》深刻指出："在我们社会主义国家，一切劳动，无论是体力劳动还是脑力劳动，都值得尊重和鼓励；一切创造，无论是个人创造还是集体创造，也都值得尊重和鼓励。"习近平总书记在《讲话》中提出的"两尊重两鼓励"，就是党和国家对广大劳动者的庄严承诺，其核心内容就是，在我国，广大劳动者之间的地位是一律平等的，不存在谁高贵谁卑贱、哪个群体强、哪个群体弱的问题。这一点与资本主义国家有着根本区别。《讲话》提出的"两尊重两鼓励"，符合我国国情、国体、政体和客观实际，具有很强针对性。毋庸讳言，改革开放30多年来，在国家经济快速发展的同时，少数社会成员对权力、财富和拥有权力、财富的公民存在着误解，把权力和财富作为取得话语权的资本，心中滋生轻视普通劳动者和体力劳动者的错误观念。有些人看不起环卫工人、看不起一线工人、看不起农民工，不实行同工同酬，有的人认为科技进步条件下工人阶级越来越无足轻重。产生这些错误观念的思想根源，就在于不明白、不认同我国劳动者在法律面前一律平等的国家法治理念。历史已经证明，旧中国劳动者分三六九等的时代早已寿终正寝，取而代之的是新中国劳动者一律平等的新时代。特别是在实施"四个全面"战略布局的新时期，每个劳动者都同享民主法治、公平正义。

(三) 劳动者可敬

《讲话》郑重阐明："人民是历史的创造者，是推动我国经济社会发展的基本力量和基本依靠。""全面建成小康社会，进而建成富强民主文明和谐的社会主义现代化国家，根本上靠劳动、靠劳动者创造。"劳动者的可敬在于他们是推动人类文明进步的根本力量，是实现中国梦的物质力量和精神力量。每逢五一国际劳动节，我国都要举行隆重纪念活动，表达党和国家对广大劳动者的无比敬意。劳动者是以彪炳史册的历史贡献赢得国家和社会尊重的。中国位居世界第二大经济体的突出成就，凝聚着亿万劳动者的辛勤劳动。但也要承认，仍有少数社会成员不敬重劳动者。在意识形态领域，一些文学作品塑造精英形象多，塑造普通劳动者形象少，一些理论文章在演绎推理中淡化了普通劳动者的作用，个别教师丑化了普通劳动者；在经济发展领域，少数干部想问题做决策，不看重甚至忽视普通劳动者的诉求，征地拆迁上项目，没有尊重劳动群众意愿；在政治层面，少数机关在出台政策时，群众观念淡薄，只想所谓的"政绩"，没想劳动者的心声。所有这些，都是与我们要弘扬的"劳动精神"相违背的。因此，《讲话》充分肯定了我国工人阶级和广大劳动群众的伟大品格，"从来都具有走在前列、勇挑重担的光荣传统"，能够"正确认识和对待改革发展过程中利益关系和利益格局的调整，正确处理个人利益和集体利益、局部利益和全局利益、眼前利益和长远利益的关系"，有"识大体、顾大局的光荣传统"。《讲话》号召，要从政治、经济、社会、文化、法律、行政等各方面采取有力措施，促进社会公平正义，实现好、维护好、发展好最广大人民群众的根本利益，特别是要实现好、维护好、发展好广大普通劳动者根本利益。《讲话》深刻体现了党和国家对劳动者的深切关怀和诚挚敬意，成为"劳动精神"的核心内涵。

二、劳动伟大精神

劳动者之所以伟大，是因为他们所从事的劳动伟大。而无论所从事的是个体劳动还是集体劳动，都是由一个个过程组成，可以说是过程的集合体。合法合规合情合理的劳动过程才是我们所需要的，反之有瑕疵、有问题的劳动过程是我们所坚决反对的。

（一）美丽劳动

《讲话》指出："一切劳动者，只要肯学肯钻研，练就一身本领，掌握一手好技术，就能立足岗位成长成才，就都能在劳动中发现广阔的天地，在劳动中体现价值、展现风采、感受快乐。"这段话的深刻含义就是在强调劳动美丽、劳动快乐。马克思主义经典作家曾以赞赏的口吻说过："思维是地球上最美的花朵"，对劳动过程的美丽给予了高度肯定。习近平总书记的《讲话》将其进行发展和丰富，具有很强的指导意义，告诉我们一个深刻道理：不仅脑力劳动的过程是美丽的，体力劳动的过程也是美丽的。我国是社会主义国家，崇尚劳动是社会风尚。我们不仅需要结果完美，也需要过程完美。过程是精神的集中体现。我国的劳动过程具有很高的审美价值。歌曲《咱们工人有力量》表达的就是普通工人在劳动过程中体会到的力量之美。"劳动者是美丽的""人因劳动而美丽"，成为亿万劳动者内心飘扬的旗帜和不懈奋斗的路标。近年来广受欢迎的"寻找最美乡村教师""寻找最美邮递员""寻找最美职工"等活动，之所以有生命力和影响力，就在于它展示了劳动过程的美丽，而并不是他们相貌有多美。即使劳动很辛苦、费周折、遭遇坎坷，但我国的劳动者还是引以为荣、引以为乐。相反，那些"笑贫不笑娼""宁在宝马车上哭，不在自行车上笑"的鄙视劳动、喜好不劳而获的人，总是要受到全社会的普遍唾弃。弘扬"劳动精神"，就要在全社会形成劳动才美丽的基本共识，并内化于心，外化于行，付诸各个岗位具体劳动之中。

（二）辛勤劳动

《讲话》引用了《左传》的名句："民生在勤，勤则不匮。"表明要求辛勤劳动，古已有之。中华典籍中论辛勤劳动的篇目很多，例如，《古文观止》中的《敬姜论劳逸》中就记录了封建士大夫的母亲敬姜说的一句名言："劳则善心生。"可以说，勤劳是中华民族的优良传统，是独有的民族 DNA，靠着勤劳，中华民族屹立于世界民族之林，也靠着勤劳，创造了中国发展速度的神话。习近平总书记反复强调，要"辛勤劳动""一勤天下无难事"。辛勤劳动成为我国独特的劳动本色，也是要大力弘扬的劳动精神。当然，在社会实践中，有少数劳动者，只讲索取，不讲付出，只想一夜暴富，梦想中千万彩票，不想流一滴汗，出一份力；少数青年就职者，奉行所谓"职场秘诀"，把活儿干得越少越好、报酬越高越好定位为成功之道；少数干部奉行"当官不发财，请我都不来"的腐败理念，为官一任，自己贪腐，苦了人民。我们弘扬"劳动精神"，就是要认同辛勤劳动、践行辛勤劳动，就是要反对懒惰、反对敷衍塞责、反对怨天尤人、反对腐败。需要说明的是，我们弘扬的辛勤劳动绝不是不讲方法和技巧地蛮干、瞎干、胡干、乱干，而是方法和思路对头，任务繁重艰巨需要敬业付出那种勤奋精神。

(三) 诚信劳动

《讲话》指出："引导广大人民群众树立辛勤劳动、诚信劳动、创造性劳动的理念。"2013年 4 月，习近平总书记强调指出："人世间的美好梦想，只有通过诚实劳动才能实现；发展中的各种难题，只有通过诚实劳动才能破解；生命里的一切辉煌，只有通过诚实劳动才能铸就。"习近平总书记用诗一般的语言讴歌了诚信劳动。时隔两年，《讲话》再次强调"诚信劳动"，这充分说明，党中央高度重视诚信劳动，并把它放在整个劳动过程中的突出位置。在广大人民的劳动过程中，涌现出保定"油条哥"等许多诚信劳动的先进典型。之所以要大力弘扬诚信劳动，就是因为这是关乎劳动的生命线和秉持的底线、关乎劳动是否具有价值的大问题。无论付出多少辛劳，如果不是诚信劳动，这种劳动就是危害社会行为甚至是犯罪行为。"毒馒头""毒奶粉"等丑闻的出现，就是不讲诚信所致的明例。不讲诚信的劳动，是与我国的优秀传统文化、我国的劳动禀赋、我国增进人民福祉的目标格格不入的，应当像打过街老鼠一样，实行高压态势和零容忍态度。在具体工作岗位上，不按法律、不按规章制度、偷工减料、欺上瞒下、虚报成绩等行为，也属不诚信行为，要通过健全考核制度、奖惩制度，要建立健全社会征信体制机制，让每个社会成员不敢不诚信、不愿不诚信、不能不诚信。

(四) 创造性劳动

《讲话》指出："让劳动光荣创造伟大成为铿锵的时代强音。""在前进道路上，我们要始终高度重视提高劳动者素质，培养宏大的高素质劳动者大军。"习近平总书记在 2013 年就曾经指出："劳动创造了中华民族，造就了中华民族的辉煌历史，也必将创造出中华民族的光明未来。"对创造性劳动进行了深刻阐述，与 2013 年讲话不同的是，2015 年《讲话》把劳动者素质问题作为"四个要始终"之一，进行了浓墨重彩的集中阐述。这表明，党中央比以往任何时候都更加重视创造性劳动，并把它上升为国家战略。正因为如此，《讲话》指出："劳动者素质对一个国家、一个民族发展至关重要。"在劳动者素质中，最珍贵的是创新创造，这是体现劳动价值的关键所在，也是中国劳动在世界劳动大比拼中制胜于人的法宝。但是，现实总还有不尽如人意的地方。有的劳动者还习惯于按部就班、照葫芦画瓢、重模仿轻创造、重经验轻创新；有的劳动者思想不解放、小进即满、小富即安；有的劳动者眼界狭隘，只看到自己长处，看不见别人长处，不注意取长补短；有的劳动者不学习、不钻研，存在本领恐慌，致使我国劳动者的创造力水平与实际需要相比还有较大差距。根据世界银行《2013 年世界发展报告》，我国与美国的劳动生产率差距逐步缩小，已由 1995 年的 52 倍缩小到 2005 年的 28.1 倍、2010 年的 16.3倍。但尽管如此，两国之间的劳动生产率差距依然很大。差距很大，奋斗的空间也很大。弘扬劳动精神，就是要大张旗鼓地弘扬创造精神。我们需要的劳动，不是按部就班、因循守旧的劳动，不是效率低下、高消耗低产出的劳动。我们需要的劳动，是对原有经验的积累、继承，并勇于无中生有、有中创优的劳动，是立足脚下，放眼世界，敢于和世界先进水平一拼高低的劳动。特别是在经济发展由数量速度型向质量效益型转变时期的经济新常态下，弘扬亿万劳动者创造性劳动精神尤为重要。就创造而言，对国家来说，每个劳动者如果都前进一小步，国家必定发展一大步。

认真学习深刻领会《讲话》精神，探究和把握习近平总书记首次提出的"劳动精神"的内涵，大力弘扬劳动精神，才能激发广大劳动者的无穷智慧和无限创造，"以劳动托起中国梦"。

第四节　坚持劳动精神对大学生成才的重要意义

坚持新时代劳动精神既是国家战略部署、时代发展需要，又是大学生实现精神成人、完成人的社会化、顺利融入未来新生活的需要。

一、在大学生中弘扬劳动精神

劳动是成功的必由之路、创造价值的源泉。劳动教育是中国特色社会主义教育制度的重要内容，直接决定社会主义建设者和接班人的劳动精神面貌、劳动价值取向和劳动技能水平。

《意见》的出台，让全社会进一步认识到加强劳动教育的重要意义，有利于推动劳动教育与德育、智育、体育、美育相结合，更好发挥劳动育人功能，促进学生形成正确的世界观、人生观、价值观。

"要在学生中弘扬劳动精神，教育引导学生崇尚劳动、尊重劳动，懂得劳动最光荣、劳动最崇高、劳动最伟大、劳动最美丽的道理，长大后能够辛勤劳动、诚实劳动、创造性劳动。""德智体美"之外，为什么还要强调"劳"？动手实践、出力流汗的劳动教育，对一个人的成长意味着什么？现实中，一些青少年中出现了不珍惜劳动成果、不想劳动、不会劳动的现象，根源就在于劳动教育被淡化、弱化。事实上，挥洒劳动的汗水、体味劳动的艰辛，才能收获劳动的快乐，也才能真正理解劳动的内涵。劳动教育具有树德、增智、强体、育美的综合育人价值。实践证明，爱劳动、会劳动不仅不会耽误学习，反而能够促进学习，有助于人的全面协调发展。

面向未来，应当更加注重把劳动教育纳入人才培养全过程，贯通大中小学各学段。特别需要注意的是，一定要将劳动教育与智育区别开，防止用文化课的学习取代劳动教育。幼时启蒙劳动意识，感知劳动乐趣，体会劳动光荣；稍大时增加劳动知识技能，适当参加生产劳动；再大时增加职业体验，理解劳动创造价值……在个体成长成才的道路上，劳动教育不仅能提升就业创业能力，还有助于让受教育者树立正确择业观，涵养不畏艰辛、崇尚奋斗、甘于奉献的精神。

也应创造条件，实现劳动教育实施途径多样化，贯穿家庭、学校、社会各方面。对家长来说，应鼓励孩子自觉参与、自己动手，在衣食住行中掌握必要的家务劳动技能，让孩子从小养成爱劳动的好习惯。学校应开齐开足劳动教育课程，科学设计课内外劳动项目，采取灵活多样形式，激发学生劳动的内在需求和动力。全社会都应注重发挥协同作用，开放实践场所，搭建活动平台，支持学生走出教室，动起来、干起来。

劳动创造美好生活。今天，人类劳动的形态已经发生了巨大变化，开展劳动教育也须与时俱进。以《意见》印发为契机，全面构建体现时代特征的劳动教育体系，广泛开展劳动教育实践活动，就一定能引导学生树立正确的劳动观，在劳动中提升综合素质、促进全面发展，努力成长为担当民族复兴大任的时代新人。

二、劳动教育的身体意蕴及现实意义

"劳动教育即劳动、生产、技术和劳动素养方面的教育，旨在培养学生正确的劳动观点、劳动态度、劳动习惯，使学生获得工农业生产基本知识和技能。"2018 年全国教育大会上，习近平总书记重申劳动教育的重要性，可见创新劳动教育体系、丰富劳动教育内涵有其现实意义。马克思主义哲学一直是我国开展劳动教育的指导思想，对马克思主义哲学的认知与理解在很大程度上影响着我国劳动教育理论的发展。20 世纪以来身体成为西方哲学研究的重要话题，为深入挖掘马克思主义哲学的价值提供了新视角。马克思主义哲学蕴含着丰富的身体思想，直击身体哲学的核心问题。本研究以马克思主义哲学为基础，洞悉劳动教育多维的身体意蕴，省思现今劳动教育的身体之困并探究突破劳动教育身体之困的可为路径。

（一）劳动教育的身体意蕴

1. 劳动教育满足大学生生命、现实特质的身体需要

劳动是从人的现实需要及相关利益出发的，对劳动的理解实质是对人需要的理解，即通过劳动，人的需要得以满足。"我的劳动满足了人的需要，从而物化了人的本质，又创造了与另一个人的本质的需要相符合的物品。"需要构成合理理解劳动现象的基础，生发了劳动的实质性内容。一方面，劳动教育满足大学生生命特质的身体需要。劳动首先满足人的身体生存需要，这种需要是基于人肉体的"生命特质"需要，是人身体的最基本需要。"吃、喝、娱乐行为等，

并不是人的终极目的，但却是理解人的生命的基本切入点，劳动这种生命活动、这种生产生活本身对人来说不过是满足他的需要，即维持肉体生存的需要的手段。"劳动教育可以健全大学生之身体、满足大学生身体生存的基本需要。另一方面，劳动教育满足大学生现实特质的身体需要。身体不仅是肉身的躯体，更是指向现实生活、承载全部社会关系的社会化身体。"人与动物需要的差别就在于人的身体生存需要是与人的社会活动、社会关系相连接的。"人是社会存在物，身体是社会的身体，人的需要是以身体为载体，更具现实特质的社会化身体需要，具有现实性、超越性的特点。劳动教育可满足大学生社会化的身体需要，是养成大学生文明之身、社会之身的途径。

2. 劳动教育助益大学生理性、完全的身体认知

人的认知发展产生于劳动，并且劳动是联结身体与认知对象的桥梁，是大学生认知产生的必要途径。所有大学生需要习得的知识与技能都是人认知的产物，并且所有的知识与技能在未经大学生身体体验之前只能是抽象的、不完全的，经由大学生的劳动实践，知识与技能才被感知，产生身体经验。一方面，劳动教育促进大学生认知器官(大脑)的发育，为其理性认知的形成打下基础。首先是劳动，然后是语言和劳动一起，成了两个最主要的推动力，在它们的影响下，猿脑就逐渐地过渡到人脑。劳动导致了人手进化、语言的生成，产生了具备认知能力的大脑，为认知的产生、理性的发展提供了客观基础。劳动教育可以刺激大学生大脑的发育，只有大脑得到一定程度的发展，大学生才能具备理性认知的能力。另一方面，劳动教育联结大学生身体与认知对象，进而产生完全的身体认知。意识是社会的产物，意识起初只是对直接的可感知的环境的一种意识，是对处于开始意识到自身的个人之外的其他人和其他物的狭隘联系的一种意识。人处身的可感知环境是由认知对象(人、动物、植物等客观对象)所构成的，劳动是联结身体与认知对象的桥梁。劳动中人的身体作用于认知对象，感知认知对象的属性，由此产生的身体经验反映在人的大脑中形成人的认知。劳动教育将大学生身体置于知识、技能产生的情境，使其身体与认知对象产生客观的联系，最终反映在大学生的大脑中，内化为大学生完全的认知。

3. 劳动教育丰裕大学生复杂性、深层次的身体情感

劳动是身体情感生发的途径，大学生身体情感经由劳动得以丰裕。人的身体感觉是更具社会性、历史性的身体感觉，更确切地说是人独有的肉身与精神感觉统合的身体情感。"一切感觉都蕴含在人的身体性中，都是由于它的对象的存在，才产生出来的，感觉的人性蕴含了身体现象学的理解，即人的身体性感觉包含人的感觉(五官感觉)，还具备人的特质'身体情感'。"经由劳动实践，身体情感得以产生、深化。一方面，劳动教育丰裕大学生复杂性的身体情感。"对象、人化的自然界恰恰是人的活动、劳动、实践的产物，从最终的意义上说，劳动创造了人的感性、感觉的人性。"人化的自然是人与人共同劳动实践的产物。劳动实践使大学生间的

身体互动、情感交流更为紧密，这种情感是人所特有的，在劳动中所形成的复杂性身体情感。另一方面，劳动教育丰裕大学生深层次的身体情感。劳动教育中，首先大学生的身体介入作用对象产生五官感觉，这种感觉是对劳动对象的感受直观。随着劳动教育的深化，大学生的身体介入更广阔的社会之中，至此大学生的劳动意识、劳动情感、劳动价值观等作为人深层次的身体情感才能被激活。

（二）劳动教育的身体之困

1. 劳动教育中被误解的身体："体脑二分"与"弱社会化"的身体

传统认知哲学影响下劳动教育中大学生的身体被误解为"体脑二分"的身体，即将劳动教育分解为脑力劳动与体力劳动。事实上，劳动教育的价值在于人体力与脑力的完美结合，是培养"身心一体""整全身体"之劳动。"我们将劳动能力，理解为一个人的躯体即活的人体中存在的、每当他生产某种使用价值时就运用的体力和智力的总和，它是人的躯体的各种器官综合起来而形成的统一机能，耗费人的一定量的肌肉、神经、脑等。"劳动中人的身体是肉体与大脑统合的整体性身体，劳动是体力劳动与脑力劳动二者的综合。受传统认知哲学的影响，教育者多认为大学生的大脑与身体是无涉的，"心灵与身体即相互独立、毫无关联的两个实体，即存在主客二元、身心二分的世界。"即使身体不复存在，心灵依然存在，人认知的产生不依赖于客观存在的身体，只与产生认知的大脑有关。同样，在劳动教育中，教育者会将劳动教育"主观"地分解为体力劳动与脑力劳动，并将二者分而教之，使得大学生的身体被"肢解"为"体脑二分"的身体。

学校的相对独立性导致劳动教育中大学生的身体被误解为"弱社会化"的身体，即忽视大学生的身体社会性，割裂不同教育场域的联通性。"全部人类历史的第一个前提无疑是有生命的个人的存在，因此，第一个需要确认的事实就是这些个人的身体组织以及由此产生的个人对其他自然的关系。""在讨论到人类历史(即非自然性)时，马克思和恩格斯关于人的身体论述对应的是人身体的历史性存在，这种存在是一种受社会历史特定条件规定的身体存在。"劳动是实现个体社会化的有效途径，但是自学校产生以来，逐渐从社会中分化，演变成相对独立的存在，这在客观上弱化了学校与社会的联系，因此，处身于学校的大学生身体社会性也随之弱化。同样，劳动教育也存在大学生身体的社会性弱化现象，其突出表现为劳动教育被等同于学校劳动教育，学校、家庭、社会被认为是三类不同的劳动教育，三者间的联通性被割裂。

2. 劳动教育中被围困的身体：身体自由时间的漠视与身体空间的限制

自由时间的难掌控性、难调节性导致大学生身体自由时间内劳动的被漠视，限制了大学生自由而全面的发展。马克思将人的生存时间划分为劳动时间(必要劳动时间、剩余劳动时间)和自由时间。"必要劳动时间人基本上处于自身再生产的状态以获取生存资料；剩余劳动时间人开始超出自身再生产的范围，但还局限于把自身作为物质生产者而进行生产活动的界限之内。"无论是必要劳动时间还是剩余劳动时间都有其内在必要性及目的性，这种必要性及目的性限制了大学生自由而全面的发展。"在自由时间特别是从事高级活动的时间内，人才能超越必需和外在目的的制约。"只有在自由身体时间内大学生的劳动知识、技能等才能得到自主的内化，使大学生得到全面而自由的发展。自由时间是教育者难掌控、不易调节的时间，往往是被教育者漠视的时间。相反，劳动时间是劳动教育者易掌控、易调节的时间，因此劳动教育者往往会在学生的劳动时间内调控和设计劳动教育内容，但因其极强的必要性、目的性，往往会遭到大学生的抵触。

学校空间因其具有较强的知识符号化特征，限制了劳动教育的体验深度。大学生的身体绝非静态存在的物品，而是朝向世界开放，时刻与世界产生联结的空间情境化身体。"在人类早期，身体活动空间非常有限：个人或自然地或历史地扩大为家庭和氏族的个人，直接地从自然界再生产自己。""自然是人无机的身体，说明已经超出本身的躯体而与外界互动，还说明了身体的空间无维性。"身体本身是与外在空间相连的开放系统，并且客体情境空间只有与身体空间产生直接或间接的关联才能被理解、体验。劳动是实践性、空间性较强的活动，劳动创造了社会、生活等情境性空间，大学生只有投身于真实的劳动情境空间才能体验到劳动真实、完整的意义。但是，受主智主义的影响，学校重智育轻劳动教育已成为普遍的教育现象，大学生的身体长期沉浸在知识符号化较强的学校空间之中，削弱了大学生身体与自然、社会等生活空间的联系，限制了大学生劳动体验的情境性、真实性。

3. 劳动教育中被浅化的身体：身体交流的疏离与身体体验的受动

劳动教育内容的"分解化"导致大学生身体交流的疏离。劳动教育不是指向大学生个体的，而是指向大学生群体的。劳动教育中大学生通过与他者间的言语沟通、体脑协作实现自我与他者间的身体交流。"个体的生命表现即使不采取共同的、同他人一起完成的生命表现这种直接形式，也是社会生活的表现和确证，人对自身的关系只有通过对他人的关系，才成为对他来说是对象性的、现实的关系。"劳动不仅是主体生命的表征与确证，更通过自我与他者间的身体交流实现个体与整体、自我与社会的辩证统一。人是劳动实践意义上的"身体性主体"，劳动实践主体的处境并非孤立的存在，而是与他者、世界共在的，主体与他者、个体与整体的关系具有"身体间性"的特征。但是，目前一些教育者习惯性地将劳动教育视为教学任务，为了提升劳动教育的效率，通常会将劳动教育内容"分解化"，规定每个大学生的劳动任务，弱化了大学生共谋劳动的历程，消解了大学生身体交流的机会，导致大学生间身体关系的疏离。

劳动教育实践的强制身体客观在场导致大学生身体体验的受动。身体体验性就是主体对客体的反映,是能动与受动辩证统一的过程。身体体验存在受动与能动两种样态,能动样态的身体体验是劳动实践追求的终极样态。同样,劳动教育中我们所追求的大学生身体体验亦是能动样态的身体体验。"人的一切器官,是通过自己的对象性关系,即通过自己同对象的关系而对对象的占有,对人的现实的占有;这些器官同对象的关系,是人的现实的实现,是人的能动和人的受动,因为按人的方式来理解的受动,是人的一种自我享受。"身体体验的受动性表现为劳动实践中,人被动地与客观对象产生联系所产生的身体体验,这种体验被客观对象所限制。身体体验的能动性表现为劳动实践中,人在能动地把握世界、有意识地创造对象性世界的过程中所生成的身体体验。但是,目前劳动教育实践中存在大量实践者为完成劳动教育任务而开展表面的劳动活动,仅仅关注大学生身体的客观在场,并且往往带有"强制"的色彩,这种强制、身体客观在场的劳动教育忽视了大学生身体体验的能动性,所生成的劳动身体体验只能是受动的、无认知、无情感的身体体验。

(三) 劳动教育的身体突破

1. 重塑劳动教育身体观:"身心一元"与"亲社会化"的身体

可以"身心一元"的大学生身体哲学观为指导,思考如何使劳动教育从体力劳动与脑力劳动分解的教育迷思中解放出来,还原劳动教育体脑统合的原貌。"身心一元"的身体哲学观将大学生的身心视为有机统合的整体。大学生的身体既不是解剖学意义上的物质性身体,亦非抽象意义的心灵"载体",而是"身心一元"的主体性身体,是完整的、生命的存在。哲学是指导实践的学问,所有实践的转变都以哲学观的导向与转化为前提基础。纠正体力劳动与脑力劳动分解的劳动教育观,其根本在于树立"身心一元"的身体哲学观。首先,以"身心一元"的大学生身体哲学为指导,制定国家劳动教育政策。以"身心一元"的大学生身体哲学观作为劳动教育的逻辑起点,确定国家劳动教育的指导方向,在国家教育政策中阐述和解析劳动教育中大学生身体的多维属性、多层含义。其次,以教师教育为载体,强化劳动教育者"身心一元"的身体哲学观。教师是劳动教育的直接执行者,教师哲学观的更新是突破劳动教育身心二分困局的关键。国家或地方可有计划地开展专项的劳动教育教师培训,并引入大学生身体哲学、身体谱系训练等相关理论内容,强化教师树立"身心一元"的身体哲学观。

以"亲社会化"的大学生身体观为指导,强化学校与家庭、社会劳动教育的联通性。"亲社会化"的大学生身体观表明的是大学生的身体受社会观念、意识的影响,其一切的身体活动、身体感觉与社会是内在紧密关联的,大学生的身体是社会的产物。劳动教育要兼顾大学生身体的社会性,模糊大学生在学校、家庭与社会劳动教育中的身体边界,将三者视为贯通的劳动教育。其一,依托学校办学理念,助力劳动教育中"亲社会化"大学生身体观的重塑。学校要重新定位劳动教育在学校教育活动中的地位,以"亲社会化"的身体观作为学校劳动教育的基本理念，甚至是学校整体的办学理念，重视大学生身体存在的社会性，始终以学校、家庭、社会劳动教育的贯通作为学校劳动教育的出发点和落脚点。其二，面向学生完整的生活世界开发联通学校、家庭与社会的劳动教育内容。面向真实的家庭生活、社会生活，充分开发、利用家庭与社区的劳动教育资源，建立学校、家庭与社区"三位联动"的劳动教育平台，合力开发市场劳作、商业实习、社会服务、家政实习等相关的劳动教育内容。

2. 解放劳动教育身体时空：关注身体自由时间，延展身体空间

一方面要充分激活大学生身体自由时间内主动、自觉地劳动。对身体自由时间的利用是个体发展的关键。近年来学生减负取得了一定的成效，学生的身体自由时间也随之增加，那么如何规划、利用这些身体自由时间成为学生必修的课题。劳动教育可以利用大学生充足的身体自由时间进行，使大学生在身体自由时间内践行更具意义的自主性、创造性劳动。其一，培养大学生有效利用身体自由时间的素质，激发大学生身体自由时间内的劳动积极性。帮助大学生理解身体自由时间内劳动的意义，理解劳动时间与身体自由时间内劳动的关系，培养大学生更具科学性、计划性地利用身体自由时间，合理设计并实施劳动实践活动的能力。其二，以劳动幸福的价值观念，激发大学生身体自由时间内的劳动积极性。人的意识是由人的实践和生活所决定的，要求人们必须将人类的幸福与其劳动实践密切结合起来加以考察，坚持生活第一性的主张与原则，强调人类的劳动实践是人类幸福之源泉。学校要向大学生传递劳动幸福的价值观，让劳动成为大学生的习惯、生活的常态，使其自由、自觉地在自由时间内坚持劳动、积极劳动，以劳动创造美好的幸福生活。

另一方面要延展劳动教育身体空间，增强劳动教育的体验深度。劳动教育要注重大学生身体的空间位移，将大学生身体置于多样化的劳动情境空间之中，引发大学生与所处劳动空间的"场共鸣"，获得身临其境的具身化劳动体验，激发学生的劳动情感体验，深化大学生的劳动意识。其一，利用现有的劳动教育资源为大学生提供直接的劳动体验空间。走进自然空间，充分利用本地资源，体验山林与园艺、种植与养殖等农业劳动的自然性和必要性；走进社会空间，充分利用家长工作资源，为学生提供多元化的劳动岗位体验机会，让学生体验真实发生的劳动实践。其二，依据劳动教育现实需求，创设劳动体验空间。以深化学生劳动空间内的身体体验为目标，进行劳动情境空间创设。劳动情境空间的创设要注重空间环境的互动性，使创建的劳动空间具备较强的临场感和真实感，引发大学生对劳动实践的情感共鸣；注意劳动情境空间创设的连接性、层次性，由简单劳动情境空间设计逐步过渡到更具意义的复杂劳动情境空间设计，让大学生在更具连续性、层次性的劳动情境空间中实现从"浅层"到"深度"的身体体验过渡。

3. 深化劳动教育身体实践：密切身体交流，提升身体体验能动性

强化大学生共谋劳动的历程，密切大学生间的身体交流。劳动教育是以大学生身体交流为

纽带的主体间协同探究实践。劳动教育实践中大学生通过身体感知、身体交流建立与他者交往的知觉链，通过身体交流大学生才能理解劳动的复杂性、集体性。其一，建立劳动共同体，密切大学生间的身体交流。劳动教育实践以凝聚教育共同体为最终归宿，学校中的集体劳动是巩固这一共同体的最佳途径。劳动教育者可以充分利用学校已有的集体劳动，创设大学生间身体交流的机会，促使大学生在与他者的身体交流中感受对他者的责任，确证自我的劳动意义。其二，强化劳动教学设计的身体交流性、对话性，密切大学生间的身体交流。劳动教育者要有意识地运用合作学习、探究式学习等强调身体互动性的劳动教学方式，构建立体、多边互动的身体在场互动交往模式，让学生在多元合作、情感交融、平等共生的关系中，体悟劳动中身体交流的喜悦，以此培养大学生劳动责任意识、生成劳动情感。

注重劳动实践中大学生身体的主观在场，提升其身体体验的能动性。确立劳动教育实践中大学生的身体主体地位，让大学生身体积极参与到劳动教育的筹划、实践等整全历程之中，展示大学生身体的能动性。其一，开发劳动项目课程，触发大学生能动的身体体验。例如，德国普遍采用"项目课程"的理念来设计、组织和实施劳技教育。项目课程以项目为主体，其主要特征即突出学生的中心性、自主性。通过开发大学生自主探究实践的项目式课程，使大学生的身体完全沉浸在劳动探究实践之中，触发大学生对劳动项目的思考与追问，享受劳动的喜悦与幸福，形成积极、能动的身体体验。其二，设置开放、自由的劳动教学环境，触发大学生能动的身体体验。教学环境是影响大学生身体体验、身体参与的重要影响因素。劳动教育者应以动态性、生成性、非线性的观点看待劳动实践，科学地把握大学生身体与教学环境间的关系，通过创设开放、自由的劳动教学环境，给学生以合理、正当的渠道释放参与劳动的身体能量和潜能，促使大学生进入"自主的体知"状态。

第五节　新时代劳动精神的核心价值和具体体现

新时代劳动精神的内涵非常丰富，既继承了马克思劳动价值理论，又蕴含了中国优秀传统文化的劳动观念，以及中华民族从古至今的劳动实践。其具体表现就是要培养勤俭、奋斗、创新、奉献、诚实的劳动品质。

一、坚持弘扬劳模精神、劳动精神、工匠精神的核心价值

劳模精神、劳动精神、工匠精神，是广大劳动群众在从事社会生产的劳动实践中锤炼形成的，是工人阶级和广大劳动群众弥足珍贵的精神财富。"爱岗敬业、争创一流，艰苦奋斗、勇

于创新，淡泊名利、甘于奉献"的劳模精神，是工人阶级伟大品格的具体体现，生动诠释了社会主义核心价值观，丰富了民族精神和时代精神的内涵，是激励全国各族人民团结奋斗、勇往直前的强大精神力量。在我们党团结带领人民进行革命、建设、改革各个历史时期，广大劳动模范以高度的主人翁责任感、卓越的劳动创造、忘我的拼搏奉献，谱写出一曲曲可歌可泣的动人赞歌，为全国各族人民树立了光辉的学习榜样。劳动精神是关于劳动的理念认知和行为实践的集中体现，在理念认知上表现为全社会尊重劳动、崇尚劳动、热爱劳动；在行为实践上表现为劳动者辛勤劳动、诚实劳动、创造性劳动。工匠精神包括职业技能、职业素养、职业理念等多个层次，是一种钻研技能、精益求精、敬业担当的职业精神。

全面建成小康社会，实现中华民族伟大复兴的中国梦，必须依靠劳动，必须依靠广大劳动者。榜样的力量是无穷的，要在全社会贯彻尊重劳动、尊重知识、尊重人才、尊重创造的重大方针，大力宣传劳动模范和其他典型的先进事迹，引导广大人民群众向劳模学习，以劳模为榜样，把劳模精神、劳动精神、工匠精神作为勇往直前的精神力量，树立辛勤劳动、诚实劳动、创造性劳动的理念，营造劳动光荣的社会风尚和精益求精的敬业风气，让劳动最光荣、劳动最崇高、劳动最伟大、劳动最美丽蔚然成风，让全体人民进一步焕发劳动热情、释放创造潜能，不断谱写新时代的劳动者之歌。

二、新时代劳动精神的具体体现

（一）爱岗敬业、争创一流

爱岗敬业、争创一流是劳动精神的基础。只有热爱自己所工作的岗位，喜欢自己所从事的职业，才能充分发挥自己的专业所长，真心实意地开展工作，创造出一流的业绩。李力是重庆大学光电工程学院先进制造专业 2018 级博士研究生，他始终紧盯世界科技前沿，围绕国家发展战略需求和重庆地方产业需要，坚持人工智能、大数据与 VR 技术结合的创新创业路径，参与制定国际和国内大数据、人工智能、虚拟现实等标准 10 余项。为响应国家"双创"号召，他在校期间先后发起成立了"重庆大学云计算协会"和"重庆高校 APP 开发者联盟"等，创立了云威科技有限公司。2018 年 8 月，李力自主研发的以重庆母城文化为主题的智慧旅游科技项目"飞越解放碑 VR"在全国首个智博会上发布，3 天内近万名观众体验，媒体报道 30 余篇，为"讲好中国故事"探索了创新文化传播的方式。爱岗敬业使得李力不断超越自己，业绩结成累累硕果，他先后荣获共青团中央颁发的 2015 年"践行社会主义核心价值观先进个人标兵"、2016 年重庆青年五四奖章，当选 2018 年中国共产主义青年团第十八次全国代表大会代表，并且带领大学生团队荣获了 30 多项全国科技创新比赛大奖。(案例来源：人民日报网，http://edu.people.com.cn/n1/2019/0507/c1006-31070585.html)

（二） 艰苦奋斗、勇于创新

艰苦奋斗、勇于创新是劳动精神的前提。工作是美丽的，但工作的过程并不总是一帆风顺、鲜花簇拥的，应该有耐得住寂寞的心理，准备有"板凳要坐十年冷"的韧性，坚持在艰难困苦中保持积极向上、不断创新的干劲。张琦是华东理工大学化学与分子工程学院应用化学专业2015 级博士研究生，他在做本科毕业设计时成功开发出了新一代光响应智能纳米材料，这一成果使他在博士一年级时，就以第一作者身份在国际顶级化学期刊上发表了论文，还成功在实验室中人工合成出分子机器——只有头发丝直径万分之一大小的人造分子肌肉，并以第一作者身份在 Chem 上发表了研究论文，这是我国科学家在人工分子机器这一诺奖领域取得的又一个重大突破。张琦发现了一类原始创新的超分子聚合物，可以将自修复聚合物材料的断裂伸长率这个指标提升到国际领先的 150 倍，并以第一作者身份与诺贝尔化学奖得主费林加教授共同在 Science Advances 上发表成果。张琦攻读博士学位以来，连续 3 年获得博士生国家奖学金，并在 2018 年被美国化学会评为"未来领袖者"，该奖项在全球范围内仅 30 名入选者。他至今已在国际 SCI 期刊上发表了 24 篇论文，论文被引 300 余次，单篇最高被引 50 次，解决了多项国际前沿科学难题，国内外知名学术期刊和媒体多次报道其成果。(案例来源：人民日报网，http://edu.people.com.cn/n1/2019/0507/c1006-31070585.html)

（三） 淡泊名利、甘于奉献

淡泊名利、甘于奉献是劳动精神的态度体现。作为劳动者，应当正确处理好名利关系，应当在积极无私地为社会创造财富的劳动中获得社会的肯定，所以名利是劳动水到渠成的结果，而不是劳动的目的。黄莺是武汉理工大学法学与人文社会学院社会工作专业 2015 级本科生。两岁时，高烧使黄莺成了双目失明的女孩，但她对生活始终充满着希望，坚强不屈，努力奋斗，以高出宁夏理科一本分数线 85 分的成绩考入武汉理工大学社会工作专业，成为全国首位参加普通高考进入 211 重点大学的盲人学生。黄莺在本科阶段连续 3 年综合测评班级第一，发表科技论文，参加科技竞赛获得省级奖励，最终获得研究生保送资格。在自己取得成绩的同时，黄莺还用心温暖他人，为盲人学生提供盲文辅导与求学的建议，在她的影响下，很多视障学生在普通高考中取得了优异成绩。她参加了湖北省"喜迎十九大，圆梦中国人"百姓宣讲团、"百生讲坛"省级巡讲等，开展了十余场演讲，以"除了看不见，什么都能做"为题讲述自己的故事，激励更多人鼓起战胜困难的勇气。黄莺还积极参加各类科技创新活动，主动联系导师进行留守儿童社会问题研究，她参加的"社会组织云模式下留守儿童关爱服务"项目获得"挑战杯"湖北省二等奖。此外，她还获得中国大学生"自强之星标兵""国家励志奖学金"、湖北省"最美新生标兵"等荣誉和奖励。(案例来源：人民日报网，http://edu.people.com.cn/n1/2019/0507/c1006-31070585.html)

(四) 忠于职守、时刻担当

忠于职守、时刻担当是劳动精神的职责要求。劳动者要了解职责、坚守职责，做好职责规定的内容，即使履行职责时遇到困难和危险，也应挺身而出，坚决完成任务。中国共产党党员宋玺，是北京大学心理与认知科学学院临床心理学专业 2018 级硕士研究生。2016—2017年她在海军陆战队服役，并作为唯一一名女陆战队队员加入中国海军第二十五批护航编队赴亚丁湾、索马里海域护航，用切身行动保卫祖国，维护地区和平。她所在护航编队完成 62 艘次中外船舶护航任务，解救被追击船舶 2 艘。2017 年 4 月，所在编队曾成功解救被海盗劫持的外籍商船，并首次抓捕海盗。除日常军事训练外，宋玺也是编队文艺骨干，随护航编队执行顺访任务，先后访问马达加斯加、澳大利亚、新西兰等国家，参与舰艇开放日引导、对外文化交流、甲板招待会等活动，展现了大国海军良好形象。退伍返校后宋玺积极讲述海军励志故事、传播爱国奋斗正能量，在主流媒体录制节目讲述海军故事，对当代青年起到了较好的正面引导作用。宋玺曾受到习近平总书记勉励，获评最美退役军人、全国三八红旗手、"时代楷模·北京榜样"等荣誉。(案例来源：人民日报网，http://edu.people.com.cn/n1/2019/0507/ c1006-31070585.html)

(五) 牢记使命、为国牺牲

牢记使命、为国牺牲是劳动精神的内在动力，工作是复杂繁琐的，充满着挑战性，有的还包含着危险性，但只要不忘初心、牢记使命，就会产生赴汤蹈火的大无畏的精神动力。哈萨克族青年叶热托里肯·巴达义是北京化工大学文法学院法学专业 2016 级本科生。叶热托里肯怀着满腔热忱于 2016 年 5 月毅然报名参军。2016 年 9 月至 2018 年 9 月服役于"西北第一哨"白哈巴边防连。为了使军民关系更亲近，以及更好地做好守护边境线工作，他担任了连队的翻译；为了搭建军民沟通的桥梁，他在连队里为牧民们开设了汉语课，成为深受白哈巴村村民喜欢的哈萨克族解放军汉语老师。除了教汉语，他还与牧民一起开展活动，如"军民运动会"。拔河、射箭、摔跤、赛马……展现出浓浓的军民鱼水情。172 公里的边防线，叶热托里肯一年至少要巡逻 10 次，翻雪山、过冰河、穿越原始丛林和无人区，每次圆满完成任务的背后，都是一次次与艰险擦肩而过。一次，叶热托里肯和战友们在巡逻途中发现一辆越野车陷入雪窝无法前行，他和战友用双手挖雪开道。最终，看着越野车安全驶下山，他们才放下心，继续前往防区巡逻。叶热托里肯在自己深爱的一方水土上发光发热，获得了个人三等功、优秀义务兵等荣誉称号。(案例来源：人民日报网，http://edu.people.com.cn/n1/2019/0507/c1006-31070585.html)

▧ 本章案例

❧ 新中国劳动者典型事例 ❧

(一) 钢铁劳模——孟泰

刚刚解放的东北,可谓百废待兴。1948 年 11 月,孟泰重回鞍山钢铁厂,而此时的鞍钢饱经战乱之后,已经是残破不全了。但是他丝毫没有退缩,爱厂如家,艰苦创业。带领广大工人把日伪时期留下来的废铁翻了个遍,建成了当时著名的"孟泰仓库"。而后又勇于攻克技术难关,先后解决了十几个技术难题。在与苏联两国关系交恶的情况下,硬是成功自制了大型轧辊,填补了我国冶金历史上的空白。

(二) 纺织工人——赵梦桃

闻名遐迩的"梦桃精神"缔造者赵梦桃,曾是一代又一代纺织工人的学习楷模。"高标准、严要求、行动快、工作实、抢困难、送方便"是"梦桃精神"的内核。1952—1959 年,赵梦桃创造了连续月月完成国家计划的先进纪录,并且还帮助 12 名身边的同志一起成为企业的先进工作者。随后,她又创造了一套先进的清洁检查操作法,并在陕西省展开全面推广,收效颇丰。自此,她也成为新中国纺织战线上的一面旗帜。

(三) 农业劳模——申纪兰

普通农村妇女申纪兰的家乡,坐落于太行山脉的西沟村,这里自然条件极其恶劣,满坑满谷都被石头填满。1951 年,她协助李顺达创办金星农林牧生产合作社,并开始带领"娘子军"们参加生产劳动,实行男女同工同酬。她们每天披星戴月,早出晚归,把一座光秃秃的荒山,最终披上了油绿的新装。并且,她还是唯一一个从 1954 年当选第一届全国人大代表到 2008 年第十一届全国人大代表的人,被人称为"共和国成长的历史见证人"。

(四) 掏粪工人——时传祥

说起掏粪工人时传祥的名字,在中国可谓家喻户晓。他以"宁可脏一人,换来万家净"的实际行动,赢得了全社会的一致赞扬和尊重。他以身作则,勤勤恳恳,每天背粪竟达五吨重,换来了管区内优美和清洁的居民环境。而他因为这种崇高的精神,也曾经受到了毛泽东主席的亲切接见,在招待宴会上,周恩来总理为其敬酒。时传祥勤劳朴实,自强不息,爱岗敬业,吃苦耐劳,为我们留下了一个学习的榜样和楷模。

(五) 大庆铁人——王进喜

1950 年春,王进喜成为新中国第一代钻井工人。1960 年 2 月,东北松辽石油大会战打响。素有玉门闯将之称的王进喜,带领 1205 钻井队到达萨尔图车站。下车后,他一不问吃,二不问住，先问钻机到了没有，井位在哪里。而面对极端恶劣的环境和困难，他带领全队工人用撬杠撬，滚杠滚，大绳拉的办法，愣是把钻机卸下来，运到了萨 55 井井区。而他不怕苦不怕累，艰苦奋斗的作风，也终于使得萨 55 井井区在 4 月 19 日胜利完钻，进尺 1200 米，缔造了 5 天零 4 小时打一口中深井的神话。他后来不顾腿伤，带头跳进泥浆池，用身体搅拌泥浆，制服井喷的感人画面，也为他迎来了大庆铁人的光荣称号。

(六) 杂交水稻之父——袁隆平

袁隆平，1930 年生于北平，是新中国杂交水稻育种专家，中国工程院院士。他自 1964 年开始研究杂交水稻，1973 年实现三系配套。在随后的一年中，他培育出第一个杂交水稻强优组合南优 2 号。1975 年研制成功杂交水稻种植技术，并为随后的大面积种植奠定了基础。他任劳任怨，艰苦奋斗，被誉为新中国成立以来贡献最大的农学家，也被中共中央、国务院授予"全国劳动模范"光荣称号。

(七) 一抓准——张秉贵

张秉贵，全国著名劳动模范。他在普普通通的售货员岗位上，练就了一抓准、一口清的技艺，并凭借着一团火的服务精神，成为新中国商业领域的一面旗帜。1955 年，新建立的北京百货大楼开张营业，36 岁的张秉贵因丰富的经商经验被破格录取。而他精湛的技术，热情的服务，也感动了万千的人。在 1987 年张秉贵患癌症住院期间，探望的人有党和国家领导人，教授专家，也有热爱他的顾客，可谓络绎不绝。今天，他的雕像矗立在北京王府井百货大楼前，供来来往往的人们学习、纪念。

(八) 中国原子弹之父——邓稼先

中华人民共和国建立之初，只有 26 岁的"娃娃博士"邓稼先，毅然放弃在美国优越的生活和工作条件，回到了祖国。1958 年秋天，他在爱妻的理解和支持下，离开了家庭，开始秘密从事研究原子弹的理论设计工作，并于 1959 年 6 月，成为该项目负责人。他带头攻关技术难题，在三年困难时期，他们日夜加班，置身荒北大漠之中，忍受饥肠辘辘，在试验场度过了 8 年的单身汉生活，终于在 1964 年成功爆炸了第一颗原子弹。从此，也奠定了他中国原子弹之父的地位。而他临终前，仍然嘱托在尖端武器方面的后辈人："不要让人家把我们落得太远。"

资料来源：百度百科. https://wenku.baidu.com/view/17360e5e0342a8956bec0975f46527d3240ca692.html，有删改.

☞ 延伸阅读

1. 人民日报 2019 年 5 月 1 日社论：书写新时代劳动者新的荣光——写在"五一"国际劳动节。

2. 中国工会新闻网，郭大为：在奋斗中诠释新时代伟大劳动精神。

学习思考

1. 如何深刻理解劳模精神、劳动精神、工匠精神的丰富内涵？

2. 谈谈你身边体现新时代劳动精神的典型事例？

参考文献

1. 习近平. 大力弘扬劳模精神劳动精神工匠精神——论学习贯彻习近平总书记在全国劳动模范和先进工作者表彰大会上重要讲话[N]. 人民日报，2020-11-27.

2. 习近平. 劳动是一切幸福的源泉，习近平谈劳模精神、劳动精神、工匠精神[EB/OL]. 新华网，2021-10-04. http://politics.people.com.cn/n1/2021/1004/c1001-32245586.html.

第四章

弘扬新时代工匠精神，
争做新时代大国工匠

党的十九大宣告"中国特色社会主义进入了新时代，这是我国发展新的历史方位"。当前，中国正面临着从传统制造业大国向制造业强国、从人力资源大国向人力资源强国的转型升级。在这个过程中，我们迫切需要有更多高技能人才为国家的建设发展担当"大国工匠"，特别是"中国制造2025"国家战略的提出及深入实施的背景下，弘扬"工匠精神"已成为新时代发展的要求和呼唤。党的十九大报告把弘扬"工匠精神"上升为国家意志和全民共识，明确提出"建设知识型、技能型、创新型劳动者大军，弘扬劳模精神和工匠精神，营造劳动光荣的社会风尚和精益求精的敬业风气"。党的十九届四中全会关于《中共中央关于坚持和完善中国特色社会主义制度、推进国家治理体系和治理能力现代化若干重大问题的决定》(以下简称《决定》)继续强调"弘扬科学精神和工匠精神"，加快建设创新型国家。可以说，新时代大力弘扬和培育工匠精神，对于推动中国经济由高速增长转向高质量发展，促进从"制造大国"向"制造强国"的转型升级，实现"两个一百年"奋斗目标、实现中华民族伟大复兴的中国梦具有重要意义。

☲ 学习目标

1. 学习新时代工匠精神的内涵。
2. 了解新时代提倡工匠精神的时代意义。
3. 明确新时代工匠精神与劳模精神、劳动精神构成有机整体。

☲ 思政目标

1. 了解新时代工匠精神的内涵。
2. 认识新时代需要工匠精神。
3. 新时代大学生应该树立工匠精神。

📙 导航阅读

❧ 大力弘扬工匠精神，培养更多高技能人才和大国工匠 ❧
——论中国共产党人的精神谱系

干一行、爱一行，专一行、精一行。在长期实践中，我们培育形成了执着专注、精益求精、一丝不苟、追求卓越的工匠精神。习近平总书记强调："各级党委和政府要高度重视技能人才工作，大力弘扬劳模精神、劳动精神、工匠精神，激励更多劳动者特别是青年一代走技能成才、技能报国之路，培养更多高技能人才和大国工匠，为全面建设社会主义现代化国家提供有力人才保障。"

劳动者素质对一个国家、一个民族发展至关重要。当今世界，综合国力的竞争归根到底是人才的竞争、劳动者素质的竞争。这些年来，中国制造、中国创造、中国建造共同发力，不断改变着中国的面貌。从"嫦娥"奔月到"祝融"探火，从"北斗"组网到"奋斗者"深潜，从港珠澳大桥飞架三地到北京大兴国际机场凤凰展翅……这些科技成就、大国重器、超级工程，离不开大国工匠执着专注、精益求精的实干，刻印着能工巧匠一丝不苟、追求卓越的身影。一位位高技能人才以坚定的理想信念、不懈的奋斗精神，脚踏实地把每件平凡的事做好，在平凡岗位上干出了不平凡的业绩，共同培育形成的工匠精神，是我们宝贵的精神财富，成为中国共产党人精神谱系的重要组成部分。正如习近平总书记强调的："劳模精神、劳动精神、工匠精神是以爱国主义为核心的民族精神和以改革创新为核心的时代精神的生动体现，是鼓舞全党全国各族人民风雨无阻、勇敢前进的强大精神动力。"

习近平总书记强调："我国经济要靠实体经济作支撑，这就需要大量专业技术人才，需要大批大国工匠。"不论是传统制造业还是新兴制造业，不论是工业经济还是数字经济，高技能人才始终是中国制造业的重要力量，他们身上蕴藏的工匠精神始终是创新创业的重要精神源泉。截至 2020 年底，全国技能劳动者超过 2 亿人，高技能人才超过 5000 万人。实践充分证明，技术工人队伍是支撑中国制造、中国创造、中国建造的重要基础，对推动经济高质量发展具有重要作用。大力弘扬工匠精神，培养更多高素质技术技能人才、能工巧匠、大国工匠，才能为全面建设社会主义现代化国家、实现中华民族伟大复兴的中国梦提供有力人才和技能支撑。

"心心在一艺，其艺必工；心心在一职，其职必举。"大力弘扬工匠精神，需要褒扬工匠情怀、厚植工匠文化，引领劳动者在本行业和本领域担大任、干大事、成大器、立大功。"择一事终一生"的执着专注，"干一行钻一行"的精益求精，"偏毫厘不敢安"的一丝不苟，"千万锤成一器"的卓越追求……无论从事什么劳动，都要以勤学长知识、以苦练精技术、以创新求突破，努力成为知识型、技能型、创新型劳动者。三百六十行，行行出状元。一切劳动者，只要肯学肯干肯钻研，练就一身真本领，掌握一手好技术，就能立足岗位成长成才，就都能在劳动中发现广阔的天地，在劳动中体现价值、展现风采、感受快乐。立足岗位、奋发有为，把工匠精神倾注于一个个零件、一道道工序、一次次试验，必将推动工人阶级和广大劳动群众用实干成就梦想，在平凡中彰显不凡，汇聚砥砺奋进的强劲动能。

"七一勋章"颁授仪式上，习近平总书记语重心长地对在焊工岗位奉献 50 多年的艾爱国说："大国工匠，国家就需要你这样的人。"奋斗新时代、奋进新征程，在全社会大力弘扬工匠精神，营造劳动光荣的社会风尚和精益求精的敬业风气，培养更多高素质技术技能人才、能工巧匠、大国工匠，造就一支有理想守信念、懂技术会创新、敢担当讲奉献的宏大产业工人队伍，我们就一定能为实现第二个百年奋斗目标、实现中华民族伟大复兴的中国梦凝聚起磅礴力量，在新征程上再接再厉、再创辉煌。

资料来源：人民日报. http://paper.people.com.cn/rmrb/html/2021-10/11/nw.D110000renmrb_20211011_7-01.htm. 2021-10-11.

第一节　新时代工匠精神的内涵

工匠精神自古以来就存在于人类社会之中，就时间维度来说，不同的时代具有不同内涵的工匠精神。传统社会中的工匠，主要是指从事各类手工业劳动者，尤其特指具有专业技艺特长的手艺人。与之相匹配的工匠精神，则是指手工业者专注于本行业，力求造就精湛手工艺品的精神和品质。随着时代的发展，传统工匠经历了身份地位以及内涵的深刻流变，现代意义上的工匠已然超越了传统"工匠"群体的限制，但凡崇尚劳动、踏实工作、追求卓越的人皆可称为"工匠"，都能积淀难能可贵的工匠精神，这种工匠精神集聚了职业道德、职业能力、职业品质而形成的职业精神，是从业人员的一种职业素养和价值追求。

一、传统社会工匠成长与工匠精神的产生

我国工匠的起源和工匠精神的形成具有悠久的历史。根据文献记载，"工匠"一词最早出现在春秋战国时期，即社会分工中开始独立存在专门从事传统手工业的群体后才出现的。从词源学来看，"工"意为"精巧"，"匠"作"技艺"之解，"工匠"即精于技艺、巧于手工的手工业者。根据许慎《说文解字》的解释："匠，木工也。工者，巧饰也。百工皆称工，称匠。"从

历史典籍记载来看，工匠最先指的是木工，后来逐渐泛化成为手巧之人，即"百工"。随着历史的发展，东汉时期"工匠"一词的内涵和外延不断扩展，根据《论衡·量知》记载："能斫削柱梁，谓之木匠；能穿凿穴塌，谓之土匠；能雕琢文书，谓之史匠。"这里，"工匠"涵指各种手工艺的不同工种，基本覆盖了当时社会的全体手工业者。后经历朝代的变更以及编户齐民制度的完善，"士农工商"的社会分层已成定论，工匠遂逐渐固化为一种职业，成为一种社会身份地位的象征。

中国古代悠久发达的手工业造就出大批"能工巧匠"，留下了许多传世经典，孕育了中国独特的工匠文化与工匠精神。我们耳熟能详的文化典籍中有许多关于古代工匠技艺高超和匠心独具的详细描写。根据《周礼·考工记》记载，古人营建国都非常讲究，布局精致，"匠人营国，方九里，旁三门，国中九经、九纬，经涂九轨，左祖右社，面朝后市，市朝一夫"[①]。战国时期，工匠精神进一步发扬，如编钟乐器的制造工艺极其精美，可以做到"圜者中规，方者中矩，立者中悬，衡者中水，直者如生焉，继者如附焉"。汉代儒学经典《诗经》有云，"如切如磋，如琢如磨"，反映出当时工匠们"治之已精，而益求其精也"的职业追求。明人魏学洢在《核舟记》中开宗明义，"明有奇巧人曰王叔远，能以径寸之木，为宫室、器皿、人物，以至鸟兽、木石，罔不因势象形，各具情态"，这种匠心独具的高超技艺令人叹为观止。《庖丁解牛》的故事更是家喻户晓，"臣之所好者，道也，近乎技矣"[②]，庖丁为梁惠王解牛，达到了心手合一、出神入化的境地。应该说，我国古代非常注重塑造工匠精神，并且在长期实践的积累传承中形成了"尚巧工"的社会氛围，所谓"三百六十行，行行出状元"，正是对工匠行业包罗万象的生动写照。

工匠作为传统中国"士农工商"发展中的一种职业，特指具有某方面技术专长的手工艺人，在民间尊称为"师傅"。工匠作为一种职业形态的存在，工匠精神则是其存在状态的反映，主要是指手工业者在生产和制造过程中所形成的职业精神品质和价值追求，如注重技艺的修炼、艺术审美能力的提升、道德品质的塑造等。总结归纳中国传统工匠精神的核心内涵，集中体现为如下方面。

(1) 以技立身、技高为尊。为工必尚巧，追求技艺之巧，是我国传统工匠的毕生追求。古代工匠历来重巧轻拙，以技立身，他们凭借着历代相传的精湛技巧安身立命，受到世人的尊重

---

① 建筑师营建都城时，城市平面呈正方形、边长九里，每面各大小三个城门(设立两个侧门)。城内有九纵九横的十八条大街道。街道宽度皆为能同时行驶九辆马车(七十二尺)。王宫的左边(东)是宗庙，右边(西)是社稷。宫殿前面是群臣朝拜的地方，后面是市场。市场和朝拜处各方百步(边长一百步的正方形)。

② 我做事比较喜欢探究事物的规律，因为这比一般的技术技巧要更高一筹。

和推崇。历朝历代视"百工之事"为"圣人之作"，反映出当时社会对工匠技艺的欣赏。历史上许多"能工巧匠"如鲁班、张衡、毕昇、李春、祖冲之等被时代流传与推崇。

（2）"切磋琢磨"、精益求精。追求技艺的精湛与产品的精致细密是传统工匠精神的核心要义。据《考工记》载："周人尚文采，古虽有车，至周而愈精，故一器而工聚焉。如陶器亦自古有之，舜微时，已陶渔矣，必至虞时，瓦器愈精好之。"长沙马王堆出土的汉代素纱禅衣丝缕极细，用料2.6平方米，而重仅49克，"薄如蝉翼""轻若鸿毛"，是世界上最轻的素纱蝉衣。可见，古代能工巧匠非常崇尚技艺的臻达极致，并以其精致细腻的工艺造型闻名于世。朱熹对《论语·学而》中"如琢如磨"一词的注解，"治玉石者，既琢之而复磨之；治之已精，而益求其精也"，反映出古代匠人对产品精雕细琢、追求完美的工作态度。一些耳熟能详的成语典故，如"庖丁解牛""轮扁斫轮""津人操舟""运斤成风"等，同样是对中国古代工匠出神入化技艺的真实写照和由衷赞美。

（3）敬天爱人，匠心之本。中国古代的工匠们在儒家思想的熏陶下，形成了以"学艺先做人""德艺兼修、以德为先"为表征的工匠精神，强调"匠人匠心""技近乎道"的文化传统。对能工巧匠而言，对产品的精雕细琢与对技艺的精益求精，归根结底是秉承道义至上、敬天爱人的匠心之本，追求"道技合一"的理想人生境界。一些优秀的能工巧匠在经年累月的制造器物的实践中，实现人文精神与技艺的深度融合，"巧圣先师"鲁班就是"物因人而著名，人因物而不朽"，成为古代工匠的杰出代表。他集匠心、师道、圣德于一身。作为"匠"，他巧技制器、规矩立身，怀匠心。作为"师"，他授业解惑、至善育人，严师道。作为"圣"，他创制垂法、博施济众，怀圣德。诸如此类的大量经典案例，都生动诠释了古代工匠们"敬天爱人，匠心之本"的完美品质。

二、新时代"工匠精神"的传承发展及时代内涵

传承发展是工匠精神的题中应有之义。千百年来，工匠精神已深深融入中华民族的血液之中，从古代中国的造纸术、印刷术等"四大发明"，到近代中国闻名遐迩的苏州刺绣、扬州玉雕、宜兴紫砂、景德镇瓷器、北京金泰蓝等，无一不展现出中国人对工匠精神的传承和发展。

中华人民共和国成立后，我国开始探索和建设社会主义，一种新的社会形态下的工匠精神开始形成。中国共产党领导人民真正实现了当家作主的权利，使我国工匠的社会地位发生了翻天覆地的变化，在手工业的社会主义改造以及国家工业化战略的影响下，传统手工工匠开始集中向现代工业工匠转变。这一时期的工匠精神，不仅继承了传统工匠精神的核心元素，而且推陈出新、融入了许多新鲜元素，包括：爱国敬业、服务人民的爱国精神，自力更生、发奋图强

的担当精神，互相学习、互相帮助的团结合作精神，精益求精、追求卓越的精制精神，以及刻苦钻研、技术革新的创新精神等。在"工匠精神"的感召激励下，数以万计的大国工匠们以为人民服务为己任，胸怀家国，爱岗敬业，以使命担当的果敢精神打破西方国家的技术封锁，精心制造出诸如原子弹、氢弹、人造地球卫星等"大国重器"，撑起我国社会主义现代化建设的民族"脊梁"，奠定了国家强大的基础。

改革开放以来，中国的工业化水平突飞猛进，一批又一批的工匠们在各自领域奋勇争先、攻坚克难，共同书写"中国奇迹"，无论是载人航天工程取得的辉煌成就，还是高铁、大飞机等项目的设计与制造，无不展现出工匠精神的传承和发展，正可谓"四十载惊涛拍岸，九万里风鹏正举"。例如，"墨子号"卫星为我国未来继续引领世界量子通信技术发展奠定基础，"蛟龙号载人深潜器"深潜 7020 米成功进入世界先进行列，全球最长的跨海大桥——港珠澳大桥的成功通车，我国具有完全自主知识产权、首款按照最新国际适航标准研制的干线民用飞机 C919首飞成功，以及世界上单口径球面最大的射电望远镜——"天眼"的成功制造，等等。这些体现大国工匠精神的"中国制造"，在历史长河中是一个个"里程碑"，在国家的发展中是一个个"标杆"，在中国工匠的心中则是"国家兴亡、匹夫有责"的使命担当，他们通过一颗颗炽热的匠心，传达出"古来青史谁不见，今见功名胜古人"的豪情壮志。一言蔽之，改革开放 40多年来，"工匠精神"在推动中国发展进步中发挥了重要的作用，特别是能够在工程建设领域"一枝独秀"，创造出富有时代意蕴的"高精尖"产品，很大程度上得益于大国工匠们不断传承与发展的工匠精神。

在新时代背景下，我国经济社会发展面临着重大变革，产业解构转型升级、实施创新驱动发展战略以及"大众创业、万众创新"产业政策的激励，正合力推动我国从一个"制造大国"向"制造强国"的目标迈进。新时代的历史使命和任务赋予"工匠精神"新的时代内涵，主要包括"爱国敬业、专注坚守"的职业精神，"精益求精、追求卓越"的品质精神，"精进不休、尚巧达善"的创新精神，以及"有序协同、精诚合作"的团队精神，兼具历史性与时代性。

(1)"爱国敬业、专注坚守"是工匠精神在情感层面的生动诠释。爱国敬业的家国情怀是历代有识之士求索奋斗的精神追求，也是新时代工匠精神的核心品质。无论是铸造大国重器的"大国工匠"，还是平凡岗位上的普通劳动者，都满怀一份赤诚的爱国情怀，并将这份爱国情怀具体表现在敬业乐业上。"专注坚守"强调专心致志、持之以恒，是工匠精神的基本素养。古人云："艺痴者技必良。""心心在一艺，其艺必工；心心在一职，其职必举。"[①]工匠们的高超技艺不是经过短期训练就可以轻松形成的，而是在经年累月的长期磨炼中打造出来的。"一

---

① 一心一意，专注于某一件事的时候，那人的工艺或者手艺必定是精湛的。

盏枯灯一刻刀，一把标尺一把锉""虽是毫末技艺，却是顶上功夫"，他们以坚守初心的"钉钉子"精神、"锤子精神"在方寸间改变着世界，正是无数工匠艺人十年如一日地专注坚守，才缔造了一个又一个的"中国创造"。

(2)　"精益求精、追求卓越"是工匠精神在细节层面的品质要求。"良工不示人以朴"，工匠精神的基本内涵和突出特征就是精益求精。大国工匠高凤林，被誉为焊接火箭"心脏"的"中国第一人"，他三十年如一日，先后攻克航天焊接 200 多项难关，以卓尔不群的高超焊接技艺保障了近百枚火箭的成功发射。被誉为"两丝"①钳工的顾秋亮，埋头苦干、踏实钻研、挑战极限，凭借精湛的技术成功破解深海潜水器密封性的世界难题，为蛟龙号载人潜水器安全出海保驾护航。可见，一个人能否成为"工匠"，衡量的标准之一就在于他是否拥有娴熟高超的技艺以及追求极致的技术品格。事实上，工匠追求工匠精神，其内在的原动力也是基于自身对技艺的执着。工匠只有秉持"差之毫厘，谬以千里"的精益理念，将"专深娴熟、精致玄奥"的技术水平发挥到极致和臻于完美，才无愧于"工匠"称号。

(3)　"精进不休、尚巧达善"是工匠精神在创新层面的具体体现。传统工匠以小作坊为基本生产单元进行产品制作，技艺通常以"父子世以相教"和"师徒代代相传"的方式在家族和师徒间传承。这种"亲师合一"师徒制带有"秘而不宣"的民俗约定，缺乏开拓进取精神。而新时代"工匠精神"的价值内涵已从单纯的"产品制作"向"智慧制造"转变，更多强调的是在传承基础上进行创新创造。精进不休、传承创新是工匠精神的灵魂，是新时代伟大实践中工匠们必须具备的素养。习近平总书记说："发展是第一要务，人才是第一资源，创新是第一动力。"在"大众创业、万众创新"的时代背景下，精进不休和勇于创新成为工匠精神传承和发展的不竭动力。

(4)　"有序协同、精诚合作"是工匠精神在生产工序层面的具体要求。新时代，中国正从传统"手工工匠时代"向"数字工匠时代"跨越，工匠的生产方式已不再局限于传统手工作坊，取而代之的是现代化企业的流水作业和标准件生产，生产工序高度智能化和精细化。例如，一颗芯片的制造工艺非常复杂，一条生产线大约涉及 50 多个行业、2000～5000 道工序，提纯、切割晶元、加工晶元、光刻、薄膜、刻蚀、清洗、注入、互联、打线、密封等。面对如此精细复杂的生产流程，没有有序协调、精诚合作是不可能实现的，这就需要现代工匠具备审时度势、团结协作的精神和品质。因此，"有序协同、精诚合作"既是现代工匠精神的重要体现，也为

---

① "蛟龙号"是中国首个大深度载人潜水器，有十几万个零部件，组装起来最大的难度就是密封性，精密度要求达到了"丝"级。1 丝，只有 0.01 毫米，也就是一根头发丝的 1/10 那么细。载人潜水器身上所有密封面的装配精度，必须控制到几丝，这样才能确保潜水器在深海里既不漏水，又能缓冲巨大的水压。

工匠精神的存在和发展开辟了广阔前景。

总之，工匠在，工匠精神就在。"精于工、匠于心、品于行、化于文"是人们普遍对工匠精神的一种期待，也是工匠精神的现实写照。在新时代背景下，"工匠精神"在中华大地上得到了不同以往的创新发展和理念升华，它不再是工匠大师们享有的时代殊荣，而是已经"飞入寻常百姓家"，成为每一个坚守工作岗位兢兢业业的劳动者共建共享的精神信仰。

第二节　新时代弘扬工匠精神的意义

在新时代，工匠精神之所以引起全社会的广泛关注和热烈反响，是因为它契合了新时代的发展需要。2015 年，国务院印发的《中国制造 2025》明确提出未来十年的发展规划和行动纲领，即建设制造强国，"实现中国制造向中国创造的转变，中国速度向中国质量的转变，中国产品向中国品牌的转变，完成中国制造由大变强的战略任务"。在此背景下，制造业的转型升级呼唤工匠精神的回归和复兴。弘扬工匠精神，对于推动我国由制造大国向制造强国的跃升，铸就民族品牌，涵养热爱劳动、敬业奉献的社会心态，以及提升劳动者技能素养等方面都具有重要的价值与意义。

一、弘扬工匠精神有助于提升我国自主创新能力、加快建设制造强国

制造业作为国民经济的主体，是立国之本、兴国之器、强国之基，在整个国家发展中占据着举足轻重的地位。《中国制造 2025》规划纲要指出："没有强大的制造业，就没有国家和民族的强盛，打造具有国际竞争力的制造业，是我国提升综合国力、保障国家安全、建设世界强国的必由之路。"

众所周知，德国是当今世界上最重要的工业强国之一，其产品以精密优良而著称于世，创造了保时捷、奔驰、宝马、西门子、大众、麦德龙等一大批世界知名品牌。其制造业的发达与对工匠精神的重视密切相关。相比较而言，我国虽然是世界上第一制造业大国，但并不是制造业强国。尽管我们成了"世界工厂"，几乎可以生产世界上绝大部分产品，贴着 Made in China 标签的产品在世界随处可见，大到工程器械、电器制造，小到儿童玩具、日常生活用品，国内许多产业的规模居于世界前列，但这里面却依然缺少真正的"中国创造"，呈现出"大而不强"的发展状态。就中国制造的质量而论，技术水平偏低、产品供给质量不高、高端供给能

力偏弱以及品牌形象不突出等情况也令人担忧，甚至一些外国人将其等同于"山寨""廉价"的代名词，严重损害了中国企业和中国品牌的形象。我国制造业的"大而不强"，究其根源，除了制度、环境等原因外，制造业人才队伍"工匠精神"的不足也是一个重要原因，社会上"投机取巧""急功近利"等不良观念也在不同程度阻碍了"中国制造"由量变向质变提升的道路。

历史经验表明，质量低劣的产品虽然暂时获得利益，但也只是昙花一现，最终难免遭遇被淘汰的厄运。只有在全社会范围内厚植工匠文化，弘扬"工匠精神"，实现由"重量"到"重质"的突围，才能推动中国经济发展进入质量时代，中国制造才能赢得未来。因此，要实现制造强国的目标，就必须在全社会范围内大力弘扬以"工匠精神"为核心的职业精神，以此激发企业家坚守实业和勇于创新的内在潜质，提升中国制造的自主创新能力。

二、弘扬工匠精神有助于企业在竞争中积累品牌资本、铸造民族品牌

品牌是一种能够带来巨大经济效益的无形资产，其背后蕴含着一个企业、一个国家的文化积淀、价值理念和品质形象，承载着消费者极高的认可与信赖。在现代市场经济条件下，塑造良好的品牌形象，有效开发和经营品牌资本，是企业参与市场竞争、赢得市场主动权的重要手段。

当前，我国品牌建设取得长足进步，但能够在世界舞台上占据一席之地的中国品牌还不多见，与发达国家相比，我国企业在品种、品质和品牌结构上仍存较大差距，优质产品供给乏力，这与我国作为世界第二大经济体、第一制造业大国的地位很不相称。提升中国品牌的国际形象，客观上要求和呼唤工匠精神的回归。2016年，李克强总理在《政府工作报告》中提出："鼓励企业开展个性化定制、柔性化生产，培育精益求精的工匠精神，增品种、提品质、创品牌。"2017年，《政府工作报告》再次强调："要大力弘扬工匠精神，厚植工匠文化，恪尽职业操守，崇尚精益求精，培育众多'中国工匠'，打造更多享誉世界的'中国品牌'，推动中国经济发展进入质量时代。"可见，质量之魂，存于匠心。只有大力培育和弘扬"工匠精神"，通过注重产品和服务细节，重新发掘产品价值，提升产品质量，满足消费者个性化和多样化的社会需求，才能铸造更多享誉全球的民族品牌，实现品质革命。

工匠精神是塑造企业品牌的核心与灵魂。例如，华为总裁任正非说："只有工匠精神才能提供消费者所需的高品质产品和服务；只有工匠精神才能提供传世之物，让后代人对当代人保存一份记忆和敬意；工匠精神契合了供给侧结构性改革的需要，是走向全球、提升中国产品国际竞争力的需要。"2021年8月2日，《财富》公布世界500强榜(企业名单)，华为排在第

44 位。2020 年中国民营企业 500 强第一名。格力电器董事长董明珠对"工匠精神"的解释是："大部分人认为工匠精神就是把一个产品做成极致，这确实是工匠精神。但怎样把产品做到极致？更重要的是心态——你的心中具有工匠精神，你的产品就一定能做成功。""把企业文化融入到产品里面去，别人不可能模仿，不可能跟你一样，这就要求你要有工匠精神，你不但能把它想出来，你还能把它做出来。"格力电器旗下的"格力"品牌空调，是中国空调业的"世界名牌"产品，业务遍及全球 100 多个国家和地区。

可见，打造更多享誉世界的中国品牌，建设品牌强国，迫切需要工匠精神的支撑。正如习近平总书记所说，要"引导企业形成自己独有的比较优势，发扬'工匠精神'，加强品牌建设，培育更多'百年老店'，增强产品竞争力"，让追求卓越、崇尚质量成为全社会、全民族的价值导向和时代精神。

三、弘扬工匠精神有助于培育劳动与敬业的社会心态，提升国民素养

一个国家、一个民族的发展，离不开各行各业劳动者的共同推动，习近平总书记指出："劳动者素质对一个国家、一个民族发展至关重要。技术工人队伍是支撑中国制造、中国创造的重要基础，对推动经济高质量发展具有重要作用。"我国虽然有"尚巧工"的传统，但社会上依然存在轻视职业教育、不重视技能人才的现象，在一些人的思想意识中还存有"劳心者治人，劳力者治于人"的错误观念，轻视劳动、敷衍塞责、投机取巧等不良社会风气还普遍存在，而工匠精神为纠正这些不良社会心态提供了一剂良方。

首先，工匠精神作为新时代积极的劳动观念，是普通劳动者在平凡的岗位上，通过辛勤的、创造性的劳动，展现出来的一种令人感动惊叹的精神品质，它同社会主义本质属性相联系，表征着全社会对劳动的肯定、尊重和认同。弘扬工匠精神，有助于人们摆脱劳动者在劳动过程中的精神压迫感，增强劳动的自豪感、荣誉感，提升劳动者的思想觉悟和劳动热情，从而有利于在全社会范围内营造出"劳动最光荣、劳动最崇高、劳动最伟大、劳动最美丽"的社会心态。

其次，工匠精神有助于提升劳动者技能素养、培育劳动者敬业奉献的社会主义核心价值观。习近平总书记指出："一切劳动者，只要肯学肯干肯钻研，练就一身真本领，掌握一手好技术，就能立足岗位成长成才，就都能在劳动中发现广阔的天地，在劳动中体现价值、展现风采、感受快乐。"也就是说，弘扬工匠精神能够帮助劳动者真实体验劳动的价值和意义，有助于激发劳动者对工作投入真情实感，让每一个劳动者都在工作岗位上刻苦钻研，精益求精，不断完善自我、提升自我，追求更高的质量、更优的品质，做到敬业奉献，从而自觉自愿地将自身所潜

藏的"尽己所能、无私忘我"的奋斗精神展现出来。

时代需要工匠精神，中国梦需要工匠精神。拥有一颗如磐匠心，做到大爱无我，终成大我；利他之心，终成大器。在我国全面深化改革的关键时期，我们必须继承与发扬工匠精神，努力培养更多的大国工匠，形成崇尚工匠精神的社会氛围，用"十年树木、百年树人"的战略眼光，持之以恒地"补钙"，从职业精神的培养，到职业教育的改革，再到荣誉体系的激励以及文化土壤的培育，多管齐下形成合力，才能早日促成"中国制造"向"中国智造"的华丽转身，为擦亮爱岗敬业、劳动光荣的价值原色，高树质量至上、品质取胜的市场风尚，展现创新引领、追求卓越的时代精神，为中国制造强筋健骨，为中国文化立根固本，为中国力量凝神铸魂。

第三节　坚守职业道德，立志做大国工匠

精于工、匠于心、品于行，人们从未像今天这样热切地呼唤工匠精神。什么是真正的工匠精神？热爱自己的工作，绝无高低贵贱之虑；每临工作现场，必有庄敬之意；长期探寻此业之精髓，力求达到更高之境界；产品和服务讲究品质，质量是生命也是道德和人品；以业为生，但不为钱而放弃标准；一旦结识高手，必敬慕之，学习之；祈望自己的所为对后人的价值超出价格，作品能比自己的寿命更长。

一、习近平总书记重视大国工匠的培育

党的十八大以来，以习近平同志为核心的党中央高度重视弘扬劳模精神、工匠精神。各地广泛开展劳模和工匠的培养选树，注意提高劳模和工匠的政治待遇、经济待遇、社会待遇，为劳模和工匠发挥作用搭建了宽广的舞台。党的十九大报告提出，建设知识型、技能型、创新型劳动者大军，要弘扬劳模精神和工匠精神，营造劳动光荣的社会风尚和精益求精的敬业风气。2018年，习近平总书记在同中华全国总工会新一届领导班子成员集体谈话并发表重要讲话时强调，工会要协同各个方面为劳动模范、大国工匠发挥作用搭建平台、提供舞台，培养造就更多劳动模范、大国工匠。2016年，李克强总理在《政府工作报告》中首次提出 "工匠精神"，由此 "工匠精神"成为契合时代、符合国情的热词。

"技道合一"的工匠精神一直流淌于中华民族的血脉之中。"技"即技术水平、技术能力、

技术素养；"道"即崇德尚技的职业追求、坚定不移的政治立场、以国为重的责任担当。中国古代传统工匠在中华传统文化的熏陶下，涵养出独具东方文明古国灵魂气质的工匠精神。工匠精神曾造就我们民族的百业兴旺、社会繁荣。新时代，在实现中华民族伟大复兴的中国梦的伟大征程中，工匠精神的灵魂之道更值得广为推崇。当前我国经济已由高速增长阶段转向高质量发展阶段，正处在转变发展方式、优化经济结构、转换增长动力的攻关期。培养有新时代灵魂的大国工匠，对努力打造知识型、技能型、创新型劳动者，进一步提高我国职工队伍的素质和产业工人队伍的整体水平具有积极现实意义；对引领广大工匠更加坚守理想信念、彰显阶级本色，大力弘扬崇德尚技、以国为重的大国工匠情怀，激励广大职工对标先进、超越自我，为决胜全面建成小康社会、夺取新时代中国特色社会主义伟大胜利、实现中华民族伟大复兴的中国梦，具有更为深远的历史意义。

二、工匠精神发端于中华优秀传统文化

首先，弘扬工匠精神、培养有新时代灵魂的大国工匠，要对工匠精神内涵沿波讨源。从历史维度看，中华优秀传统文化对工匠早有记录。《庄子》云："夫残朴以为器，工匠之罪也。"孙膑、蔡伦、鲁班等都是我国能工巧匠的杰出代表。据载，鲁班发明了石磨、机封等多种生产生活用品，对推动社会生产力作出积极贡献。由于技艺精湛，作品巧夺天工，后人尊称他为中国土木工匠的始祖。中国传统工匠有独特"道"骨：他们在灵魂深处更为注重"道"的修为，追求"术到极致，几近于道"的最高境界。《论语•述而》记载："志于道，据于德，依于仁，游于艺。"中国传统工匠将传统哲学与自身职业修为相结合，分为修技、修心、修道三个层面，分别是"技""艺""道"。"技"者，即手艺、本领；"艺"者，是工艺的创造，即当劳动者有了积极的情感体验时，就能激发无限创造力，使技能达到艺术的境界。而只有对"技"和"艺"有了体悟之后，形成以简驾繁的内心把握，方可进入"道"的境界。

其次，从现实维度看，新时代工匠凸显出来的灵魂品质与传统工匠一脉相承。2016年，李克强总理在《政府工作报告》上首次提出，培育精益求精的工匠精神，工匠精神成为契合时代、符合国情的热词。工匠精神的核心就是精益求精，是对产品制作过程的一丝不苟、严谨细致、追求极致的职业精神，是对本职业敬畏、专注、坚守的职业道德。简言之，把简单的事做好就是不简单，把简单的事做得更简单就是创新，把简单的事做到极致就是工匠精神。如今，工匠精神已成为新时代劳动者的职业操守和事业准则。新时代工匠继承和发扬了优秀传统工匠"如切如磋，如琢如磨"的精益求精精神，更塑造出与时俱进、推陈出新的新时代灵魂。纪录片《我在故宫修文物》因生动诠释了工匠精神而备受关注，很多观众看完后都称这部片子很"燃"。

说明工匠的灵魂品质是不分年代、可以跨越时空的。那种沉稳、不张扬却很励志，让人惊艳的感觉，恰恰是工匠精神光谱中残缺的色系。

最后，从辩证维度看，中国工匠灵魂在蜕变中与时代同步。工匠精神作为职业精神的范畴，是从业人员的一种职业价值取向和行为表现，与其人生观和价值观紧密相连，是从业过程中对职业的态度和精神理念。传统工匠"靠艺求生"的自我意识和"小家"情怀，其职业灵魂历经千年沧海桑田，在新时代得到了历久弥新的凤凰涅槃：新时代的大国工匠高度自醒，明确自身担负的历史使命，主动增强历史使命感和责任感，自觉把人生理想、家庭幸福融入国家富强、民族复兴的伟业之中，把个人梦与中国梦紧密联系在一起，展现出新时代大国工匠崇高的精神和时代风采。新时代的大国工匠在不断实践中丰富着自己的人生情态，以彰显工匠尊严、伦理、道义为准则，实现道义精神与技术高度融合，技化其身、道化其心，他们的生命价值、职业道德更广、更深。

三、营造环境，为大国工匠的培育创造更好条件

历史局限性下的被动束缚，是导致工匠技艺失传断代的时间因素。"技"，巧也，是指人赖以谋生的手艺。精于技艺、巧于动手的人称之为"工匠"。"技"作为工匠精神传承的一般外延，是"执艺事成器物以利用"的传统工匠、能工巧匠安身立命的基本所在。中国农耕文明著称于世。特定历史条件下，中国传统工匠对技术传承孜孜不倦地追求，把对技艺的崇尚、对作品的虔敬，以匠心之巧思，倾注于制作过程，创造出绚烂辉煌的中国古代工匠文明。在一批精湛技艺的传统工匠代表性人物眼里，惟有一门手艺可以保证衣食无忧。正是出于这种朴素的认识，民众愿意学手艺，愿意将手艺练得越来越好，"技"的传承则更为悠久。但受一定历史局限性制约，他们更多侧重于"技"的传承，存在着"传内不传外、传男不传女"的"田园风情"，可谓小家情怀。新时代大国工匠更是"兴事造业"之人。在"技"的传承中，他们有着更为深刻的内涵：具有更为鲜明的时代性、先进性，秉承道技并重理念，率先垂范、有教无类，身传大技。现代工匠已经不是传统手工业者，他们掌握了精湛的现代技术，精益求精的精神仍然作为现代工匠们的核心精神品质。大国工匠罗昭强心怀报国之"大道"，以"劳模创新工作室"为平台开班传艺，开创了中车长客"黄埔班"的一段佳话。

工匠缺乏生存成长与被尊重的社会土壤，是技艺断代流失的空间因素。据 2019 年全国职工队伍状况调查显示，无技术等级的职工人数比例达 72.8%，没有专业技术职称的人数达61.3%，有高级职称的人数仅为 4.5%。来自全国总工会的一组数据显示，当前技术工人求人倍率超过 1.5∶1，高技能工人高达 2∶1，高端技术工人需求缺口一直居高不下。在全国 7.7 亿就

业人员中，技术工人达 1.65 亿，其中高技能人才 4700 多万，只占就业人员总数的 6%。可见，以工匠灵魂之道，涵养劳动者的技能传承绝非无稽之谈，而是现实之需。如果说技术是工匠的"里子"，那么尊重则是他们的"面子"。当前，一个工匠的价值是远远被低估的，一个好的工匠的价值是需要被放大的，而一名真正的工匠是需要有尊严的。但事实上，由于受传统人才观"劳力者治于人、唯有读书高"的影响，工匠政治地位偏低、技术工人收入水平偏低、岗位吸引力不足、社会保障待遇仍需加强，造成了社会缺乏对工匠的认知、认可、认同，贫瘠的"认同价值"文化，缺乏价值文化的滋养，技艺传承难以为继。"精神是无形的水，需要接纳它的社会容器"，而这"容器"的底座就是尊重。要让工匠技艺得以老而弥坚，需要人们观念的长期自我说服，需要社会的尊重和国家制度设计的保障。推动实施符合技术工人特点的分配制度和长效激励机制，促进多劳者多得、技高者多得，提升产业工人的政治待遇、经济待遇、社会待遇。破除制约人才发展的思想障碍和制度藩篱；消除有形无形的栅栏，打破院内院外的围墙；直击制约工匠发展的"难点"，打通束缚创新的"堵点"，努力打破制约人才成长的"玻璃门""天花板"等瓶颈，是推动工匠精神传承亟待解决的社会问题。(资料来源：劳动网. 大道无疆：培养有新时代灵魂的大国工匠. 2019-09-03. http://www.ldzbs.cn/info/ 1033/21792.htm)

积极探索尝试，建立健全工匠的成长机制、激励机制等，为工匠成长铺路搭桥。近年来，吉林省积极探索尝试，初步建立健全了工匠的成长机制、激励机制、服务机制以及管理与评价机制，以此畅通人才上升渠道，全方位为工匠成才铺路搭桥，通过对技工人才发展规律科学诠释，使其主观能动性被充分调动，创新潜力和创造能力被充分挖掘。从 2017 年开始，经吉林省委批准，在全省开展"吉林工匠"评选表彰活动。目前已连续开展了四届，2021 年吉林省人力资源和社会保障厅评出第四届吉林工匠表彰对象名单。根据《人力资源社会保障厅省总工会关于开展第四届吉林工匠评选表彰工作的通知》要求，经基层推荐、逐级审核、专家评审、第四届吉林工匠评选表彰工作领导小组批准，表彰第四届吉林工匠 30 名。(资料来源：劳动和经济工作部. 关于第四届吉林工匠拟表彰对象的公示. 2022-01-04. http://www.jlzgh.cn/xxgk/tzgg/ 202201/t20220104_8369879.html)

四、提升大国工匠的思想境界

一个新时代的到来，总是以新思想、新方略为标志。一个新时代的前行，必须有新思想、新方略作指引。习近平新时代中国特色社会主义思想指引着新时代中国前进的方向。新时代大国工匠的灵魂是什么？在哪里？怎样塑？这是我们必须回答的政治问题。

"术到极致，几近于道"。技道合一是工匠精神的最高境界。"道"，所行也，事也。道，是万事万物的运行轨道或轨迹。"道"正，则术有所生；"道"斜，则术无所存。工匠精神是一种"道"，作为灵魂的塑造和打磨，须担当、求大道。即工匠要有敢于负责的精神，工匠为务，往往关乎国计民生，万万不可轻忽；工匠技术虽是"小道"(具体的技术)，有新时代灵魂的大国工匠，却要以小见大、见微知巨，从具体的日用技术中挖掘出人类乃至万物所必须遵守的普遍规律(即大道)。实践证明，坚守理想信念，彰显阶级本色，就是大国工匠新时代的灵魂！只有以习近平新时代中国特色社会主义思想为指引，为新时代的大国工匠固本清源，才能让大国工匠在不断地实践中丰富自己的人生情态，以彰显工匠尊严与伦理为准则，实现人文精神与技术相结合，内化其身，使他们的职业价值更广、更深，真正做到大道无疆。

首先，要站在巩固党的执政基础的高度，提高塑造有新时代灵魂的大国工匠的政治站位。要坚持以习近平新时代中国特色社会主义思想为指引，全面贯彻落实党的十九大精神，牢固树立"四个意识"，自觉坚定"四个自信"，坚决做到"两个维护"。引导新时代的大国工匠牢固树立中国特色社会主义理想信念，紧跟党的步伐、听从党的指挥，自觉用习近平新时代中国特色社会主义思想武装头脑、指导实践，始终在思想上政治上行动上同以习近平同志为核心的党中央保持高度一致，坚定不移听党话、跟党走。要发扬我国工人阶级的伟大品格，用先进思想、模范行动影响和带动全社会，始终做坚持中国道路的柱石、弘扬中国精神的楷模、凝聚中国力量的中坚，让理想信念之光照亮奋斗之路。大国工匠李万君追求技艺精尖，一丝不苟。他断然拒绝外国高薪聘请，"我愿意让我的技能融入中国高铁事业发展的每一道'焊缝'中，用我全部的热情、汗水和智慧为中国高铁事业的腾飞助力……"的铮铮誓言，正是新时代大国工匠的灵魂道义价值底色。

其次，要站在弘扬伟大民族精神的高度，激发新时代大国工匠的爱国之情、强化爱国之志。以爱国主义为核心的伟大民族精神，是全国各族人民在长期奋斗中培育、继承、发展起来的伟大民族精神。我国工人阶级是践行民族精神的重要力量，只有自觉把人生理想、家庭幸福融入国家富强、民族复兴的伟业之中，把个人梦与中国梦紧密联系在一起，以振兴中华为己任，把爱国奋斗精神转化为实际行动，增强历史使命感和责任感，立足本职、胸怀全局，当好伟大民族精神的传承者、弘扬者，才是塑造有新时代灵魂的大国工匠的最真践行。"苟利国家生死以，岂因祸福避趋之。"我国素来不乏爱国之志的大国工匠。中国两弹一星功勋奖章获得者钱学森毅然放弃美国的优厚条件，突破重重封锁，回国参加新中国建设，他这种"学成必归、报效祖国"的精神，就是对工匠精神灵魂坚守的最好诠释。技术工人李凯军爱厂如家、心系事业，不畏工作环境艰险，心无旁骛用忘我精神坚守岗位十余载，以匠人之心传艺授道，桃李满天下，这正是新时代大国工匠"道"之坚守，显扬高尚澄明的人文情怀与心灵境界。

最后，要站在"不忘初心、牢记使命"的高度，引导鼓励大国工匠甘做弘扬"工匠精神"的燃灯者。不忘初心，方得始终；牢记使命，砥砺前行。塑造有新时代灵魂的大国工匠，需要引导鼓励他们甘做弘扬"工匠精神"的燃灯者。《新时期产业工人队伍建设改革方案》指出，造就一支有理想守信念、懂技术会创新、敢担当讲奉献的宏大的产业工人队伍。这就要求我们引导大国工匠围绕实施创新驱动发展战略，聚焦技术创新，拿出奋力拼搏的干劲、奋勇当先的闯劲、奋发有为的钻劲，攻坚克难、追求卓越，勤学苦练、潜心钻研，诚实劳动、勤勉工作，掌握新技能、提升新本领，干一行爱一行，钻一行精一行，以实干书写人生，用奋斗镌刻荣光，争做新时代的见证者、开创者、建设者。让"工匠精神"成为新时代劳动者的精神坐标、永不过时的时代风尚。大国工匠"中国兵器车工教授"吴宏立30多年刻苦钻研、锲而不舍；"餐桌上的雕刻大师"徐吉生精湛的技艺令人折服……他们不仅有大艺法古的传承精神，大技贵精的专业品质、大勇不惧的挑战精神，更有大术无极的自信气质、大道无疆的责任担当，体现了勤劳之美的价值原色，展现了创造之美的价值升华，彰显了新时代大国工匠高尚的道义灵魂。

第四节　新时代大国工匠典型代表人物简介

工匠精神就要求企业如同一个工匠一样，琢磨自己的产品，精益求精，经得起市场的考验和推敲。工匠精神的核心是企业要追求科技创新，技术进步。如果说企业是国家的经济命脉所在，那么一个以科技创新，技术进步为主体的企业，就是民族振兴的动力源泉，是国家财富增加的动力源泉。让企业有这样的责任意识，在工匠精神中精工细作，提升质量，是企业该想的办法。没有"工匠精神"，中国制造就少了赶超的内在动力；缺失"工匠精神"，产业工人队伍就缺少了主心骨。弘扬"工匠精神"，离不开社会各界的关注和支持，更须一线工人自己发力。

不精不诚，不能动人。工匠精神，是"中国制造"向新高地冲锋时高高举起的旗帜，是中国工商业文明向新境界进发时必不可少的引擎，以创新作灵魂，以匠心去筑梦，才有立国之根，立梦之柱。重拾工匠心，重塑工匠魂，是助推时代进步的先决条件，唯有以一己之力不断践行工匠精神，才能无愧于心无愧于时代，在未来希望的田野上耕耘出一片芬芳的美丽。

一、航空"手艺人"胡双钱

胡双钱，中国商飞上海飞机制造有限公司高级技师，数控机加车间钳工组组长，人称航空"手艺人"。胡双钱至今工作近40年，生产了数十万个飞机零件，从没有出现过任何差错，因为从无差错，他连续13年获得厂里"质量信得过岗位"，享受到产品免检的待遇。在中国民用航空工业生产一线，很少有人能比他更有发言权。在胡双钱工作的车间，目前还生产着波音和空客的零件，但胡双钱始终觉得，生产外国人的飞机零件，就像是个机器人，只有制造中国人自己的飞机，才能发挥自己的特长，做技术的创新，这种感情和造外国人的飞机是完全不一样的。

2006年，中国国产大飞机C919终于立项，大飞机的制造让胡双钱忙了起来，不仅要做各种各样形状各异的零件，有时还要临时救急。有一次，急需一个特殊零件，从原厂调配需要几天的时间。为了不耽误工期，只能用钛合金毛坯来现场临时加工，这个任务交给了胡双钱。胡双钱回忆："一个零件要100多万，关键它是精锻出来的，所以成本相当高。因为有36个孔，大小不一样，孔的精度要求是0.24毫米。" 0.24毫米，相当于人头发丝的直径，这个本来要靠细致编程的数控车床来完成的零部件，在当时却只能依靠胡双钱的一双手和一台传统的铣钻床，连图纸都没有。打完这36个孔，胡双钱用了一个多小时。当这场金属雕花结束之后，零件一次性通过检验，送去安装。

现在，胡双钱的工作车间成立了"胡双钱大国工匠工作室"，用以培养更多优秀青年人才。在培养青年人的方式上，他有自己的风格。他说自己绝不会直接告诉年轻人如何操作，而是让他们去反复思考和琢磨，在关键的时候，才会去点拨。胡双钱一周有六天要泡在车间里，有时候加班到第二天早上，看到同事都来上班了，他倒觉得比别人多活了一天，觉得很开心，根本不觉得苦。已近退休年龄的他，似乎身上有用不完的劲儿，他说，别说是再干10年，哪怕再干20年，自己也很乐意，希望天上飞的飞机，都写着"中国制造"。(资料来源: https://math.qhnu.edu.cn/djbg/info/1074/1204.htm)

二、把"点线艺术"融入人民币数字化雕刻的马荣

手工凹版雕刻于二十世纪初引进中国，以马荣为代表的第四代雕刻师是印钞行业手工雕刻技艺的传人，也是第五套人民币原版雕刻创作的主力。手工凹版雕刻作品讲究以小观大，重在精美，即便是细如发丝的线条也能清晰可辨，雕刻师在一刀一线中显现功力。人民币人像的雕刻，是凹版雕刻中的极致，必须做到百分之百的精准传神。为了在凹版雕刻上刻画出传神的眼

睛，马荣磨练了 19 年。因为怕浪费贵重的雕刻钢板，马荣便用纸笔代替刻刀练习人像的塑造。复杂的光影和色彩在她心中翻译、转化，成为凹版雕刻特有的精美图案。苦练的积累成就了马荣炉火纯青的雕刻技艺。她的作品逐步应用在第五套人民币 50 元、20 元、10 元、5 元和 1 元票面之上。就在马荣的手工雕刻技艺进入巅峰期的时候，计算机技术迅捷切入印钞行业，数字化技术改进了印刷、制版等各个工艺流程，而传统手工原版雕刻忽然间成了制约行业发展的瓶颈。马荣心理的震撼是巨大的。不能在时代的发展面前逃避，更不能让人民币雕刻水平的国际声誉受损，这是马荣和同事们达成的共识。他们最终下定决心，从零开始。

马荣在学生时代就养成了细致入微观察的习惯，一枝一叶、一花一木，在点线的积累排列中幻化而成独特的"点线艺术"，这是她的师父传授给她的心法，更是凹版雕刻的精髓所在，技艺的精华并非依附在工具之上。学习手工凹版雕刻，马荣用了十年。学习计算机凹版雕刻，从零开始的马荣和同事们仅仅用了不到两年，就让一幅幅媲美传统雕刻的数字化作品在雕刻室的机房里诞生了。当掌握了计算机制版的规律后，马荣的功力开始显现，"点线艺术"的精髓融入屏幕之中。数字化雕刻，更让马荣找到了手工雕版时从未有过的自由和创作空间，工具的改变事实上为雕刻师的创作带来了一次革命性的解放和激发。2015 年 11 月，第一张全数字化雕刻技术的百元钞票从凹版印钞机中诞生，并随后投入使用。

货币是国家的名片。它是一个国家技艺文化与艺术文化的融汇结晶。如今，马荣已经可以带着数字化时代的中国凹版雕刻技艺成就，远涉重洋，为世界同行讲述中国工匠超越自己，融入世界技术浪潮的故事。(资料来源：百度文库，https://wenku.baidu.com/view/f7c9727c4bd7c1c708a1284ac850ad02de800799.html)

三、给火箭焊"心脏"的高凤林

新一代"长征五号"运载火箭是目前我国设计运载能力最大的火箭，是我国火箭里程碑式的产品，也是我国未来天宫空间站建设的主力运载工具。大火箭需要大发动机，而大发动机的制造需要大科学家、大工程师，同样也需要一线动手的大工匠，高凤林就是这样的工匠。他参与焊接发动机的火箭有 140 多发，占中国火箭发射的一半之多，是火箭关键部位焊接的中国第一人。

对高凤林来说，"长征五号"大运力火箭发动机每一个焊接点都是一次全新的挑战，而难度最大的就是喷管的焊接。"长征五号"火箭发动机的喷管上，有数百根空心管线，管壁的厚度只有 0.33 毫米，高凤林需要通过 3 万多次精密的焊接操作，才能把它们编织在一起。这些细如发丝的焊缝加起来，长度达到了 1600 多米。而最"要劲儿"的是，每个焊点只有 0.16 毫米宽，完成焊接允许的时间误差是 0.1 秒。发动机是火箭的心脏，一小点焊接瑕疵都可能导致一场灾难。为保证一条细窄而"漫长"的焊缝在技术指标上首尾一致，整个操作过程中高凤林必须发力精准，心平手稳，保持住焊条与母件的恰当角度，这样才能让焊液在焊缝里均匀分布，不出现气孔沙眼。在国际上，火箭发动机头部稳定装置连接的最佳方案是采用胶粘技术。但这种技术会产生老化，因此高凤林选择了用焊接的方式来解决这一难题。发动机头部稳定装置的焊接必须一次成功，高凤林的技艺和他研制的焊丝决定着焊接的成败。由于铜合金的熔点较低，高凤林必须将焊接停留的时间从 0.1 秒缩短到 0.01 秒，如果有一点焊漏就会造成稳定装置的失效。最终，高凤林还是成功地解决了这一焊接难题。(资料来源：百度文库，https://wenku.baidu.com/view/f7c9727c4bd7c1c708a1284ac850ad02de800799.html)

🔖 拓展阅读

❧ 在刀尖上"跳舞"的大国工匠 ❧
——记中国航天科技集团公司四院 7416 厂班组长徐立平

2022 年 3 月，徐立平当选 2021 年"大国工匠年度人物"。这位中国航天科技集团公司四院 7416 厂的班组长，再次走入公众视线。

固体火箭发动机是导弹的心脏，灌装浇注而成的发动机"固体药柱"，表面需要用刀具整形，而刀具在复杂的药面结构操作中很容易与壳体摩擦起火星，因此，人们把这称作是在刀尖上跳舞。徐立平在这"刀尖"之上长袖善舞，至今已 34 年。

从"下马威"到"一摸准"

1987 年，徐立平技校毕业来到整形岗位。师傅说："这个岗位看着简单，其实很危险，手里这把刀关系着大家的性命！"接着，师傅带着他来到一块空地，用一根引线点燃一小包废药，只听"砰"的一声，白光一闪，气浪烘热，浓烟升腾。吓了一跳的徐立平一下子就明白了师傅的意思。固体推进剂结构紧密，韧性极强，必须用特别锋利的刀具切割。切割中，不仅要防止碰上壳体起火星，而且要切得不多不少。这就需要心细如发的沉静和难以言传的手感。徐立平从最基本的磨刀、拿刀、推刀、铲药、找平学起，反复练习切、削、铲每一个基本动作。师傅不断提醒："切削要薄、用力要匀；心静气沉，不可浮躁。"不记得练习了多久，才进入实操。也不记得干了多久，才独当一面。总之，技无止境，徐立平逐渐体会到了那种细致入微的手感，练就了刀刀精准的肌肉记忆。

1989 年秋，一台即将试车的国家重点型号发动机出现大面积脱粘，面临报废，这是该院成立以来研制的最大发动机。专家组决定：成立突击队，就地挖药，查探修复。徐立平是其中最年轻的一员。挖药修复，需要钻进发动机内部，在十几吨推进剂的包围中操作。徐立平站在机口，望着那黑洞洞的芯孔和环绕一周的星角，觉得好像巨兽张开了大嘴露出了牙齿，压力莫名。挖药开始了。队员们轮流钻入芯孔，冒着浓烈刺鼻的气味，半躺或半跪，每个队员每次最多干十分钟，挖出四五克……就这样，连续两个多月，蚂蚁啃骨头，修复了病灶。仿佛精钢淬火，经过这次抢险，徐立平似乎拥有了大国工匠的沉稳。再后来，他练成了"一摸准"：整形精度怎么样，不用测量，一摸便知。

神乎其技无止境

在火药上动刀子，危险可想而知。多年来，安全靠的是全体工匠的如履薄冰，但是谁敢保证永远没有意外呢？"如果把人与操作分开就好了。"这个想法长期在徐立平脑海萦绕。直到数字技术成熟，他提出了远距离数控整形的思路。最终，企业引进了数控整形机。如何实现与药面无缝契合却成了一道新的拦路虎。"整形机得用'机器语言'去指挥，可我们班组都没学过数控技术，而药面都是复杂的组合型面，犄角旮旯更是奇形怪状……这太难了。"作为班组长，徐立平只有带头学。年近40岁的他，认真得像个小学生，白天蹲在整形机旁测量、琢磨，晚上钻研专业技术、画图、计算……两个多月后，他就会编写参数了，并对特殊型面设计了专用刀具。真刀实枪验证的那天，组员们早早来到工房准备：发动机安装到位、刀具装卡到位、程序输入三岗检验……当现场总指挥一声"启动"，只见刀具飞旋，车出的药条划出一道道优美的弧线。十几分钟后，整形圆满。屏住呼吸的工友欢呼雀跃，一直怔怔地盯着屏幕的徐立平，松开了紧握的双手，满是汗水。

此后，在徐立平的带领下，班组先后实现了数十种发动机的数控整形技术应用，实现了80%以上的型号具备远程数控整形的能力，全面提升了岗位操作的安全性，加工周期缩短为原来的三分之一。同时，徐立平还带领班组员工设计、制作和改进了30多种刀具，其中一种被命名为"立平刀"。

一枝独秀不为春

独木难成林，徒弟们都深有体会。杜鹏见习期光练基本功，就花了好几个月，可师傅说得最多的还是那句："不行，重来！"终于实操时，师傅却当头一棒："你干的这叫什么活？会给下道工序留下麻烦和安全风险。"周末，徐立平把几个徒弟请到家里，好菜好酒，乐乐呵呵谈天说地。杜鹏恍惚着这还是班上那个师傅吗？聊着聊着，工友们吐槽起师傅的不近人情，可是末了都说："咱每天在炸药堆里，严管才是厚爱啊。"一句话，醍醐灌顶。得闲时，徐立平常带大家做一种"挑战游戏"——谁随便报个数，然后分别去铲药，看谁一刀下去的药量最接近报数，渐渐地，大家都掌握了诀窍；他组织大家开展攻关，某型号合格率从65%提高至93%以上；他带着组员一起研究改进，完成了30多项刀具、工装和编程技术革新……目前，29名组员中，国家特级技师1人、高级技师3人、技师13人，多人成了班组长，所在班组成了航天"金牌班组"、陕西省"工人先锋号"。

资料来源：工人日报. http://media.workercn.cn/sites/paper/paper_content.html?type=grrb&date=2022-03-10&page=6&index=1. 2022-03-10.

📖 延伸阅读

1. 中华全国总工会. 争做新时代的奋斗者：深入学习贯彻习近平总书记给中国劳动关系学院劳模本科班学员回信重要精神[M]. 北京：中国工人出版社，2018.

2. 高文杰，张学文，刘晓东. 工匠精神与职业素养[M]. 长春：吉林大学出版社，2018.

3. 劳动网. 大道无疆：培养有新时代灵魂的大国工匠[EB/OL]. 2019-09-03. http://acftu.workercn.cn/41/201909/02/190902145337481.shtml.

4. 习近平. 决胜全面建成小康社会 夺取新时代中国特色社会主义伟大胜利——在中国共产党第十九次全国代表大会上的报告[M]. 北京：人民出版社，2017：31.

5. 陈刚. 大力弘扬劳模精神劳动精神工匠精神(深入学习贯彻习近平新时代中国特色社会主义思想)[N]. 人民日报，2022-04-27(9).

📖 学习思考

1. 什么是真正的工匠精神？新时代工匠精神的内涵是什么？请从国家层面、社会层面和个人层面进行解读。

2. 在大家都想成为网红、明星的"暴富"时代，工匠精神的再度爆红，反映出怎样的社会变革和客观生产需要？

3. 对于处在新时代的青年学子，应该怎样将工匠精神更好地传承和发扬下去？

4. 请结合身边的例子，谈谈对工匠精神的理解和运用。

📖 参考文献

1. 贺兰英. 中国特色社会主义劳动精神的内涵[J]. 南方论刊，2018(5).

2. 习近平. 在庆祝"五一"国际劳动节暨表彰全国劳动模范和先进工作者大会上的讲话[N]. 人民日报，2015-04-29.

3. 李克强. 政府工作报告[N]. 人民日报，2016-03-05.

4. 中国制造 2025[EB/OL]. 中国政府网，2015-05-19. http://news.china.com/domestic/945/

20150519/19710486.html.

5. (美)理查德·桑内特. 匠人[M]. 李继宏，译. 上海：上海译文出版社，2015.

6. (美)亚力克·福奇. 工匠精神—缔造伟大传奇的重要力量[M]. 陈劲，译. 杭州：浙江人民出版社，2014：13.

7. 陈金彪. 社会主义革命和建设时期工匠精神的形成[J]. 中共杭州市委党校学报，2020(3).

8. 杨冬梅. 新时代工匠精神的内涵及特征[N]. 人民日报，2019-11-05.

第五章

继承新时代劳模精神，争当新时代新劳模

新时代劳模精神的内涵是创造民族辉煌的根本力量和推动民族继续向前发展的精神支柱。为弘扬劳模精神、劳动精神、工匠精神，要充分发挥劳模示范引领作用。劳模是指"劳动模范"，分为全国劳动模范与省、部委级劳动模范，有些市、县和大企业也评选劳动模范。中共中央、国务院授予的劳动模范为"全国劳动模范"，是中国最高的荣誉称号。与此同级的还有"全国先进生产者""全国先进工作者"称号。劳动模范是民族的精英、人民的楷模、共和国的功臣。

【学习目标】

1. 了解新时代劳模精神的内涵。
2. 学习劳模体现的新时代精神。
3. 了解新时代劳模精神的具体体现。

【思政目标】

1. 学习劳动模范的高尚品格。
2. 理解劳动模范的崇高价值。
3. 学习劳模精神的核心要素。

【导航阅读】

中华全国总工会关于表彰 2021 年全国五一劳动奖和全国工人先锋号的决定

2020 年是新中国历史上极不平凡的一年。面对突如其来的新冠肺炎疫情和错综复杂的国际国内形势，以习近平同志为核心的党中央高瞻远瞩、审时度势，团结带领全党全国各族人民披

荆斩棘、攻坚克难，经过艰苦努力，疫情防控取得重大战略成果，在全球主要经济体中唯一实现经济正增长，脱贫攻坚战取得全面胜利，决胜全面建成小康社会取得决定性成就。在这一年里，全国广大职工紧密团结在以习近平同志为核心的党中央周围，充分发挥工人阶级主力军作用，积极投身决胜全面建成小康社会、决战脱贫攻坚的伟大实践，广泛参加"当好主人翁、建功新时代"主题劳动和技能竞赛活动，为推进经济建设、政治建设、文化建设、社会建设、生态文明建设和党的建设作出了突出贡献，涌现出一大批先进集体和先进个人。为进一步增强新时代工人阶级的自豪感和使命感，营造劳动光荣、知识崇高、人才宝贵、创造伟大的社会风尚，中华全国总工会决定，授予北京首钢建设投资有限公司等397个单位全国五一劳动奖状，授予王海福等1197名职工全国五一劳动奖章，授予北京中医药大学援鄂医疗队等1297个集体全国工人先锋号。

希望受到表彰的先进集体和先进个人珍惜荣誉、保持本色，谦虚谨慎、戒骄戒躁，继续发挥示范带头作用，用干劲、闯劲、钻劲鼓舞更多的人，激励广大劳动群众争做新时代的奋斗者，努力创造无愧于时代的新业绩。

2021年是"十四五"规划的开局之年，也是中国共产党成立100周年。中华全国总工会号召全国广大职工更加紧密地团结在以习近平同志为核心的党中央周围，坚持以习近平新时代中国特色社会主义思想为指导，全面贯彻党的十九大和十九届二中、三中、四中、五中全会精神，不断增强"四个意识"、坚定"四个自信"、做到"两个维护"，以受到表彰的先进模范为榜样，大力弘扬劳模精神、劳动精神、工匠精神，立足新发展阶段，贯彻新发展理念，在构建新发展格局、推动高质量发展中充分发挥主力军作用，以优异成绩庆祝中国共产党百年华诞，为"十四五"开好局、起好步贡献智慧和力量。

资料来源：工人日报. http://media.workercn.cn/sites/paper/paper_content.html?type=grrb&date=2021-04-28&page=2&index=0. 2021-04-28(2).

第一节　新时代劳模精神的内涵

劳模精神生动体现了马克思主义劳动观，是推动社会发展和实现精神文明的必然产物。马克思认为"全部人的活动迄今都是劳动"。马克思把劳动比喻成整个社会为之旋转的太阳，劳动是人类生存的本质，人类的发展过程就是劳动的发展史。社会主义制度下，劳动者通过劳动肯定自己，在劳动中真正体现自主性，体现人与人的平等关系，在劳动中感受幸福，这为劳模精神的产生与发展提供了重要前提与基础。劳模精神是社会主义劳动者在劳动中推动社会发展和实现精神文明的产物，在中国特色社会主义发展进程中不断焕发出强大的生命力、创造力、感染力、凝聚力，在中华民族站起来、富起来、强起来的伟大历史进程中发挥了重要作用。

一、劳模的定位

劳动模范是承载着共和国特殊记忆的群体，是推进我国先进生产力发展和先进文化发展的代表，是当之无愧的时代领跑者。他们在不同的发展阶段，始终走在改革开放和社会主义现代化建设的最前线，以忘我的献身精神，激励着一代又一代劳动者为祖国的繁荣富强而拼搏。

(一) 劳动模范的定义

(1) 劳模是社会集合体。社会学家艾君在《劳模永远是时代的领跑者》一文中指出，劳模即劳动模范和先进工作者的简称。劳模，是一种饱含感情的符号；是一种能照亮人生，温暖人心的希望之光；是一种人理之伦、人生之道的"人文"；是一种价值"取向"，是一个时代的追寻脚步，人生道德观念和价值取向；是一个时代的精神符号和力量的体现。

(2) "劳模"的定语是一个"劳"字。用全国劳模申纪兰的话讲："劳模，劳模，不劳动还叫个甚劳模。"与金钱标准和权力标准相比，唯有诚实的劳动，才是评选劳模的唯一标准。换句话说，劳模，应该是"劳而优则模"。

(3) "劳模"的中心词是一个"模"字。"模"，体现了一种"示范""楷模"的价值导向，体现了一种榜样的作用，意义就在于让不同行业不同职业的人可近、可亲、可信、可学，引导全社会热爱劳动、尊重劳动。

(二) 劳动模范的品格

(1) 劳模品格展现中国智慧。劳模的品格是劳模的基本素质，它决定了劳模回应人生处境的模式，劳模的伟大品格表现为信念坚定、立场鲜明，艰苦奋斗、勇于奉献，胸怀大局、纪律严明，开拓创新、自强不息。"信念坚定、立场鲜明"是劳模所秉持的政治本色和理想信念；"艰苦奋斗、勇于奉献"是劳模作为最有觉悟性的群体以富国强民、民族复兴为己任，继承光荣传统，不怕艰难困苦，不畏风险挑战，勤劳坚韧、勇于担当，为国家发展进步作出巨大贡献；"胸怀大局、纪律严明"指的是劳模作为最有组织性的群体所继承的优良作风和博大胸襟；"开拓创新、自强不息"指的是劳模作为最有自觉性的群体，所拥有的与时俱进、奋力拼搏的时代特征。

(2) 劳模品格体现中国精神。劳动模范，是广大劳动者的先进代表，是最美的劳动者；是民族的精英、人民的楷模、时代的标杆。他们以为人民事业埋头苦干、任劳任怨，兢兢业业、一丝不苟的模范行动，为全国人民树立了光辉的榜样，铸就了爱岗敬业、争创一流，艰苦奋斗、勇于创新，淡泊名利、甘于奉献的伟大劳模精神。这种精神就是中国精神。新时代劳模应该满足四个条件：新思想、新技能、精益求精的工匠精神、要有民族和国家情怀。只有充满民族和国家情怀，把民族的振兴和国家的强大作为个人的奋斗目标和人生追求，个人的智慧才会迸发出来。

(3) 劳模品格凝聚中国力量。"品格清於竹，诗家景最幽。"劳模的伟大品格，既反映了中国工人阶级的政治本色、价值取向、光荣传统和进取精神，又凸显着工人阶级的时代特征，是中国工人阶级先进性的具体体现，是对中华民族精神的继承和发展，是凝聚广大劳动者智慧力量、鼓舞全国各族人民团结奋斗的重要精神力量。这也是劳模的政治品格。

(三) 劳动模范的价值

(1) 劳模是排头兵。劳动模范是"干出新时代"的排头兵，是践行"实干兴邦"的楷模。早在1945年，毛泽东同志在陕甘宁边区劳动英雄和模范工作者会议上的讲话中就指出，"劳动英雄和模范工作者'有三种长处，起了三个作用'，即带头作用、骨干作用和桥梁作用。劳动精神的重要性，正在于它能激发出人的潜力，让劳动真正成为认识世界和改变世界的力量"。

(2) 劳模是引领者。劳动模范是每个时代劳动精神的典型化身，是引导广大学生培育践行社会主义核心价值观的宝贵财富和有效载体。劳动模范先进事迹和优秀品质具有巨大的感召作用，在新时代，应充分发挥劳动模范和工匠人才的示范带动和价值引领作用，培养造就更多劳动模范、大国工匠，对于全面提高产业工人素质，努力打造一支有理想守信念、懂技术会创新、敢担当讲奉献的宏大产业工人队伍，建设知识型、技能型、创新型劳动者大军，具有重要的社会价值。

(3) 劳模是奋斗者。2018年"五一"国际劳动节之际，习近平总书记在给中国劳动关系学院劳模本科班学员回信中提出，希望"用你们的干劲、闯劲、钻劲鼓舞更多的人，激励广大劳动群众争做新时代的奋斗者"。激励广大劳动群众争做新时代的奋斗者，就是要让实干担当在新时代蔚然成风，让改革创新在新时代焕发活力，让精益求精在新时代落地生根。

二、劳模精神体现时代精神

劳模精神是中国共产党在长期革命、建设、改革实践中积累起来的宝贵精神财富，源于为中国人民谋幸福、为中华民族谋复兴的初心和使命。

(一) 革命战争年代的劳模精神

在中国共产党领导中国人民追求民族独立和国家解放的历史进程中，"边区工人一面旗帜"

赵占魁、"兵工事业开拓者"吴运铎、"新劳动运动旗手"甄荣典等劳动模范，以"劳动好、学习好，永不脱离群众"的精神风貌，以"忠于革命、精于业务、勤于学习、善于创造、团结干部、联系群众"的精神境界，创造并丰富了具有革命战争年代特色的劳模精神，凝聚着共产党人和革命群众独特思想和精神风貌，为动员和鼓舞边区人民战胜困难、坚持抗战提供了坚韧强劲的精神动力，为边区革命和建设的生存与发展，发挥了举足轻重的重要作用。

(二) 中华人民共和国成立初期的劳模精神

20世纪五六十年代的先进劳模，大多为体力劳动者，突出的代表有"宁肯一人脏、换来万人净"的环卫工人时传祥；"宁可少活二十年，拼命也要拿下大油田"的石油"铁人"王进喜；在平凡的售货员岗位上练就了令人称奇的"一抓准""一口清"技艺和"一团火"的服务精神的北京百货大楼售货员张秉贵等。在他们自力更生、奋发图强、加班加点、无私奉献、团结苦干的精神感召和激励下，社会主义建设呈现出生机勃勃、奋发向上的局面，新成立的中华人民共和国由此奠下基业，发展并深化了具有社会主义建设初期特色的劳模精神。

(三) 改革开放初期的劳模精神

20世纪70年代，专职技术人员、知识型工人、优秀企业家进入劳模行列，突出的代表有陈景润、蒋筑英、罗健夫、彭加木等先进模范。他们不仅发扬吃苦耐劳、艰苦奋斗的高尚品格，更是在开拓创新、苦干实干中创造了中国奇迹，以业务精湛、技术卓越、锐意进取、敢为人先的劳模形象深入人心。劳模超额完成任务、推广先进经验、开展技术革新、提出合理化建议等在经济生产方面的贡献，成为激励各族人民积极投身社会主义建设的强大精神力量。

(四) 21世纪以来的劳模精神

21世纪以来，劳模所涵盖的范围更加广泛，知识型、科技型、创新型人才越来越多，多样性的趋势越来越明显。2005年，30多名私营企业家和23名农民工的名字第一次出现在全国劳模的名单中，农民工劳模的出现充分显示了国家对农民工这个新兴社会群体的重视。进入新时代，在中国共产党的领导下，中国人民以实干兴邦的劳动精神，继续谱写中国特色社会主义伟大事业的新篇章，"劳动最光荣、劳动最伟大、劳动最崇高、劳动最美丽"成为时代强音，为建功新时代、实现中华民族伟大复兴提供了崇尚劳动的价值引领。

三、劳模精神的新内涵

劳模精神就是劳模身上展示出的爱岗敬业、争创一流的战斗风采；体现出的艰苦奋斗、勇于创新，淡泊名利、甘于奉献的优秀品质；反映出的坚守信仰、对党忠诚、为民服务的精神境界；揭示出的立足本职岗位，争做新时代的奋斗者，创造精彩人生的深刻蕴意。习近平总书记指出，"爱岗敬业、争创一流，艰苦奋斗、勇于创新，淡泊名利、甘于奉献"就是劳动模范和先进工作者的劳模精神。

（一）劳模精神

（1）劳模精神是人文精神。社会学家艾君认为，劳模精神，它折射出一个时代的人文精神，反映一个民族在某一个时代的人生价值和思维道德取向；它简洁而深刻地展示着一个时代人的精神的演进与发展；它凝重而浪漫地体现着一个民族、一个时代的思想与情愫，展示着中华民族顽强拼搏、自强不息的崇高品格和与时俱进、开拓创新的精神风貌。

（2）劳模精神是主人翁精神。主人翁意识是劳模精神的内在本质，是正确认识和理解劳模精神的关键词。他们以自觉的、强烈的主人翁意识，以厂为家、以企为家、以国为家；以积极主动的岗位意识、职业意识、进取精神和创新精神，在本职工作中充分发挥积极性、主动性和创造性；以艰苦奋斗、淡泊名利、甘于奉献的精神，自觉把人生理想、家庭幸福融入国家富强、民族复兴的伟业之中，最终建构起个人与集体、个人梦与中国梦、小家与国家民族融合统一的发展共同体和命运共同体。

（3）劳模精神是理想信念。劳模精神传承着中华优秀传统文化的基因，寄托着近代以来中国人民上下求索、历经千辛万苦确立的理想和信念，也承载着每个人的美好愿景。劳模精神作为劳动模范的思想内核、行动指南和精神灯塔，成为推动时代前进的强大精神动力，充分体现了工人阶级先进性的主体地位，彰显了劳动者的伟大品格，推动了广大劳动者的成长进步。

（二）劳模精神的内在品格

（1）劳模精神的重要元素构成。劳模精神大体包括岗位意识、职业精神、进取精神、拼搏精神、创新精神、家国情怀和奉献精神等。集中体现爱岗敬业、争创一流，艰苦奋斗、勇于创新，淡泊名利、甘于奉献的精神；强烈的主人翁意识和艰苦创业精神、忘我的劳动热情、良好的职业道德和爱岗敬业精神；特别是团结协作的团队精神以及对职业、对社会、对国家的道德感、责任感和使命感。

（2）劳模精神是工人阶级先进性的集中体现。在中国革命、建设、改革的各个历史时期，我国工人阶级都具有走在前列、勇挑重担的光荣传统，我国工人运动都同党的中心任务紧密联系在一起。劳动模范作为工人阶级的优秀代表，是时代的引领者，在工作生活中发挥了先锋和排头兵作用，他们以辛勤劳动、诚实劳动和创造性劳动，持续推动着社会进步、国家发展和民族复兴。

(3) 劳模精神是社会主义核心价值观的生动诠释。劳模精神作为民族精神和时代精神的重要内容，与社会主义核心价值观在文化传承、教育导向、爱国情怀、道德提升等方面相融相通。可以说，劳模精神是社会主义核心价值观的具象化、人格化和现实化。一方面，劳模是遵循社会主义核心价值观的典范样本，是社会主义核心价值观的模范实践者、生动传播者和最有说服力的检验者；另一方面，劳模之所以能够生成劳模精神，能够成为全社会学习的典范，一个重要原因就在于其主动自觉地遵循并践行了社会主义核心价值观。

(三) 新时代劳模精神的新内涵

(1) 劳模精神是劳动精神的积极呈现。劳模精神继承并发展了中华民族传统优秀的劳动观念，树立并彰显了一种辛勤劳动、诚实劳动、创造性劳动的新理念，营造并弘扬了一种劳动光荣、技能宝贵、创造伟大的时代风尚，生成并传播了一种劳动者至上、劳动者平等、劳动者可敬、劳动最光荣、劳动最崇高、劳动最伟大、劳动最美丽的劳动观。也正因如此，劳动者才能通过自己的劳动，收获满足感、快乐感、尊严感，在创造丰富物质财富的同时，也拥有丰盈的精神世界。

(2) 劳模精神是民族精神的重要组成部分。作为中国精神的时代标志，劳模精神同样植根于中华文化和民族精神的沃土之中。一方面，劳模精神是民族精神核心要素的集中体现。劳模精神既体现了以爱国主义为核心的团结统一、爱好和平、勤劳勇敢、崇德尚礼、公而忘私的民族情怀，又体现了知行合一、自立自强的人生追求。另一方面，劳模精神是民族精神创新发展的重要推动力量。劳模精神始终与时俱进，创新丰富了民族精神。一代又一代劳模，用自己的辛勤劳动、诚实劳动和创造性劳动，为民族精神注入新能量，不断丰富着民族精神的博大内涵。

(3) 劳模精神是时代精神的生动体现。劳模精神是引领时代新风的精神高地，生动体现了时代精神的精神实质、主要特征和重要内容。一方面，劳模精神具有鲜明的时代特征，是时代精神的生动体现。作为一种文化精神，劳模精神不是一成不变的，而是实践的、创新的、鲜活的、生动的存在，随着时代变迁而不断演变发展；另一方面，劳模精神推动了时代精神的发展，不断为时代精神注入新能量，凸显并丰富时代精神的内涵。面对新形势和新任务，需要更大智慧与勇气啃硬骨头、涉险滩，需要不断增强团结一心的精神纽带，需要持续激发强大的精神动力。

第二节　劳模精神的核心要素

党的十九大报告指出："建设知识型、技能型、创新型劳动者大军，弘扬劳模精神和工匠精神，营造劳动光荣的社会风尚和精益求精的敬业风气。"把劳模精神与工匠精神提到同等战略高度，可谓高屋建瓴，顺应了历史潮流。从更高层面看，两者并非简单的并列关系，而是你中有我、我中有你。可以说，工匠精神是劳模精神的重要构成要素，也是劳模精神当代品格的核心体现，工匠精神为当代劳模注入新内涵。我们应该以习近平总书记关于工匠精神的系列重要讲话精神为指导，一方面理解工匠精神的科学内涵，另一方面认识到工匠精神与劳模精神的内在关系和所体现出的时代特色。

一、新时代劳模精神的核心要素是工匠精神

(一) 新时代工匠精神的提出

界定新时代劳模精神和工匠精神的新意境，首先要认清新时代劳模的新使命，必须从建设强大的劳动者大军角度加以理解。李克强总理在 2016 年《政府工作报告》中第一次提出"培育精益求精的工匠精神"，工匠精神入选 2016 年十大流行语。在 2017 年《政府工作报告》中进一步提出"大力弘扬工匠精神"。习近平总书记在十九大报告中所提的"工匠精神"，主要包括爱岗敬业的职业精神、精益求精的品质精神、协作共进的团队精神、追求卓越的创新精神这四个方面的内容。其中，爱岗敬业的职业精神是根本，精益求精的品质精神是核心，协作共进的团队精神是要义，追求卓越的创新精神是灵魂。

(二) 工匠精神是劳模精神的核心要素

习近平总书记在党的十九大报告中提出建设知识型、技能型、创新型劳动者大军，弘扬劳模精神和工匠精神的战略要求。新时代是崇尚大国重器的时代，需要劳模以"新的劳动态度对待新的劳动"，推进建设创新型国家。

(1) 工匠精神和劳模精神的本色相融。从本质上讲，工匠精神是一种基于技能导向的职业精神，它源于劳动者对劳动对象品质的极致追求，它具有精益求精、专注执着、严谨慎独、创新创造、爱岗敬业以及情感浸透、自我融入的基本内涵，既表现了极致之美的品质追求，又体现了敬业之美的精神原色，更展现了创造之美的价值升华。劳模精神与工匠精神的共同特质，就是干一行、爱一行、专一行、精一行。这是劳动模范和先进工作者的本色与优势。

(2) 工匠精神是劳模精神的重要构成要素。新时代劳模精神的主体是劳模，新时代工匠精神的主体是每一位不甘于平庸的劳动者，二者都充分凸显了新时代劳模精神爱岗敬业、精益求精、追求卓越的精神品质和价值导向，可以说，工匠精神是对劳模精神的重要深化和丰富发展，也是劳模精神当代品格的核心体现。因为劳模精神的核心，就是专注执着、精益求精的工匠精神。

(3) 劳模的本色凸显工匠精神。在建设社会主义创新型国家和崇尚科技创新的时代，工匠精神就是爱岗敬业、严谨做事、精益求精、追求完善，体现为对技术精益求精的专业精神、高度认真和无私奉献的敬业精神、敢为人先和勇于探索的创新精神。在劳动模范和先进工作者身上，劳模精神与工匠精神是高度契合的。

(三) 弘扬劳模精神和工匠精神的战略意义

大力弘扬劳模精神与工匠精神是我国在新时代的一项重大政治任务和战略任务，也是造就世界一流企业的核心竞争力。建设强大的国家必须以建设强大的劳动者大军为前提，这是弘扬劳模精神和工匠精神的战略价值和政治意义所在。

无论是劳模精神还是工匠精神，都是我国劳动阶层千百年来形成的职业精神的生动体现。弘扬新时代劳模精神和工匠精神，不仅需要正确认识新时代劳模精神和工匠精神的科学内涵，而且需要正确处理二者之间的关系。重要的是把弘扬劳模精神和工匠精神落实到各项工作中，有力推动新时代各项工作。

二、新时代劳模精神与工匠精神新关系

习近平总书记在党的十九大报告中提出"弘扬劳模精神和工匠精神"，劳模精神和工匠精神再次引起社会各界的高度关注，不仅成为学界的研究热点问题，更成为实践领域的焦点问题。新时代劳模精神和工匠精神的新内涵既有不同的要求，又有密切的联系。

(一) 劳模精神与工匠精神相通相融

劳模精神和工匠精神都是以爱国主义为核心的民族精神和以改革创新为核心的时代精神的生动体现。工匠的职业操守、精益求精、敬业奉献精神与劳模的辛勤劳动、诚实劳动、创造性劳动精神交相辉映，以劳动光荣的社会风尚和精益求精的敬业风气为核心，共同体现了社会主义核心价值观的内在要求，体现了"富强""文明"的国家价值目标和"敬业""诚信"的个人价值准则。

从历史发展看，劳模精神和工匠精神相得益彰，在融合中共同体现了社会主义核心价值观的内在要求，体现了本土性与普适性、先进性与广泛性的辩证统一；从文化渊源看，劳模精神和工匠精神都继承了中华优秀传统文化中劳动文化的精髓，具有共同的文化底蕴；从职业技能看，都立足于职业岗位，取得了突出业绩，作出了重要贡献，具有共同的价值导向；从服务社会的实践看，都是用个人的劳动实践阐释了劳动的境界，练就了卓越技能，具有共同的价值实现。

(二) 劳模精神和工匠精神是内、外之合力

劳模精神和工匠精神的关系是外力和内力的关系。相较于"劳模精神"的本土性而言,"工匠精神"所植根的人类历史更长,语境也更丰富。在人类漫长的历史长河中,从农业文明刀耕火种到工业文明机械加工,人类对工匠精神的追求永不止步。

劳模精神是所有劳动者都应该学习的精神,是影响和引领每一位劳动者从平凡走向不平凡的外力;劳模精神是照亮别人的生命,超越别人的精神,是从外部影响每一位劳动者学先进、做先进,是让劳动者成为别人的"模范"。

工匠精神则是每一位劳动者都应该具有的精神,是激发和激励每一位劳动者不断自我挑战和自我超越的内力;工匠精神是点亮自己的生命,超越自己的精神,从内部唤醒每一位劳动者不断成为最好的自己,是让劳动者成为自己的"劳模"。

新时代工匠精神是对劳模精神的新诠释,也是新时代劳模精神的集中体现。事实上,我们比历史上任何一个时期都更呼唤工匠精神,它所凸显的精益求精、追求卓越的精神品质,完全契合当前提升劳动者素质和职业技能的客观要求,是全社会必须补齐的"短板"。

(三) "工匠精神"孕育"劳模精神"

工匠精神揭示了不甘于平庸的劳动者的个性,是成就优秀劳动者的必要条件。没有工匠精神的劳动者很难有出色的成就和骄人的业绩。精益求精、追求极致是践行工匠精神的核心,也是成就杰出劳动者的根源。如果工匠精神成就的劳动者不仅大大超越了过去的自己,也大大超越了别人,在企业、行业、全国乃至全世界都成为最优秀的劳动者,那么他就会成为别人学习的榜样和楷模,最终就会成为劳模,劳模精神也随之产生。

"工匠精神"孕育"劳模精神",经历"尚巧""尚精""道技合一"三个阶段。"尚巧",就是追求技艺之巧;"尚精",是追求技艺的精湛;"道技合一",则须通过技艺领悟"道"的真谛,从而实现创造之美的升华。工匠精神有三个层次,第一个层次是"工",处于学徒阶段;第二个层次是"匠",是可以做到精益求精的大师级;第三个层次是"良匠",这是顶级的工匠。既要追求速度也要追求质量,只有良匠才能达到既快又好。

中国制造正向中国创造转轨,适应新常态呼唤创新驱动,大众创业、万众创新掀起热潮。为建设知识型、技能型、创新型劳动者大军,为我国向制造强国转变、推动经济转型升级提供强大人才支撑,都需要我们的劳动者追求品质提升,都需要我们的"匠心独具"。拥有一流的心性,才有一流的技术;用心追求极致,才能收获创造之美。因此,弘扬践行劳模那种实干、创新、专注、执着、精益求精的工匠精神成为中国伟大新时代的硬核要求。

第三节　新时代劳模精神的具体体现

"爱岗敬业、争创一流，艰苦奋斗、勇于创新，淡泊名利、甘于奉献"的劳模精神，是伟大时代精神的生动体现。

一、爱岗敬业、争创一流的精神

(一) 爱岗敬业是劳模精神的本分

爱岗敬业是爱岗与敬业的总称，是职业道德要求，是劳模精神的基础。爱岗和敬业，互为前提，相互支持，相辅相成。"爱岗"是"敬业"的基石，"敬业"是"爱岗"的升华。爱岗就是热爱自己的工作岗位，热爱本职工作，敬业是要用一种恭敬严肃的态度对待自己的工作，是对职业的敬畏和热爱而产生的尽职尽责的职业精神状态。敬业可分为两个层次，即功利的层次和道德的层次。

(二) 争创一流是劳模精神的灵魂

争创一流是必须立足本职、爱岗敬业的职业精神，做自己爱做的，爱自己所做的。发扬中华民族"敬业乐群""忠于职守"的传统美德，敬业是中国人的传统，也是当今社会主义核心价值观的基本要求之一。工作中始终要"执事敬""事思敬""修己以敬""专心致志，以事其业"。干一行，爱一行，钻一行，精一行，不断追求一流的技术水平，干出一流的工作业绩，创造一流的工作效率，努力服务于社会、服务于人民；以追求卓越的进取精神，争做改革发展的推动者、社会和谐的促进者；以勤奋劳动成就梦想、以诚实劳动铸就辉煌、以创造劳动续写荣光。

(三) 正确处理职业理想与理想职业的关系

爱岗敬业是一种工作态度，更是工作能力的体现；不仅是个人生存和发展的需要，也是社会存在和发展的需要。一份职业，一个工作岗位，是一个人赖以生存和发展的基础保障，也是人类社会存在和发展的需要。

首先，树立一个长远而又切实的职业理想，"在选择职业时，我们应该遵循的主要指针是人类的幸福和我们自身的完美""选择最能为人类福利而劳动的职业"。其次，理想职业必须以个人能力为依据，超越客观条件去追求自己的所谓理想，是不现实的，这就要求大学毕业生在选择职业之前一定正确评估自己，给自己一个合理的定位。最后，正确认识职业理想与现实的关系，只要职业理想符合社会需要，而自己又确实具备从事该职业的职业素质，并且愿意不断地付出努力，就一定会实现自己的职业理想。

二、艰苦奋斗、勇于创新的精神

（一）艰苦奋斗是劳模精神的本色

"艰苦奋斗"是我们党在长期的革命建设过程中形成的优良传统和作风，也是我们党的政治本色。艰苦奋斗的精神在不同的历史时期有不同的时代内涵，在不同的劳动岗位有不同的具体要求。

新时代要坚持艰苦奋斗的政治本色。艰苦奋斗是时代精神，是一种崇尚节约、艰苦朴素、反对铺张浪费的生活作风，更是一种不畏艰难、与时俱进、锐意进取的思想品格。国以艰苦奋斗而强，党以艰苦奋斗而兴，人以艰苦奋斗而立。一个人要生存和发展，离不开艰苦奋斗。

艰苦奋斗是个人"修身"之道，是一种生活准则、一种工作作风、一种利益观念、一种精神状态，是幸福快乐之源。

（二）艰苦奋斗是中国共产党的奋斗史

中国共产党是靠艰苦奋斗起家的，也是靠艰苦奋斗发展壮大的。纵览国史、党史，我们可以清晰地看到，正是有了艰苦奋斗的不竭动力，我们的民族才自立自强，我们的国家才繁荣发展，我们的党才兴旺发达。社会主义革命和建设时期，中国共产党团结带领中国人民自力更生、艰苦奋斗，在这片古老的土地上建立起了社会主义政治制度、经济制度，为当代中国一切发展进步奠定了根本政治前提和制度基础，实现了中华民族由近代不断衰落到根本扭转命运、持续走向繁荣富强的伟大飞跃。习近平总书记在庆祝改革开放 40 周年大会上的讲话中指出："40年来取得的成就不是天上掉下来的，更不是别人恩赐施舍的，而是全党全国各族人民用勤劳、智慧、勇气干出来的！"

党的十八大以来，以习近平同志为核心的党中央强调空谈误国、实干兴邦，要求全党坚持艰苦奋斗、勤俭节约，迎难而上、奋发有为，解决了许多长期想解决而没有解决的难题，办成了许多过去想办而没有办成的大事，推动党和国家事业取得历史性成就、发生历史性变革。

在新时代弘扬共产党人的艰苦奋斗精神，最终要落实到行动上，体现在实践中。伟大事业"始于梦想""基于创新""成于实干"。"道虽迩，不行不至；事虽小，不为不成。"共产党人要"不畏浮云遮望眼"，敢于迎难而上，以坚韧不拔的奋斗精神，创造出实实在在的业绩；要自强不息，开拓奋进，在任何时候都不懈怠，不涣散奋斗意志，努力创造出无愧于时代，经得起实践检验，为人民群众所称赞的工作业绩。形成人人讲艰苦奋斗的良好氛围，把艰苦奋斗精神一代一代传承下去。

(三) 勇于创新是劳模精神的核心

勇于创新是劳模精神的核心。创新是实现中华民族伟大复兴中国梦的引擎和强大动力。中国梦要靠创新突破走向现实。奔驰大地的复兴号、飞架三地的港珠澳大桥、九天揽月的嫦娥四号、服务全球的北斗系统……都是不断探索创新的结晶，是"中国创新"再结硕果的集中展现，也是新时代劳模精神的具体体现和缩影。

广大劳动者拿出"逢山开路、遇水架桥"的精神攻坚克难。培养创新意识，强化创新思维，在变革中勇于创新，在创新中赢得未来。努力成为各行各业的行家里手，开发新产品、推广新技术、应用新工艺，让创造、创新、创业的智慧竞相迸发，当好推动创新发展的"主力军"，用更多创新成果照亮人民群众的美好生活，用创新突破推动中华民族伟大复兴。

三、淡泊名利、甘于奉献的精神

(一) 淡泊名利是劳模精神的境界

淡泊名利是一种境界。"淡泊"是一种古老的道家思想，是重义轻利的道德准则，即不注重外在的名声与利益，不追求名利。淡泊并不是力不能及的无奈，也不是心满意足的自赏，更不是碌碌无为的哀叹，淡泊就是超脱世俗的诱惑和困扰，实实在在地对待一切，豁达客观地看待一切。一个秉持淡泊心态的人，少了贪欲，多了清廉；少了争斗，多了内省；少了计较，多了奉献。弘扬劳模精神就要做到计利国家、无私忘我，在祖国最需要的地方艰苦奋斗、建功立业，在平凡的岗位上苦干实干、创造实绩。诸葛亮在《诫子书》里说："夫君子之行，静以修身，俭以养德，非淡泊无以明志，非宁静无以致远。"淡泊名利，是弘扬劳模精神的重要方面。

(二) 甘于奉献是劳模精神的底色

一个国家、一个民族的生存和发展，需要千千万万个脚踏实地的行动者和默默耕耘的奉献者。无私胸襟、奉献精神是一笔弥足珍贵的精神财富。把甘于奉献转化为自己的信念动力，融入自觉行动，争做不务空名的行动者和兢兢业业的奉献者。在工作岗位上潜心修炼，坚持工匠精神，在面对荣誉时，做到功成不必在我，功成必定有我的精神担当，为社会主义事业的发展奉献自己的力量。

奉献精神是劳模自我发展的动力源泉，讲奉献，就是有一颗为党为人民矢志奋斗的心，有了这颗心，再怎么艰苦也是美的、再怎么付出也是甜的，讲奉献就应该不计较个人得失，把党和国家利益放在高于一切的地位。把"淡泊名利、甘于奉献"作为立身之本、为人之道、成事之要，准确把握"小我"和"大我"的关系，夙夜在公、勤勉工作，以奋斗者的姿态谱写新时代劳动之歌，用辛勤劳动创造中国人民的美好生活、中华民族的美好未来。

(三) 淡泊名利、甘于奉献是劳动模范应有的精神追求

我国优秀的传统劳动文化，为劳模精神的形成注入了民族文化基因，让劳模精神成为创造民族辉煌的根本力量和推动民族继续向前发展的精神支柱。同时，劳模精神又是对中华优秀传统文化中生生不息崇劳厚生精神因子的继承与阐发。弘扬劳模精神就是以出世的态度为人处世，不计得失、坦坦荡荡；以入世的态度做事履职，兢兢业业、恪尽职守。其所思所行，见贤思齐、崇德向善，为推动国家发展、社会进步贡献智慧和力量，让人生更加璀璨纯粹。

中华儿女用辛勤的劳动创造了中国灿烂的历史文化，锻造了中国人朴实、勤奋的优秀品格。这一品格始终贯穿于社会生产的发展和实践当中，不断推动生产力的进一步发展，艰苦奋斗、甘于奉献、不为名利的劳动精神也在历史文化中熠熠生辉。

第四节　争做新时代新劳模

党和国家大力呼吁弘扬劳模精神，目的在于让每一个人都热爱劳动，成为自食其力的劳动者，更要成为优秀的劳动者，甚至成为广大劳动者群体中的佼佼者和大家学习的榜样。学习劳模，争做劳模，就要以劳模精神强大的凝聚力、向心力，把广大劳动者的积极性、主动性和创造性凝聚成推动经济社会发展、实现中华民族伟大复兴中国梦的强大力量。

一、弘扬新时代劳模精神的根本遵循

(一) 谨遵习近平总书记教诲

进入新时代以来，每当劳动节来临之际，习近平总书记都会通过召开座谈会、发表重要讲话或谈话、到基层慰问劳动模范或专门写信等多种形式，问候广大劳动者。讴歌劳动、表彰劳模、弘扬劳模精神，既是对劳模精神的科学总结，又深化发展了劳模精神的时代品格和实践指向。习近平总书记对劳动模范这个先进群体寄予新希望，赋予了劳模精神新的时代内涵，对劳模提高自身素养及全社会学习劳模精神提出了新的更高要求，也是对广大青年大学生涵养深厚劳动情怀的谆谆嘱托，更是对未来劳动者用奋斗成就梦想的殷切期待，昭示着新时代劳动教育的价值取向。

以习近平总书记关于劳模精神系列讲话为指南，深入学习、宣传、领会习近平总书记关于劳动、劳模的重要讲话精神，从国家发展大局深刻认识劳模精神、学习劳模精神、践行劳模精神。以积极的劳动姿态、卓越的劳动创新、丰富的劳动创造、果敢的劳动担当和无私的劳动奉献，推动时代前进的强大精神动力，体现了劳动者的主体地位，彰显了劳动者的伟大政治品格，推动新时代劳动大军的发展成长，提升生产力和生产关系的发展水平。

(二) 树立科学劳动观念

习近平总书记在同全国劳动模范代表座谈时强调，必须牢固树立劳动最光荣、劳动最崇高、劳动最伟大、劳动最美丽的观念，让劳动光荣、创造伟大成为铿锵的时代强音。这既是对广大学生涵养深厚劳动情怀的谆谆嘱托，更是对未来劳动者用奋斗成就梦想的殷切期待，昭示着新时代劳动教育的价值取向。特别要在学生中弘扬劳动精神，教育引导学生崇尚劳动、尊重劳动，懂得劳动最光荣、劳动最崇高、劳动最伟大、劳动最美丽的道理，长大后能够辛勤劳动、诚实劳动、创造性劳动。针对劳动新形态，注重新兴技术支撑和社会服务新变化，注重在大学生中加强马克思主义劳动观和幸福观的教育，牢固树立劳动最光荣、劳动最崇高、劳动最伟大、劳动最美丽的观念。发扬"干劲、闯劲、钻劲"精神，用辛勤劳动、诚实劳动、创造性的劳动，体现敬业之美的精神原色，传达极致之美的品质追求，更展现创造之美的价值升华。把大学生培养成为中国特色社会主义事业的接班人和实现中国梦的奋斗者。

(三) 发挥主流媒体作用

大力弘扬劳模精神，全方位、立体式、多角度宣传劳动模范，让弘扬新时代劳模精神成为常态。在全社会广泛宣传劳动模范和先进工作者的事迹、优秀品质、高尚精神，加强对青年大学生的教育，推动全社会进一步尊重劳模、学习劳模、争当劳模，让劳模精神不断发扬光大，让"劳动最光荣、劳动最崇高、劳动最伟大、劳动最美丽"深入人心，蔚然成风。要教育孩子们从小热爱劳动、热爱创造，通过劳动和创造播种希望、收获果实，也通过劳动和创造磨炼意志、提高自己。进一步焕发大学生的劳动热情、释放创造潜能，通过劳动创造更加美好的生活。充分发挥劳动模范先进事迹和优秀品质的感召作用，让青少年有机会近距离接触劳动模范、聆听劳模故事、感受劳模精神，在实践中体悟劳模精神，在磨炼意志和增长才干中感受劳动的乐趣和收获，从而培育辛勤劳动、诚实劳动、创造性劳动的精神气质。正像习近平总书记所指出的，我们要始终弘扬劳模精神、劳动精神，为中国经济社会发展汇聚强大正能量。

二、构建弘扬劳模精神的德智体美劳教育体系

(1) 把弘扬劳模精神与思想政治教育相结合。将劳模精神融入大学生思想政治教育全过程，

发挥高校思想政治理论课主渠道主阵地作用。在"三全育人"中实现弘扬劳模精神与思想政治教育相协调、相衔接、相一致，特别是用好思想政治理论课教学这个主渠道、主阵地，让马克思主义劳动观进课堂、进头脑、进心灵，通过铸魂育人；在课堂教学中，注意讲劳模、劳模讲，思想政治理论课教师在学理层面深度研究和阐释新时代劳模精神，聘请全国著名劳动模范进课堂讲劳动、劳动模范、劳模精神，让受教育者对劳动、劳模、劳模精神产生敬意。让青少年有机会近距离接触劳动模范、聆听劳模故事、感受劳模精神，切实提升高校思想政治理论课的实际效果。

(2) 把弘扬劳模精神与专业教育相结合。严格地讲，弘扬劳模精神与专业教育在过程和目标上都具有内在统一性。在专业课程中自觉强化价值导向，自觉融入劳模精神的要素，构建具有本专业特色的劳动教育价值体系。同时，注意加强专业教育中劳动知识的传授和劳动技能的训练，培养劳动精神、劳模精神、工匠精神。在专业教育中体悟劳模精神，感受劳模精神。实现与课程思政双向同构。

(3) 把弘扬劳模精神与实习、创新创业教育相结合。创新实践育人机制，统筹校内和校外、课堂和实践两种教学方式、教学环节，搭建受教育者在实习、实训、考察、双创中走进近同劳模交流的平台，通过创新实践活动拓展劳动知识，在磨炼意志和增长才干中感受劳动的乐趣和收获，从而培育辛勤劳动、诚实劳动、创造性劳动的精神气质。提升劳动技能，养成劳动自觉；引导新时代大学生了解劳动模范，学习劳模精神，践行劳模精神，培育大学生的团队合作和奉献精神，实现实践育人效果。

三、人人争做新时代劳模

(1) 向劳模学习，就要弘扬劳模精神。学习他们爱岗敬业、为国为民的主人翁精神，争创一流、与时俱进的进取精神，艰苦奋斗、艰难创业的拼搏精神，勇于创新、不断改进的开拓精神，淡泊名利，乐于奉献、乐于服务的忘我精神，紧密协作、相互关爱的团队精神。就是要学习他们用科学理论和现代科学知识武装自己，不断提高思想道德水平和科学文化素质，成为优秀的社会主义建设者。

(2) 争做新时代劳模，就要学习劳模身上闪耀的信仰光彩。"人间万事出艰辛。越是美好的未来，越需要我们付出艰苦努力"。劳模身上有一个共同点，那就是穿越眼前的迷雾，相信并为"美好的未来"而奋斗。常常重温劳模的故事，想想这些平凡人何以把不可能变为可能，心底就有"相信"，眼中便有光彩，走过风雨看到彩虹，用劳动与奋斗为中华民族伟大复兴贡献力量。

(3) 学习劳模，就要学习他们实干苦干的拼劲，学习他们精益求精的工匠精神。多做一点点、创新一点点，日积月累，在实践中体悟劳模精神，在磨炼意志和增长才干中感受劳动的乐趣和收获，从而培育辛勤劳动、诚实劳动、创造性劳动的精神气质。让改革创新在新时代焕发活力，让精益求精在新时代落地生根。我们只有持之以恒地弘扬劳模精神，充分发挥积极性、主动性和创造性，才能最大限度地聚合起推动中国制造向中国创造转变的奋斗热情，为中国梦注入正能量、汇聚新动力。为建功新时代、实现中国梦凝聚起磅礴的中国力量。

第五节　新时代劳动模范典型人物介绍

劳模是我国成千上万先进模范人物的杰出代表，是我国亿万劳动人民的模范群体。自 20 世纪 30 年代以来，一批又一批的劳模在中国共产党的领导下，在中国革命和建设的伟大实践中，铸就了伟大的劳模精神，铸就了革命、建设、改革各个历史时期的伟大成就。劳模代表着不同时期社会先进生产力和健康向上的力量，讲述着每个时期不同的精彩故事。

一、新时代劳模精神的职业品格

不同时期劳动的内涵在更新，劳模的标准在"进阶"，从 20 世纪 30 年代开始，到党的十八大，尽管劳模精神实现了从"出大力，流大汗""苦干加巧干"向知识型、创新型、科技型方向转变。但是，劳动模范身上体现的"爱岗敬业、争创一流，艰苦奋斗、勇于创新，淡泊名利、甘于奉献"的劳模精神始终不变，它是伟大时代精神的生动体现。

以 2021 年的全国劳模为例，全国总工会共表彰全国五一劳动奖状 397 个、全国五一劳动奖章 1197 个、全国工人先锋号 1297 个。其中，受表彰的农民工达到 164 人，占 13.7%。产业工人 509 名，占 42.5%，超过了规定比例要求。此外，还有其他一线职工和专业技术人员 274 名、科教人员 229 名，这些基层一线劳动者共计 1012 人，占奖章总数的 84.5%。其中，农民工中制造业 98 人，占农民工总数的 59.8%；建筑业 20 人，占 12.2%。评选还严格控制了企业负责人和县处级干部人数，企业负责人 55 名，占 4.6%，比分配名额少 7 名；县处级干部 23 人，占 1.9%，有 12 个省(区、市)没有推荐县处级干部。新时代劳模的突出代表有"杂交水稻之父"袁隆平、"敦煌的女儿"樊锦诗、农民工楷模巨晓林、科研报国的黄大年、打造金融扶贫模式的李二国，等等，他们继承并创新了具有改革开放新时代特色的劳模精神，生成了中华民族勤劳勇敢、艰苦奋斗、吃苦耐劳、自强不息、诚实守信、勤俭节约的文化传统和价值理念，成为新时代劳模精神不断丰富和发展的文化基础与厚重积淀。

二、新时代劳模精神的政治品格

经济和社会发展需要劳模精神的示范引领。2012 年以来，全国各行各业、各条战线上涌现出一批又一批劳动模范和先进工作者。他们在各自岗位拼搏竞进，在各个领域大显身手，在各条战线施展才华，以"爱岗敬业、争创一流，艰苦奋斗、勇于创新，淡泊名利、甘于奉献"的劳模精神，影响了一代代人；用辛勤劳动、诚实劳动、创造性劳动，努力创造无愧于时代、无愧于历史、无愧于人民的崭新业绩。

(1) 坚定信念跟党走。自觉用习近平新时代中国特色社会主义思想武装头脑，始终做到与党和国家的事业同呼吸、共命运、心连心，永远做听党话、跟党走的时代先锋。自觉把实现个人理想、家庭幸福与国家富强、民族振兴的"中国梦"紧紧联系在一起，与全面建成小康社会、开启基本现代化建设新征程各项实践紧密结合在一起，用劳动创造价值、用奋斗成就梦想，更好展示新时代劳动者的新面貌、新作为。

(2) 爱岗敬业争先锋。践行新发展理念，自觉做社会主义发展的推动者、促进派、排头兵。劳模是知识型、技能型、创新型劳动者大军的典型，他们耕耘在科技创新一线，学习掌握新的科学文化知识和专业技术知识，踊跃参与群众性经济技术创新活动，争做知识型、技能型、创新型劳动者。他们以"质量为本、匠心致远"的价值取向，以高标准、高水平、高品质锻造更多更好的"大国重器"，成为"大国工匠"。

(3) 勇于创新攻难关。奋战在各行各业生产第一线，劳模在逆境中奋起、在克难中前行、在奉献中建功；他们具有学习创新的时代特质，以超群的智慧出高招绝活，有关键技术，百折不挠攻克技术难关。新时代劳动模范和先进工作者是坚持中国道路、弘扬中国精神、凝聚中国力量的楷模，他们以高度的主人翁责任感、卓越的劳动创造、忘我的拼搏奉献，为全国各族人民树立了学习的榜样。

三、新时代新劳模典型人物代表

(一) 2021年大国工匠年度人物

由中华全国总工会、中央广播电视总台联合举办的 2021 年"大国工匠年度人物"发布活动，自 2021 年 7 月启动以来，经过推荐——自荐——组委会办公室初选——专家评委会严格评审等环节，最终评选出 10 位 2021 年"大国工匠年度人物"，他们分别是：

(1) 湖南华菱湘潭钢铁有限公司焊接顾问 艾爱国。

(2) 中国航天科技集团九院 7107 厂数控铣工 刘湘宾。

(3) 中交一航局第三工程有限公司工程测量工 陈兆海。

(4) 中国兵器淮海工业集团有限公司十四分厂工具钳工 周建民。

(5) 中国航发黎明工装制造厂数控车工 洪家光。

(6) 北京金隅天坛家具股份有限公司龙顺成公司工艺总监 刘更生。

(7) 内蒙古第一机械集团有限公司焊工 卢仁峰。

(8) 中国航天科技集团有限公司四院 7416 厂班组长 徐立平。

(9) 无线电通信设计师 张路明。

(10) 大庆油田有限责任公司第二采油厂第六作业区 48 队采油工 刘丽。

他们来自国防军工、装备制造、建筑、通信、传统工艺等多个行业，都是所在行业的顶尖技术技能人才，都是劳模精神、劳动精神、工匠精神的优秀传承者。

(二) 新时代劳动模范典型人物代表介绍

1. "科学无国界，科学家有祖国"的爱国情怀——时代楷模卢永根

卢永根，华南农业大学原校长，中科院院士，著名水稻遗传学家。

(1) 爱国如家，忠诚如山。入党 70 年来，始终不忘初心、牢记使命，对党和国家忠诚不渝、矢志奋斗，与共和国同成长、共奋进，是一名永葆初心的优秀共产党员。

(2) 献身科研，勇挑重担。毕生致力于水稻遗传育种研究，始终站在科学研究第一线，为国家农业发展作出了卓越贡献，是一位杰出的农业科学家。

(3) 立德树人，鞠躬尽瘁。长期奋战在高等农业教育最前沿，关爱和支持优秀人才，培养了一大批高水平现代农业专家，是一名出色的教育工作者。

(4) 艰苦朴素，无私奉献。始终坚持共产党员勤俭节约的优良作风，将积蓄 880 多万元捐赠出来设立教育基金，将遗体捐献给医学研究和医疗教育事业，是一位情操高尚的道德模范。曾荣获"最美奋斗者""全国模范教师"等荣誉称号。

启示：扎根在人们心里的家国情怀。

2. 用生命造火箭的大国工匠——全国劳动模范崔蕴

崔蕴，天津航天长征火箭制造有限公司总装车间副主任，是我国唯一一位参与了所有现役捆绑型运载火箭研制全过程的特技技能人才，是火箭诞生前最后一道关卡的总把关人，从事火箭装配工作 40 年，他参与总装的火箭总数达 70 多发。2019 年 4 月 23 日，崔蕴荣获全国五一劳动奖章。

(1) 痴迷火箭总装，数十年磨一"箭"。虽然没有太高的学历，但从北京火箭生产车间当装备工起步的他，凭借着勤奋好学，研习了铣工、车工、焊工、电工等多项技能，并自学电大文凭，逐步掌握了各种火箭制造发射的知识。他以"匠心筑梦"的精湛技艺，集中体现和传承了

"劳动最光荣、劳动最崇高、劳动最伟大、劳动最美丽"宏大时代主题。

(2) 执着技术创新，解决配装难题。他是中国运载火箭研究院首个也是唯一一个弹箭体装配专业特级技师。千次实验实现大火箭"天津造"，从他身上，既能看到"专注笃定、追求卓越、精益求精、止于至善"的工匠精神，更能了解一批我国正在发展的前沿高新技术。他从一名普通的火箭装配工成长为国家级技能大师，更被称为中国新一代运载火箭总装第一人。

(3) 诠释工匠精神，带出过硬队伍。他以不怕死、不服输、敢较真的工作状态，诠释"工匠精神"的内涵，弘扬这工匠精神，凭借着严谨、忠诚，手把手地把近 200 名刚毕业的学生，培养成了一支可以独立完成大火箭总装装配的过硬队伍。为新一代的航天人成长壮大和中国航天发展无私奉献，展现出执着坚守的家国情怀。

启示：追求卓越、精益求精的大国工匠。

3. 用心血铸造"天眼"——时代楷模南仁东

南仁东，中科院国家天文台 FAST 项目总工程师、首席科学家，主要从事射电天体物理与射电天文技术与方法相关领域研究。

(1) 信念执着，追逐梦想。1993 年，在日本东京召开的无线电科学联盟大会，是南仁东梦想开始的地方。当时中国最大的射电望远镜口径只有 25 米，要建造的是 500 米口径的射电望远镜，可想而知面临怎样的艰辛。单为 FAST 选址，就耗用了他 12 年的生命。他几乎走遍了中国西南的所有大山，踏遍了大山里的所有洼地，甚至去过一些从未有人踏足的荒野。2007年，经过不懈努力，FAST 被列为"十一五"国家重大科技基础设施项目。从倡议到立项，时间过去了 13 年。

(2) 迎难而上，敢为人先。超越性的技术是等不来的，更是买不来的。他毅然决定：没有现成的，我们就自己搞！他亲自上阵、日夜奋战，天天与技术人员沟通，想方设法在工艺、材料等方面寻找出路，一个星期又一个星期地泡在车间。开始了一场艰苦卓绝的技术攻关战。失败了，重来，又失败了，再重来……700 多天难熬的日子，经历了近百次失败，改进了钢索的制作工艺，成功通过了抗疲劳实验，终于研制出了满足 FAST 工程要求的钢。22 年来，他把一个朴素的想法变成了国之重器，成就了一个国家的骄傲，也让 FAST 成为中国乃至世界的科学地标。正是因为他的这种敢为人先，今天的"天眼"才如此光彩夺目，成为最美丽的科学风景。

(3) 甘于奉献，胸怀祖国。翻看他的荣誉簿，似乎与他的功绩不成正比。可大家都知道，每当评奖时，他总是把自己的名字往后面放。在央视科技创新人物颁奖典礼现场，他几乎是用全部力气、依然谦逊地说："这个荣誉来得太突然，而且太沉重，我觉得我个人盛名之下，其实难副。但我知道，这份沉甸甸的奖励不是给我一个人的，是给一群人的。"

尽管 FAST 各大系统都安排了总工程师，他依然坚持亲自把关、详细地审核每一张图纸。

他说，"如果 FAST 有一点瑕疵，我怎么对得起国家投资这么多钱？怎么对得起贵州政府的支持？又怎么对得起跟我们干了几十年的团队？"

"中国天眼"是"国之重器"。2016 年 9 月 25 日，FAST 落成启用，习近平总书记专门发来贺信。此后，"中国天眼"作为标志性科技成果，又被写入 2017 年新年贺词、写入党的十九大报告。

启示：伟大的事业需要伟大的精神，让我们坚守在每个岗位上，发挥出自身的力量，在中华民族伟大复兴中国梦的新征程上不忘初心，砥砺前行！

拓展阅读

～ 1197 人将荣获 2021 年全国五一劳动奖章 ～

2021 年，中华全国总工会将表彰全国五一劳动奖状集体 397 个，1297 个集体获全国工人先锋号称号，1197 人将荣获全国五一劳动奖章。

在"五一"新闻发布会上，全国总工会劳动和经济工作部一级巡视员闫迎秋表示，今年 2 月 8 日，全国总工会印发了《关于推荐评选 2021 年全国五一劳动奖和全国工人先锋号的通知》。全国 31 个省(区、市)总工会、10 个全国产业工会以及中央和国家机关工会联合会等 42 个单位，按照通知要求层层选拔、优中选优进行推荐。经过基层单位公示、初审、省级公示、复审、征求相关部委意见、全国公示等程序，目前评审工作已经完成。

此次推荐评选工作具有 4 个特点。

一是适度扩大表彰规模，选树更多先进典型。今年的"五一"表彰适逢"十三五"收官、"十四五"开局。按照全总党组要求，今年的表彰规模适度扩大。一方面是增加常规表彰的数量，另一方面是增设竞赛表彰的项目，用于表彰"十三五"期间在全国引领性劳动和技能竞赛中涌现的先进集体和个人。

二是坚持面向基层一线，重点向产业工人倾斜。坚持面向基层、面向一线、面向普通劳动者，继续将产业工人在奖章中所占比例单列，要求不低于 35%。常规表彰和竞赛表彰合在一起，有产业工人 509 名，占 42.5%，超过了规定比例要求。

三是围绕中心服务大局，具有较强的时代性和先进性。各单位严格按照推荐评选条件来申报先进典型，推荐对象政治立场坚定，模范遵守党纪国法，具有突出的工作业绩和良好的社会影响，一般具有省级五一劳动奖和工人先锋号及以上荣誉基础。

四是涵盖各个群体，具有广泛的代表性和群众性。今年的常规表彰推荐对象基本涵盖了国民经济的各个行业，竞赛表彰推荐对象基本覆盖了全国引领性劳动和技能竞赛各项目。从企业所有制看，非公有制企业及其职工在常规表彰的奖状、奖章和工人先锋号中的比例分别占

40.0%、37.5%、39.0%，高出规定比例 5.0、2.5 和 4.0 个百分点，充分体现了对非公企业的高度重视。从其他指标看，人选覆盖了 24 个民族，有少数民族 99 人，占 8.3%；有中共党员 883 名，占 73.8%，有民主党派人士 38 名、无党派人士 23 名；女性有 243 人。在推荐的奖状单位和工人先锋号集体中，有企业单位 1382 个，占 81.6%；事业单位 167 个，占 9.9%；党政机关社会团体等 145 个，占 8.6%。

资料来源：人民日报. http://paper.people.com.cn/rmrb/html/2021-04/ 24/nw.D110000renmrb_20210424_4-02.htm.

📖 延伸阅读

1. 2021 年大国工匠年度人物揭晓：10 人来自国防军工等行业[EB/OL]. 齐鲁壹点，2022-03-03. https://baijiahao.baidu.com/s?id=1726243587586530848&wfr=spider&for=pc.

2. 大道无疆：培养有新时代灵魂的大国工匠[EB/OL]. 中工工会网，2019-09-02. http://acftu.workercn.cn/41/201909/02/190902145337481_2.shtml.

📖 学习思考

1. 如何理解新时代劳模精神的内涵。
2. 结合自己的工作和学习实际，谈谈怎样弘扬劳模精神。

📖 参考文献

1. 习近平. 习近平在全国劳动模范和先进工作者表彰大会上的讲话(全文)[EB/OL]. 央视新闻，2020-11-25. http://politics.people.com.cn/BIG5/n1/2020/1125/c1024-31943749.html.

2. 敖蓉.《奋斗百年路 启航新征程》唱响新时代劳动者之歌[EB/OL]. 中国经济网-经济日报，2021-09-26. http://bgimg.ce.cn/xwzx/gnsz/gdxw/202109/26/t20210926_36946506.shtml.

第〇六〇章

高校开设劳动教育课程的重要性

奋斗的青春最美丽！劳动是推动人类社会发展的根本力量，也是通向伟大梦想的阶梯。习近平总书记说，幸福是奋斗出来的，要撸起袖子加油干！天上不会掉馅饼，努力奋斗才能梦想成真。劳动创造物质财富，劳动磨炼品质，更凝聚宝贵的精神财富。知行合一，立德树人，劳动是最好的教育途径。劳动不能仅仅喊口号，要靠实干出真知。大学生劳动教育必须和社会实践结合。同时也要校内各职能部门密切配合，同频共振。统筹布局，分步实施，形成一个行之有效的育人机制。本章就是从实际运行入手，为大学生劳动教育提供可行的方案。

📖 学习目标

1. 了解高校劳动教育课程的组织机构及工作职责。
2. 理解高校劳动教育课程职能部门工作任务。
3. 熟悉高校劳动教育课程的规章制度。

📖 思政目标

1. 深刻认识高校开设劳动教育课的意义。
2. 熟悉高校劳动教育课的内容与要求。
3. 清楚新时代高校劳动教育的实施路径。

📖 导航阅读

⚘ 山西大学劳动教育案例入选山西省大中小学校劳动教育典型案例 ⚘

山西省教育厅发布《2021 年大中小学校劳动教育典型案例及优秀课程视频名单的通知》，公布了 16 个大中小学校劳动教育典型案例名单，山西大学《美劳融合 树时代新人》案例成功入选。

《美劳融合 树时代新人》主要讲述了该校美术学院结合专业特点深入开展劳动实践教育的成功探索。美术学院依托"笔墨随时代、艺术传精神"的文化传统、"融会中西艺术精华、弘扬三晋文化特色"的学术定位和"含英咀华、开拓创新"的优良学风，以劳动为核心，形成了"一体两翼，合则双美"的劳动教育典型案例：一体即坚持思政引领，两翼则链接理论和实践两大领域。多年来，美术学院坚持以"服务群众"作为艺术生培养的思政密码，引导学生带着问题走进社会，揣带着才艺融入基层，通过农村墙体绘制、修复村口照壁、开设特色艺术课程等，让创作反映基层发展，让劳动助力乡村振兴；以劳动为纽带，贯通理论教育和实践育人效能，不仅将劳动教育纳入人才培养方案，且形成了完整的劳动教育模式和体系，及时转化劳动教育成果，达到了"美劳一体"的新境界。

该校长期重视劳动教育，2021年，教务处协同相关部门制定了《山西大学新时代大学生劳动教育总体实施方案》，引导各学院在人才培养过程中通过系列化、主题化、功能化的思政教育、创新创业教育、社会服务等相关调查研究、劳动实践活动，提升学生认识社会、理解社会、研究社会和服务社会的能力；利用专业实践教学，通过学生在企事业单位工作岗位上参与本专业相关的实际工作，促进理论与实践结合，提升学生运用所学知识解决实际工作问题的能力。

该校表示，"十四五"期间，将始终坚持立德树人根本任务，持续创新优化劳动教育工作载体，着力构建"日常生活性劳动""专业创造性劳动""兴趣技能性劳动""社会公益性劳动"四个模块的劳动教育体系，进而建立"以德为先、能力为重、体育强身、美育塑心、致知力行"的"五育并举"制度体系。

资料来源：山西大学新闻网. http://news.sxu.edu.cn/jxky/864dcacdfa85491b944b8ad3ea35782e.htm. 2022-01-04.

第一节　高校劳动教育课程的组织机构及工作职责

大学生基础劳动教育课既是一门思想品德教育和文明校园创建课程，又是一门改变师生行为习惯、指导师生做人做事的实践课程。要实践好这门课程，一定要有较强的策划力、组织力、执行力。否则，这个课就是一盘散沙，成为一门自由"放羊"式、没有任何教育效果的课程。为了有序和规范地实施劳动教育课，高校应成立"劳动教育课教学委员会"和教研室等机构，主要负责劳动教育课程的策划、指导、组织、实施、检查和管理等教学教务工作。

一、高校校级组织机构及工作职责

(一) 劳动教育课教学委员会及工作职责

高校劳动教育课教学委员会设组长一名，一般由学校负责思想政治工作的党委书记担任；设副组长两名，一般由分管教学工作和分管学生工作的副校长(副书记)担任；设成员若干名，一般由教务处、学生工作处、后勤处、督察室和各二级学院的主要负责人组成。

劳动教育课教学委员会主要职责如下：

(1) 根据本校的实际，建立和完善劳动教育课各项规章制度。

(2) 负责研讨劳动教育课有关教育教学重要政策规定。

(3) 加强劳动教育课的思想政治工作，进一步明确实施劳动教育课的目的，端正劳动态度，教育广大学生积极参加劳动。

(4) 及时解决劳动教育课学生反映的重要问题，督促劳动教育课取得最佳效果。

(5) 努力探索、改革高校劳动教育课实施和管理模式，不断丰富劳动课内容，创新教育教学形式。

(二) 劳动教育课教研室及工作职责

劳动教育课，是一门新增加的思想教育必修课，按照教学要求，高校应成立课程教研室，主要负责全校各专业劳动教育课程教学计划、组织实施、教研活动和日常管理等工作。

劳动教育课教研室接受教学委员会的直接领导，接受教务处的业务指导和督察管理工作。教研室应设主任一名，一般由学生工作部(处)长或后勤处处长担任；成员若干名，一般由各二级学院分管学生工作的副书记(或副院长)和学生教育科长或副科长组成，各二级学院具体组织实施劳动教育课的辅导员、班主任等参加。

劳动教育课教研室的主要职责如下：

(1) 负责制订劳动教育课的教学计划、组织实施、检查考评、成绩录入、学分管理和奖惩等规章制度。

(2) 加强劳动教育课的普遍教育，明确劳动目的，端正劳动态度，充分调动广大学生参加劳动的积极性。

(3) 具体负责劳动教育课的计划组织、理论教学、技能培训、实践指导、考勤管理、检查督促、讲评反馈、问题整改和资料整理等工作。

(4) 认真了解和掌握劳动教育课实施过程中反映出来的问题，做好联系沟通，及时解决问题。

(5) 按照教务处的安排，结合劳动教育课存在的问题，开展教育教学经验交流、集体备课和研讨活动。

(6) 不断探索创新大学生劳动教育课的方法和形式，丰富劳动课程内容等。

二、机关职能部门工作职责

劳动教育课作为一门思想政治教育必修课，按照教学规定和组织实施劳动教育课的实际，以下职能部门具有分工负责的工作职责。

(一) 教务部门工作职责

(1) 负责指导协调各二级学院按照新时代党和国家的教育方针，即"培养德、智、体、美、劳全面发展的社会主义劳动者和接班人"，修订各专业人才培养方案，审核批准专业人才培养方案。

(2) 负责指导劳动教育课教研室，根据学校教学规定和劳动教育课的计划安排，组织劳动教育课程日常教学管理工作，规范课程教学流程、检查督促教学与实践效果，及时整改存在的问题。

(3) 负责每学期期初、期中、期末三次大检查，不断规范课程体系制度，完善课程教学存档资料，提高课程教育教学质量，努力使劳动教育课教学更加制度化、规范化。

(4) 负责劳动教育课学生个人课程成绩、学分管理，指导课程补考、重修等工作。

(5) 负责指导劳动教育课教研室做好劳动教育课程的教学改革，不断探索创新劳动教育课的教学和实践内容、形式和方法。

(二) 学工部门工作职责

(1) 领导劳动教育课教研室。根据教务部门有关课程教学规定和劳动教育课的实际，不断修订和完善符合劳动教育课实际的课程体系，科学制订学年度劳动教育课教学实践计划安排，并指导实施，健全劳动教育课规章制度，使劳动教育课更加制度化、规范化。

(2) 加强劳动教育课宣传教育。加强对广大学生劳动教育课的宣传教育工作，组织实施新时代党和国家教育方针的教育，充分认识高校开设劳动教育课的重要性和必要性，明确课程建设目的，端正劳动态度，努力营造劳动教育课的教育宣传氛围。

(3) 协调院(系)课程安排、具体实施。负责指导协调院(系)做好劳动教育课的组织实施、检查督促、问题整改等工作，主动协调各职能部门劳动教育课教育教学，特别是实践课有关工作，及时协助解决劳动教育课的有关问题。

(4) 指导院(系)和辅导员工作。及时了解掌握学生对劳动教育课的思想反馈，树立和宣传吃苦耐劳表现突出的典型，耐心细致地做好个别学生的思想政治教育工作，广泛调动大家参与劳动教育课的积极性、主动性。

(5) 指导资料归档工作。指导劳动教育课教研室按照课程建设的要求，收集、整理、归档，规范地做好劳动教育课的存档资料。做好每学年教育教学工作总结，开展好各项教研活动。

(6) 组织做好劳动教育课程的探索与创新。在开展组织实施劳动教育课过程中，应及时收集劳动教育课程教学过程中的新情况，出现的新问题，及时组织分析研讨对策，不断探索新时代大学生基础劳动教育课新形式、丰富新内容、取得新效果。

(三) 后勤部门工作职责

(1) 提出符合实际的劳动标准。后勤部门作为文明校园创建的重要职能部门，应根据校园文明卫生、环境绿化等要求和广大学生的实际，提出校园基础劳动的有关标准。如教室、实验实训室、大厅、走廊、厕所等室内的地面、墙面、桌面、门窗面、玻璃面和天花板的清扫干净的标准，提出广场、道路、运动场、篮球场、人行道、绿化带(地)等室外清扫、清捡干净的标准。使学校劳动教育课的组织实施者对照标准提出要求，更加有的放矢。

(2) 组织劳动技能和方法培训。后勤总务部门应定期组织学生骨干进行劳动技能和方法的培训，进行正确的劳动姿势培训，掌握好各种劳动工具的使用方法，学会爱护劳动工具。熟练地掌握劳动技能和劳动工具，包括现代智能劳动工具的使用方法和技能，从而极大地提高劳动教育课的质量和效果。

(3) 协助做好劳动课日常检查。后勤总务部门和学校督察部门共同履行劳动教育课日常实施情况的检查指导工作，及时巡查发现校园各区域劳动教育课存在的各种问题，及时提出整改意见，协助抓紧抓好整改落实工作，提升劳动教育课的日常教学工作质量。

(4) 参与统一组织的劳动督查。一般情况下，学校每周要组织一次全面的、彻底的劳动教育课检查，按照统一组织和分工负责相结合的检查方式，认真详细检查，发现问题及时汇报并提出整改意见，落实好自己的检查责任。

(5) 做好劳动教育课工具保障。根据劳动教育课参加学生人数，确定所需要劳动工具和劳动工具正常损坏情况，及时按程序申请、审批、购买和补充。切实保障好劳动教育课所需要的劳动工具。

三、二级学院工作职责

高校的院(系)是大学生劳动教育课程的直接领导和组织者，负有重要的课程教育教学和实践责任。高校教师和辅导员是大学生思想政治工作教育管理者、组织者，对大学生基础劳动教育课程负有直接和具体组织落实的责任。

(一) 院(系)职责

(1) 纳入人才培养方案。根据学校劳动教育课教学委员会和教务处有关课程教育教学要求，纳入重要的议事日程，制(修)订各专业人才培养方案，报教务处审批执行。

(2) 制(修)订规章制度。制(修)订劳动教育课教育教学有关规定制度和教学计划，完善人才培养方案和教学计划的具体规定与措施，认真落实劳动教育课的教学制度、计划和奖惩规定。

(3) 明确领导分工。明确院(系)领导对劳动课教育教学的组织实施和分工负责，加强各班级劳动教育课的督促检查，及时发现整改问题，不断提高劳动教育课的教学实践效果和质量。

(4) 做好宣传工作。要做好劳动教育课的普遍宣传教育，按照课程要求上好劳动教育理论课，增强劳动意识，端正劳动态度，重视发现劳动实践过程中的好人好事，做好学生的思想宣传教育工作。

(5) 完善课程档案资料。按照课程教学管理规定，及时收集劳动教育课的各种教学资料，做好考勤和教学登记，规范整理，完善归档。及时录入学生的课程成绩，做好补考重修工作。

(6) 做好课程改革创新。不断进行劳动教育课的理论教学与实践改革，不断探索新时代在高等院校开设劳动教育课程的途径与方法，尤其是与专业建设相结合的劳动教育，不断增强劳动教育课的教学效果，努力实现人才培养目标。

(二) 教师或辅导员职责

(1) 制订详细计划并分工负责。根据学校教务部门和学工部门关于开展大学生基础劳动教育课程的要求，对照各自参加劳动教育课的班级及人数，制订详细的劳动教育课计划，分成区域劳动小组，指定小组长，做好分工负责。组织班委会议和班会，明确有关规定，提出落实好劳动教育课的具体措施和要求。

(2) 重视教育，统一思想。教师或辅导员根据学工部门和劳动教育课教研室的布置和要求，组织好4课时的劳动教育理论课的备课，充分准备，编写好教案，并认真组织教学，做好劳动教育理论课教学登记、考勤登记、过程登记、效果评价登记，形成完整的理论教学资料。

(3) 遵守制度，落实规定。负责劳动教育课组织实施的辅导员，应坚持劳动教育课课程标准和制度，做好每天考勤登记和管理工作，做好每天劳动实践课结束后的小结评讲，加强对劳动课实践过程中问题的自查整改工作，重视对劳动教育课实践过程中的好人好事的宣传和氛围营造工作，做好劳动教育课教学总结。

(4) 交流经验，树立典型。教师或辅导员在劳动教育实践中，注重收集树立在劳动中不怕苦、不怕累、不怕脏、吃苦耐劳的典型，组织撰写心得体会和交流经验。注意利用实践过程，发现考察班团干部，给予评先评优，培养入党积极分子和发展党员。

(5) 耐心细致，做好工作。加强思想教育工作，对少数认识不到位、态度不端正、出工不出力，甚至找借口请假躲避劳动等行为的学生，要及时沟通，做好耐心细致的思想教育工作。对个别我行我素、屡教不改、无特殊原因不参加劳动的问题学生，除要求补考、重修外，还应严肃批评、教育，情节严重的要给予纪律处分。

(6) 加强自查，提高效率。校园劳动，由于点多、面广、线长，应科学组织，合理分配和分工。要组建一支 5～8 人的督察小组，由辅导员担任组长，全体成员均熟悉校园环境和有较强管理能力，通过劳动中反复巡查，发现问题当场整改，从而提高劳动课的质量和效率。

(7) 收整资料，分类存档。教师或辅导员要根据学校有关课程教学管理规定和要求，认真完整地收集课程计划备课教案、成绩登录和分析表、考勤表及课程教学实践总结等，填写整理好教学情况登记表，由教研室存档保管。

第二节　基础劳动教育课程的基本要求和课程内容

高等学校开设劳动教育课程，要严格按照中共中央、国务院关于劳动教育的文件要求，制定规范的劳动教育课程大纲，要求上课的大学生，务必熟悉劳动教育课程的基本要求和课程主要内容。

一、劳动教育课程概述

(一) 课程性质

劳动教育是国民教育体系的重要内容，是学生成长的必要途径，具有树德、增智、强体、育美的综合育人价值。实施劳动教育重点是在系统的文化知识学习之外，有目的、有计划地组织学生参加日常生活劳动、生产劳动和服务性劳动，让学生动手实践、出力流汗，接受锻炼、磨炼意志，培养学生正确劳动价值观和良好劳动品质。

(二) 课程目标

通过劳动教育，使学生能够理解和形成马克思主义劳动观，牢固树立劳动最光荣、劳动最崇高、劳动最伟大、劳动最美丽的观念；体会劳动创造美好生活，体认劳动不分贵贱，热爱劳动，尊重普通劳动者，培养勤俭、奋斗、创新、奉献的劳动精神；具备满足生存发展需要的基本劳动能力，形成良好劳动习惯。

(三) 课程学时

职业院校以实习实训课为主要载体开展劳动教育，其中劳动精神、劳模精神、工匠精神专题教育不少于 16 学时。

普通高等学校要明确劳动教育主要依托课程，其中本科阶段不少于 32 学时。除劳动教育必修课程外，其他课程结合学科、专业特点，有机融入劳动教育内容。每学年要设立劳动周，可在学年内或寒暑假期间自主安排，以集体劳动为主。也可安排劳动月，集中落实各学年劳动周要求。

根据需要编写劳动实践指导手册，明确教学目标、活动设计、工具使用、考核评价、安全保护等劳动教育要求。

(四) 课程学分

劳动教育课总课时计 2 学分。学生个人修满课时、达到理论考试和实践考核标准，并且劳动态度端正、遵守劳动纪律、劳动效果明显，结合个人平时行为习惯评定课程成绩，60 分及以上为及格，未达到 60 分者应重新修读，学生所获学分、成绩记入个人档案。

(五) 内容要求

根据课程教育目标，主要以日常生活劳动、生产劳动和服务性劳动为主要内容开展劳动教育。结合产业新业态、劳动新形态，注重选择新型服务性的劳动内容。

高等学校要注重围绕创新创业，结合学科和专业积极开展实习实训、专业服务、社会实践、勤工助学等，重视新知识、新技术、新工艺、新方法应用，创造性地解决实际问题，使学生增强诚实劳动意识，积累职业经验，提升就业创业能力，树立正确择业观，培养到艰苦地区和行业工作的奋斗精神，懂得空谈误国、实干兴邦的深刻道理；注重培育公共服务意识，使学生具有面对重大疫情、灾害等危机主动作为的奉献精神。

二、劳动理论教学的意义、内容及要求

(一) 开设劳动教育课的意义

劳动和劳动教育之于当代大学生教育具有本体意义和价值。劳动教育可以增智、树德、强体、育美。劳动教育既是教育问题，更是关乎培养和造就担当民族复兴大任的时代新人的政治问题。实施劳动教育必须把握育人导向、遵循教育规律、体现时代特征、强化综合实施、坚持

因地制宜，实现劳育与智育、德育、体育、美育完美融合，构建具有新时代中国特色的高水平人才培养体系。劳动教育既能引导学生热爱和尊重劳动，弘扬劳动精神，又是开展教育工作的重要保障和必然选择。具体表现包括以下几方面。

1. 劳动教育是遵循马克思主义教育思想的必然要求

对照人类社会的发展史，无论人类解放和自身发展，还是获得财富，都离不开劳动，幸福也需要通过劳动去创造。马克思提出了生产劳动与教育相结合的劳动教育思想，并确定为办好社会主义教育的一条重要原则。不同于普通的教育思想，他从唯物主义角度阐述了系统全面的劳动教育思想，把劳动教育提升到普遍规律的高度之上，强调人的解放需要开展劳动教育，从根本上明确教育应当"为人、对人、靠人"。劳动有助于人们获得生产生活经验和增强个人奋斗的主动性。

2. 劳动教育是立德树人的重要途径

立德树人既是教育的根本任务，也是检验教育成效的根本标准。立德树人的目的在于培养"德、智、体、美、劳"全面发展、合格的社会生义建设者和可靠的接班人，劳动教育则是实现立德树人目标的一个重要过程和重要方面。首先，劳动教育丰富了教育工作的内涵，促使学生端正劳动态度并树立正确的劳动观念，能够培养学生对劳动和劳动人民的思想感情，逐步养成热爱劳动、善于劳动以及勤于劳动的素质。其次，劳动教育和道德教育紧密联系，劳动教育也是加强德育的过程。因此，道德教育与劳动教育相结合也是德育的一种方法。国家历来注重劳动教育的重要作用和实际意义，将劳动视为形成良好道德品质的重要途径，"德之根在心，人之本在劳"，二者结合就是立德树人的根本。

3. 劳动教育的实际作用和现实需要

马克思高度肯定了劳动对于创造人和创造历史的重要意义。因此，劳动教育是劳动和教育的有效结合，一方面发挥了劳动的实践效用，通过利用和总结实践经验实现了理论和实践相结合、知行合一，人们得以在实践中学习、在学习中实践；另一方面发挥了教育的效用，增进了学生对于劳动生产知识和技术的认识与理解，提高了学生的劳动实践能力以及分析和解决问题的水平。因此，劳动教育与德育、智育、体育、美育密不可分，有助于完善教育工作，培养"德、智、体、美、劳"全面发展的人才。"以劳动托起中国梦"是习近平总书记对于历史和现实的清晰判断，只有加强劳动教育才能培养出一大批勤于劳动和善于劳动的人才，才能符合新时代教育发展的根本要求，也是实现个人梦想和国家梦想的一个重要选择。

在现实生活中，由于社会物质生活的丰富和传统家庭教育的方法失之偏颇，孩子应该做的事情都由家长包办了，致使一些孩子对力所能及的事情都不肯去做，过着衣来伸手、饭来张口的生活。部分大学生连起码的洗衣、扫地、整理物品、料理个人的日常生活小事都做不来，都不会做。贯彻落实党的教育方针，把"劳"作为培养目标之一，是当前社会现实的需要，更是年轻一代为实现中华民族伟大复兴中国梦的需要。

(二) 劳动观、奋斗观、幸福观主题教育

1. 劳动的价值

劳动观是人们对劳动的根本看法和态度，是人们世界观和人生观的重要组成部分。劳动是创造物质世界和人类历史的根本动力，劳动、劳动者神圣光荣；劳动是一切社会财富的源泉，按劳分配是合乎正义的分配原则，不劳而获、少劳多得可耻不义；劳动具有教育性价值，教育与生产劳动相结合，不仅体现出社会主义教育的本质，而且热爱劳动、积极参加劳动，才能实现个人的健康成长。不爱劳动、不愿劳动，过寄生虫生活，会阻碍个人的全面发展，实现不了人生价值。

2. 用劳动奋斗出幸福新时代

劳动是推动人类社会发展的根本力量，也是通向伟大梦想的进步阶梯。幸福是奋斗出来的。世界上没有坐享其成的好事，天上不会掉馅饼，努力奋斗才能梦想成真。对家庭而言，没有劳动就没有物质财富的积累，就没有生活条件的改善；对个人来说，劳动不仅筑牢了成功的坚实底座，也凝结成宝贵的精神财富。新时代的劳动者，只要肯学、肯干、肯钻研，练就一身真本领，掌握一手好技术，就能找到人生出彩的舞台，在劳动中发现广阔的天地，在劳动中体现价值、展现风采、感受快乐。

(三) 理论教学基本内容

组织开展国家相关法律、劳动知识、劳动安全、劳动纪律等方面的教育，学习劳动模范人物的先进事迹，讲解学期劳动计划与安排等内容。通过组织动员教育，树立劳动最光荣、劳动最崇高、劳动最伟大、劳动最美丽的劳动观念，引导学生热爱劳动、尊重劳动、珍惜劳动成果，自觉遵守劳动安全法规。

(四) 理论教学基本要求

(1) 明确目的。应明确劳动教育的教学目的，通过理论教学，达到提高学生对劳动教育课的认识，增强劳动意识，掌握基本的劳动知识，明确劳动教育的目的意义、劳动教育的组织形式和方法等。

(2) 充分准备。劳动教育理论教学老师要提前做好调查研究，收集有关资料，结合学生缺乏的和实际需要的，认真准备教案，做好教学课件，使用多媒体教学，提高课堂教学效果。

(3) 讲究方法。重视劳动教育课程教学改革，应采取研究讨论式、启发互动式教学，必要时可以把课堂搬到现场去，贴近实际进行理论教学，增强课堂互动性，活跃课堂氛围。

三、劳动实践教育课程内容与要求

高校劳动教育课程应以劳动品德教育为基础，涵盖劳动概论、劳动方法、社会分工、劳动合作等内容。要注重系统化，在劳动教育必修课的基础上，将劳动教育渗透到专业教育、思想政治理论课、大学生就业辅导课程、社会实践教育和校园文化建设中，从道德、法律、就业等多方面，全方位开展新时代大学生劳动教育。

(一) 校内劳动实践教育课程内容与要求

1. 校内劳动实践教育课程内容

高校要组织开展丰富多彩的校内劳动。丰富多彩的校内劳动是激发学生劳动兴趣和热情的有效方式，是对劳动教育必修课的重要补充和延展。相对于劳动理论教育而言，校内活动具有良好的参与性和体验性，能够促进学生将劳动知识和劳动实践相结合，学以致用、知行合一。在学校日常教育教学中，劳动教育要与学生的校园活动紧密结合起来。比如，积极组织开展劳动技能及劳动知识竞赛，使学生自觉积累劳动知识，引领学生将劳动理论知识灵活运用于校园劳动。结合劳动教育的目标及办学条件，组织开展"青少年劳动周"等活动，壮大学校劳动教育型社团，探索建立微型"校园农场"，以年级、班级为单位，采取学生轮值轮岗种植栽培农作物、绿植花卉等方式，增强学生的劳动责任意识。同时可以开办以室内设计、勤工俭学、废物再造、器材维修等内容的兴趣小组，增强学生的自主劳动意识和能力。另外，也可以由班主任、辅导员或学生干事指导学生结合校园生活和社会服务组织开展劳动实践，如校园环境卫生清洁、学雷锋活动、校内公益劳动、服务校级或学院(部)级大型活动(迎接新生活动、校园招聘会、校内学术会议、校内展览会、运动会、公共设施维护、校内防台风及台风后救灾等)。

2. 校内劳动的主要区域

在高校校园内，总体来说有以下主要区域，而这些区域内的清扫卫生、整理物品、优化环境等工作，一般可以安排学生的基础劳动教育与实践课、师生的义务劳动、校园文明创建或者志愿者活动完成。

(1) 教学楼。主要包括楼内各教室和走廊、楼梯、露台、休闲场所、公共卫生间及周边等区域。

(2) 实训楼。主要包括楼内各实验实训室、走廊、楼梯、露台、休闲场所、公共卫生间及周边等区域。

(3) 活动中心和图书馆。主要包括活动中心和图书馆各活动室、藏书室、阅览室、走廊、礼堂、露台、报告厅、休闲场所、公共卫生间，各类办公室、资料室及周边等区域。

(4) 师生公寓。主要包括公寓各楼内走廊、楼梯、露台、值班室、休闲场所、庭院内及周边等区域。

(5) 道路、广场。道路主要包括校内各机动车主、次干道，人行道和小道等。广场主要有集会广场、休闲广场、运动场、停车场、各种球类场馆等区域。

(6) 食堂、车库。主要包括校园内所有食堂和餐厅，地下人防设施和地下停车库及周边等区域。

(7) 校内绿化地、生态园等。主要包括校园内各区域的绿化地、绿化林、校园湖(池)、果树园、生态园及校园周边等绿化区域。

(8) 校园其他有关区域等。

3. 校内劳动要达到的环境卫生效果

(1) 室内区域：保持过道、台阶、地面等干净、无积水、无烟头、无各种垃圾；桌面、墙面、天花板、窗户、玻璃和门面保持清洁卫生，无乱张贴张挂，无灰尘和蜘蛛网等。

(2) 室外区域：无树叶、烟头等垃圾和杂物堆积，保持室外公共卫生环境干净、整洁。

(二) 校外劳动实践教育课程内容与要求

高校要创新校外劳动实践教育。社会是劳动教育的重要主体，社会教育包含着丰富的劳动教育资源，是多元主体协同参与、动态创新的劳动教育组织形式。校外劳动教育要重点开发社会劳动实践教育资源，开辟校外劳动实践教育基地。要结合学生不同阶段的学习需求和成长需求，科学设计和规划校外劳动实践教育方案，采取大学生社会公益服务劳动、研学旅行、顶岗实习等方式，引导学生在多产业融合进程中积极学工学农，在农业生产、工业制造、基层服务等社会生产环节增长劳动技能、磨炼劳动本领与意志。也可用智力帮助校外企事业单位、机关团体、社区等完成产生价值的活动或项目，如：分析、统计、调研、设计、决策、组织、运筹等。

此外，学校要重视布置和设计校外劳动作业，采取日常打卡、家长反馈及学生自评、校评的方式，鼓励学生在课余时间主动承担起家庭劳动责任和义务。大学校外劳动任务要对大学生承担家庭经济责任提供有效建议，使劳动教育与学生的生存和发展能力培养结合起来。

(三)　劳动实践课安全注意事项

(1) 负责打扫学校大门口的学生，应小心过往车辆，注意及时躲避。

(2) 负责打扫楼前楼后的学生，应小心楼上的同学往下丢东西，防止被砸伤。

(3) 负责打扫各专用教室、实验实训室的学生，不能乱动东西，防止出现一些不必要的损伤。

(4) 负责擦门的学生，应注意把门上锁，防止在门后打扫时，有人突然推门造成受伤。

(5) 负责擦玻璃的学生，应该注意防止从窗台上摔落。

(6) 负责擦灯管、电扇、挂画的学生除注意摔伤外，还要小心触电，开灯时绝不能擦灯管。

(7) 负责打扫台阶的学生，应防止踩空、摔伤。

(8) 负责清理垃圾道的学生，应注意垃圾道里的一些碎玻璃、石头等，防止对自己造成伤害。

(9) 打扫中杜绝玩耍打闹，防止误碰其他同学，致使自己和他人受伤。

(10) 打扫中应留意他人，以免对他人造成伤害。清理垃圾道的学生使用铁锹时，注意别误碰伤他人，负责打扫楼上的学生忌高空抛物。

(四)　对劳动实践教育课程管理者的要求

(1) 学校应成立劳动教育课程领导小组，主要负责专业人才培养方案的修订，决定劳动教育课程有关教育教学、组织实施、检查考评、成绩管理、学分登录和奖惩等规章制度，督促劳动教育课程取得好的教学效果。

(2) 劳动课教研室主要负责专业人才培养方案的完善，负责劳动教育课的教学与管理实施，劳动教育课情况考核汇总，个人成绩评定与录入，根据学生劳动教育课成绩情况确定补考、重修和是否发放毕业证书等。

(3) 二级学院应成立以院长助理为组长和有关辅导员、教学秘书等为成员的劳动教育课实施工作小组，各班级应成立以班长、团支部书记为负责人的劳动教育课程组织管理和考评小组，根据校园劳动区域范围，划分成若干个劳动小组和一个考评小组，把班级学生劳动教育课落到实处。二级学院和班级主要负责劳动教育课的理论教学、具体组织实施、过程管理、考评奖惩、问题整改、学分登录和学生劳动教育课程中的思想教育等工作。

(五)　对学生的要求

参与劳动课的学生要认真上好劳动理论课，参加有关培训，掌握必要的劳动知识和技能以及有关安全注意事项；熟悉劳动的项目、范围、劳动标准和目标要求；劳动过程中，劳动态度要端正，不怕苦，不怕累，按时上下岗，不得迟到、早退、串岗和旷工；服从安排，听从指挥，积极主动完成工作，不消极怠工，完成规定的课时和学分；在劳动期间，要爱惜劳动工具和学校设施，节约用水。

总之，学校劳动实践教育是一项系统工程，学校要高度重视劳动实践教育课程体系的建设，使学生的奋斗热情在劳动与创新中迸发，为时代进步积蓄青春力量。

四、高校基础劳动教育的发展趋势

中国特色社会主义已经进入新时代，赋予劳动教育新内涵，劳动工具也会与时俱进地得到发展，人工智能等高科技将得到应用。新时代高校将大力弘扬劳动精神，教育引导学生崇尚劳动、尊重劳动，懂得劳动最光荣、劳动最崇高、劳动最伟大、劳动最美丽的道理，长大后能够辛勤劳动、诚实劳动、创造性劳动。学校必将努力构建德智体美劳全面培养的教育体系，形成高水平人才培养体系。

（一）新时代赋予劳动教育新内涵

新时代劳动教育的内涵总体来讲可以概括为以下几个方面。

(1) 在定位上，劳动教育是人才培养体系的重要组成部分。

(2) 在内容上，新时代的劳动教育有新的拓展：劳动的内容越来越丰富，形式越来越富于变化；劳动者的流动性越来越强，总体上劳动在朝着"劳动者体力支出越来越少，智力支出越来越多"的方向发展；劳动主体的作用越来越突出，人才的重要性越来越明显；劳动作为谋生手段的同时，也出现了"乐生性"的特点——一种愉快幸福的劳动，而不再都是痛苦的、消耗体力的劳动。

(3) 在形态上，劳动教育是劳动的思想教育、技能培育、实践锻炼，劳动首先要从思想上、观念上解决问题，再掌握技能，最后运用于实践，这样才能解决"不珍惜劳动成果、不会劳动、不爱劳动"等问题。

(4) 在目标上，劳动教育以提高学生的劳动素养为重点。特别是在大学阶段，劳动教育不能让学生仅限于会做家务、会做一点农活，新时代的大学生需要培养全面的素养，即劳动教育的五个"目"：劳动价值观、劳动情感态度、劳动品德、劳动习惯、劳动知识与技能。学生具备了这些品质，其劳动素养就提高到了较高的水平，就达到了要求。

(5) 在目的上，新时代的劳动教育应该追求内在价值和外在价值的统一。过去的教育在培养人的过程中，多强调成才，而少强调如何做人。一个人在成才的同时也要学会做人，还要有内在的东西——"德"。新时代下人的内在修养需要达到一定的标准，劳动会在过程中对人格产生塑造作用。

（二）　基础劳动工具将智能化

随着科学技术和人工智能的发展，为了降低人工成本和提高劳动效率，未来基础劳动工具将出现更多智能型清洁设备和环卫设备，如电动扫地车、洗地机、电动尘推、高压清洗机、三轮冲洗车等。同时，劳动方式也会随之发生变化，传统的机械性劳动，将被自动化机器、智能机器人取代。

(1) 电动扫地车。大学校园占地面积大，师生多，产生的垃圾也多。此外，大学校园绿化好，树木秋冬季节常常有很多树叶枯枝洒落，这个时候依靠人工清扫费时费力，就需要扫地车。电动扫地车非常契合环保的理念，是一种必不可少的清洁工具。

(2) 洗地机、电动尘推车。学校食堂、体育馆等室内地面的清洁比对室外要求更加严格，可以使用洗地机、电动尘推车，让地面达到一尘不染的效果。

(3) 高压清洗机、三轮冲洗车。高压清洗机是一款非常高效率和高效果的清洁工具，其利用水射流技术能够将一些难以清理的污渍轻松去除。三轮冲洗车是在高压清洗机的原理上进行了升级改造，变成了一款行走的高压冲洗车，作业范围扩大，应用范围延伸，在校园中多用于路面的冲洗。

（三）　新时代高校劳动教育的实施路径

劳动教育是中国特色社会主义教育体系的重要组成部分，是实现立德树人根本任务的重要要求，关键在于把握规律、体现时代性、富于创造性，科学谋划、优化协调、扎实推进。因此，在中国特色社会主义新时代，加强大学生劳动教育，必须把握育人导向，坚持党的领导、围绕培养担当民族复兴大任的时代新人进行劳动教育；必须遵循规律，针对学生特点，以体力劳动为主进行劳动教育；必须体现时代特征，适应科技发展和产业变革，针对劳动新形态，注重新兴科技支撑和社会服务新变化进行劳动教育；必须强化综合实施，加强政府统筹、拓展劳动教育途径，整合各方面资源进行劳动教育；必须因地制宜，结合自然、经济、文化等条件进行劳动教育。

1. 推进劳动教育与思想政治教育相结合

在"三全育人"中实现劳动教育与思想政治教育相协调、相衔接、相一致，要用好思想政治理论课教学这个主渠道、主阵地，让马克思主义劳动观，特别是习近平新时代中国特色社会主义劳动思想进课堂、进头脑、进心灵，通过铸魂而育人；在课堂教学中，注意讲劳模、劳模讲，即思想政治理论课教师在学理层面深度研究和阐释新时代劳模精神，聘请全国著名劳动模范进课堂讲劳动、劳动模范、劳模精神，让受教育者走近劳动、劳模、劳模精神，从而对劳动、劳模、劳模精神产生敬爱。

2. 推进劳动教育与专业教育相结合

严格地讲，劳动教育与专业教育在过程和目标上都具有内在统一性。在专业课程中自觉强化劳动导向，自觉融入劳动要素，构建具有本专业特色的劳动教育价值体系。同时，注意加强专业教育中劳动知识的传授和劳动技能训练，培养劳动精神、劳模精神、工匠精神。

3. 推进劳动教育与实习培训教育相结合

在学校教育中，要注意统筹校内和校外、课堂和实践两种教学方式、教学环节，引导受教育者在实习、实训、考察、调研中，走进劳动生产一线，走进企业、社区、乡村，同广大普通劳动者交流、交心，加深与劳动人民之间的感情，拓展劳动知识，提升劳动技能，养成劳动自觉，干一行、爱一行、钻一行，在平凡的劳动岗位上做出不平凡的事业，从而为走入社会做好职业(思想)准备。

4. 推进劳动教育与创业教育相结合

习近平总书记反复强调诚实劳动、创造性劳动，这既充分体现了新时代对劳动的新要求，也是劳动教育、劳动精神培养需要追求的重要目标。创业创新教育具有创新性、创造性、探索性，必须加强体制机制建设，完善"双创"教育体系，拓展"双创"教育空间，为大学生提供更加灵活地参与"双创"的机会和平台。

5. 推进劳动教育与志愿服务相结合

在社会实践和志愿服务中融入劳动教育，有助于形成良好的劳动习惯，感受劳动乐趣，享受劳动成果，这是劳动教育的最高境界。通过工学结合、勤工助学、劳动体验等途径，积极引导受教育者自觉自愿参与社会服务，培养劳动情怀、劳动意识和奉献精神。

在具体实施时可以简要概括为"1+8"模式。其中，"1"就是在大学里开一门必修课，可以叫作"劳动科学概论"，也可以叫作"劳动概论"，主要包括劳动法律、劳动关系、劳动经济、劳动社会保障和劳动安全的相关内容。目前在我国台湾地区部分高校已经这么做了，很多大学都开设了"劳动导论"，还有两到三门的劳动教育通识课。"8"就是与八个方面的结合，包括与思想政治教育、社会实践和志愿服务、创新创业、职业生涯与就业指导等方面的结合。其中，就业指导与校园文化其实有着密切关系，如果校园里出现崇尚劳动的气氛，那将是一种很好的劳动教育。劳动模范进校园，就是为了让劳动文化能够浓郁起来。

也可以把劳动教育的"1+8"概括为"四位一体"，即课程劳育、思政劳育、专业劳育和实践劳育。课程劳育是专门开设一门关于劳动教育的课程；思政劳育就是把劳动教育融入思想政治教育中；专业劳育就是把劳动教育融入各门专业课中；例如，新闻专业的学生，接受新闻相关知识、学习操纵摄像机、了解如何编辑视频的过程，实际上就是接受劳动教育的过程。实践劳育是让学生在实践中推动劳动教育，高校鼓励学生到田间、地头、车间等实地考察，劳育对学生的影响会非常深刻。

📖 拓展阅读

∾ 每门课 1 个学分！杭州临安这所高校开设劳动教育课程 ∾

跟着名厨学习烧"鱼香肉丝""西湖醋鱼"；跟着绿化工程师种花植树、防治病虫害；跟着教室管理员消毒清洁、维护多媒体；跟着寝室阿姨学习物品收纳、管护消防设施……刚刚过去的几个星期，浙江农林大学 100 多名选修劳动教育课程的同学，每个周六都要跟着老师劳动并在劳动中感悟劳动的意义和价值。

浙江农林大学从 2022 年开始，结合学校特色、学生生活，正式开设了"大学生烹饪基础教育与实践""园林绿化养护劳动实践""楼宇服务实践课""学生公寓基础劳动教育与实践"四门劳动实践试点课程，每门课程 1 个学分。学校希望通过教学改革，真正把劳动教育纳入人才培养全过程，促进学生形成正确的世界观、人生观、价值观。由于劳动实践课程形式新颖，内容丰富实用，吸引了很多学生关注，每门课 25 个名额，一上线就被"抢光"。

开设劳动教育课程，鼓励学生参加劳动

教育家陶行知曾积极倡导"生活即教育"，揭示了教育与生活的本质联系。浙江农林大学认为，教育就应该生活化，热爱劳动就是热爱生活，而参加劳动、接受劳动教育，应该是大学生教育的重要组成部分，更是培养德智体美劳全面发展人才必不可少的环节。

该校从 1958 年建校第一天开始，就积极鼓励学生参加劳动，学习使用锄头等工具，更是当时农林学子必须掌握的技能。该校老校区的不少老房子、运动场，就是当时的学生共同参与建设的。

60 多年来，浙江农林大学每个学生从进校开始，都要参加校园绿地管护、寝室卫生清洁等各种形式的劳动。为深化学生的劳动教育，全面落实《中共中央　国务院关于全面加强新时代大中小学劳动教育的意见》、教育部关于《大中小学劳动教育指导纲要(试行)》和《加强和改进涉农高校耕读教育工作方案》，浙江农林大学还将劳动教育纳入新修订的本科人才培养方案，要求全体本科生修读劳动教育课程。

目前，该校明确设立劳动教育必修学分 1 分，并在课外教育平台单独设置劳动教育模块。本科生参加劳动教育不少于 32 学时，完成劳动教育 32 学时，可认定劳动教育 1 学分，这也是本科毕业的必备条件。浙江农林大学本学期开设的四门劳动教育课程，全部由学校的专任教师和后勤骨干员工共同授课。拥有教师资格证书的专任教师，主要教授理论方面的内容；由后勤骨干组成的授课团队，主要指导学生开展相关的实践、参加相关劳动。

"当代大学生从事劳动的机会还是太少了。大学不但是教授知识的地方，也是大学生走向社会的最后一个过渡，通过劳动实践课程培养学生的动手能力、生存能力，对学生来说也是一种保障。"浙江农林大学后勤服务中心党委书记郑本军表示，学校开设的四门劳动实践课程全都是真操实练，会将学生带到真实的劳动场地里去，指导学生在劳动中学习、成长、感悟，切实掌握一门技能。"我们是农林高校，学校一直都十分重视劳动教育，春耕夏耘，秋收冬藏，浇水施肥，学校经常组织大家在地里劳动，感受劳动的意义。现在学校正式将劳动课程纳入学分体系，充分说明学校对劳动教育的重视程度。"得知学校开设了劳动教育课程，浙江农林大学农学院大二学生朱雯雯非常感兴趣，第一时间就选报了"大学生烹饪基础教育与实践"劳动教育课。后勤骨干当老师，指导学生开展劳动实践。

浙江省学生公寓管理与服务工作先进个人杨帆、全国高校"感动公寓"人物称号获得者章学青、中式烹饪高级技师叶云龙、浙江省餐饮服务大师黄双双、森林病虫害防控首席专家高级农艺师仇智灵……为了确保把劳动实践课程上好，浙江农林大学面向后勤选拔了一批技术过硬、沟通能力强的骨干，兼任相关课程的老师，手把手现场教学生做菜、栽培苗木、组装多媒体设备、科学收纳寝室物品。

董铭华是该校后勤食堂的资深厨师长，也是中国烹饪大师。他烧得一手好菜，十分受师生欢迎，经常会在周末等空余时间，免费指导学生烧菜，被师生亲切称为"董大厨"。

以前的"董大厨"，现在一到周末就兼任"董老师"，开始把后勤食堂的灶台当讲台。"能够教会学生掌握一些烹饪的技艺，我觉得和做厨师一样有意义、有成就感。" 董铭华说，为了确保教学效果，每次上课前，"董大厨"都要提前准备好肉丝、青椒等食材以及相关的作料，而且还给每一位同学准备好专用的围兜等。上课时间一到，"董大厨"亲自示范切菜、烧菜、颠锅、起锅，演示制作步骤，没几分钟就烧好了一盘色香味俱全的"鱼香肉丝"或者"糖醋排骨"。随后，学生们学着切菜烧菜，"董大厨"则一边指导一边讲解烹饪每道菜需要掌握的切菜要领、烧菜技巧……下课时间还没到，同学们的"作业"已经陆续完成。虽然菜品质量参差不齐，但是大家对自己的"作业"都比较满意，纷纷表示要打包带回寝室与同学共享。"给我们上烹饪课程的，都是后勤餐饮骨干，良师出高徒，一节课我就学会了烧糖醋排骨。下次回家，我一定要烧给爸妈吃，他们一定开心极了。"浙江农林大学广告 201 班的程晓梅，最兴奋的是自己终于学会了烹饪"糖醋排骨"。

作为家里唯一的女儿，程晓梅平时基本不怎么会烧菜，更不要说"糖醋排骨"这样的"大菜"。她觉得以后能为家人、朋友烹制可口的佳肴，一定会获得肯定与赞赏的。

劳动没有贵贱，学习技能更是学习生活态度

"大学生烹饪基础教育与实践"受学生欢迎，其他三门劳动教育课程也同样深受学生喜欢。

汉语言文学专业的刘雨彤，选修了"园林绿化养护劳动实践"课程。她认为，自己很喜欢种植花卉，劳动教育课的开设给她提供了很好的机会，她希望在这门课程中多学习相关的技能，以后可以更好地养护家里的花卉。

大二学生蔡林希选修的是"学生公寓基础劳动教育与实践"。她说，一开始认为这门课就是帮助宿管阿姨检查卫生，但是上了几次以后才知道公寓管理也有很多学问，从收纳小课堂、安全教育到学校的文化、学生的管理，要做好公寓管理工作也是非常不容易的。最关键的是，通过上课，让她对劳动的价值有了新的认识，每一个热爱劳动的人都值得被尊重。

"劳动没有贵贱之分，很多劳动技能和学历无关。我们学校开设的劳动课程，无论是烹饪课，还是楼宇服务、园林绿化养护和公寓管理，都可以锻炼我们的劳动能力，增强个人体质，培养合作意识。亲身体验劳动，我们能感受劳动的辛苦与乐趣，形成正确的劳动价值观，获得成长。"程晓梅说。说起开设劳动教育系列课程的初衷，浙江农林大学教务处处长郭建忠说："浙江农林大学在坚持德智体美劳'五育'并举的基础上，强化劳动教育在人才培养过程中的重要作用，并将耕读教育与劳动教育有机融合，在本学期正式开设四门劳动教育系列课程，今后还会根据实际需要不断增加和完善劳动课程的数量和治理。"

我们希望结合学校特色，加强农业特色通识教育课程体系建设，体现现代农业技术新业态新变化，强化生态文明教育，培养学生"大国'三农'"情怀；同时加强学生劳动教育，树立学生学农、知农、爱农、强农、兴农的理念，培养学生肯干、实干、能干的良好品质。

资料来源：陈胜伟，孔巧玲. 每门课 1 个学分！杭州临安这所高校开设劳动教育课程. 网易网，https://www.163.com/dy/article/H37NJKKU0534WBH1.html. 2022-03-24.

📖 延伸阅读

1. 何卫华，林峰. 大学生劳动教育理论与实践教程[M]. 厦门：厦门大学出版社，2019-08.

2. 王越芬，鄂丽美. 健全学校劳动教育课程体系[N]. 中国教育报，2020-05-21.

3. 梁燕，侯兴蜀. 新时期高校开展劳动教育的意义与策略[J]. 北京教育(高教)，2019(6).

4. 张力玮，郭瑞，郭伟. 新时代劳动教育的发展趋势——访中国劳动关系学院校长刘向兵[J]. 世界教育信息，2019(9).

📖 学习思考

1. 试述高校开设劳动教育课程的目的和意义。

2. 高校劳动教育课程的核心内容是什么？

3. 高校组织开展劳动教育的方法途径有哪些？

🎓 参考文献

1. 孟美荣，王嘉敏，郝丽婷. 山西大学劳动教育案例入选山西省大中小学校劳动教育典型案例[EB/OL]. 未来网教育看点，2022-01-04. https://cj.sina.com.cn/articles/view/5895814239/15f6afc5f02000ypr6.

2. 陈胜伟，孔巧玲. 每门课 1 个学分！杭州临安这所高校开设劳动教育课程[EB/OL]. 网易网，2022-03-24. https://www.163.com/dy/article/H37NJKKU0534WBH1.html.

第七章

学校劳动教育与实践

校园劳动主要涵盖了与校内劳动相关的学习环境、内务整理、值日保洁、学习整理等方面的重要技能。侧重于引导学生积极参加校内劳动实践，强调在亲身劳动经历中学习劳动知识、学会劳动技能、培育劳动情感、提升劳动素养，形成吃苦耐劳的品格。

📖 学习目标

1. 了解校园劳动工具的功能与使用方法。
2. 熟悉校园劳动保洁的内容与要求。
3. 充分认识垃圾分类的意义。

📖 思政目标

1. 掌握校园劳动工具的功能与使用方法。
2. 学会教室、宿舍保洁的内容与要求。
3. 大学生模范执行垃圾分类。

📖 导航阅读

✎ 山西农大入选劳动教育典型 ✎

2021 年 12 月 29 日，山西省教育厅发布《2021 年大中小学校劳动教育典型案例及优秀课程视频名单的通知》，公布了 16 个大中小学校劳动教育典型案例名单、16 个劳动教育优秀课程视频名单，山西农业大学《崇学事农 耕读强志》和《牵劳动教育 "牛鼻子"》入选劳动教育典型案例。

《崇学事农 耕读强志》案例讲述了山西农业大学开展耕读教育的探索实践。该校坚持在田间地头搞科研、育英才，积极探索开展农耕体验、社会服务等耕读教育实践，举办"耕读讲堂"专题教学，讲述新时代的"耕读故事"，开展"耕读经典""耕读中国"等主题活动，建立耕读教育实践基地，引导学生走进农村、走近农民、走向农业，培养懂农业、爱农村、爱农民的情怀。学校负责人介绍："学校传承百年崇学事农精神，坚持立德树人根本任务，充分挖掘教学资源，弘扬耕读文化，走出一条劳动教育的特色之路。"

《牵劳动教育"牛鼻子"》案例主要介绍了山西农业大学食品科学与工程学院开展劳动教育关键环节的暑期驻厂实习，逐步探索形成的一套以理论知识为指导、以劳动实践为载体，贯穿本科教育全过程的"1、2、4+N"的实践教学和劳动教育模式，具体内容为以培养专业实践能力和劳动能力为目标，建设校内校外两个实践基地；大一年级开展专业认知实习，大二年级开展暑期驻厂实习，大三年级开展科技创新训练，大四年级开展毕业设计科研锻炼；引导学生参加多种形式"微实习""微实践"创新创业活动。

资料来源：山西新闻网. http://j.eastday.com/p/1641373809042454. 2021-12-30.

第一节　校园劳动(保洁)工具的功能与使用方法

工欲善其事，必先利其器。进行校园劳动之前，我们先了解常用校园劳动(保洁)工具的功能与使用方法。校园劳动(保洁)常用的工具有扫把、拖把、簸箕等。

一、大、小扫把

扫把是扫地除尘的工具，也称扫帚，分为大扫把和小扫把，如图7-1和图7-2所示。

图7-1 大扫把

图7-2 小扫把

(一) 扫把的使用方法

(1) 扫把的握法：用一只手的大拇指按在扫把上，并用其他四指握住；另一只手在下方30～40cm处握住。这种方法既便于用力，又易于控制清扫方向。

(2) 姿势：上身向前微倾，但不可太弯曲，采用不易疲劳的姿势。

(3) 扫法：扫把不离地面、扫动时手要用力往下压，既要把灰尘、垃圾扫干净，又要防止灰尘腾起，如地面灰尘过多，可用喷雾器喷些清水再扫。每扫一下应在地面上墩一墩，以清除沾在扫把上的灰尘及垃圾。

(4) 清洁：从狭窄处向宽广处清扫、从边角向中央清扫。室内清洁时，原则上由里及外。清扫楼梯时，站在下一级，从左右两端往中央集中、再往下扫，要注意防止垃圾、灰尘从楼梯旁掉下去，并随时集中垃圾、灰尘，将其扫入簸箕或垃圾桶。

(5) 放置：存放在工具间或工作区内直视不可见的地方。

(二) 大扫把

大扫把(竹扫把)多用竹丝扎成，比笤帚大。使用大扫把可以大面积地清洁地面，特别是水泥地面，可以很好地清洁落叶灰尘。

大扫把扫地范围广，不宜在室内使用和扫碎小的垃圾，比如灰尘、碎纸屑等。大扫把适宜在校内扫树叶和校道。

(三) 小扫把

小扫把的种类很多，适宜清扫小面积的地方和角落比较多的地方，如教室、走道、楼梯等处。例如，塑料扫把(见图7-3)常用于清理小纸屑、小泥沙。

图7-3 塑料扫把

二、拖把

拖把是保持地面干净整洁很重要的清洁工具，也是日常生活中的必备工具(如图 7-4 所示)。市面上的拖把分类有很多，包括传统的棉布拖把、棉线拖把、胶棉拖把、甩桶拖把等。

图7-4　普通拖把

拖把的功能是擦洗和清理地面的污水污渍，使用方法如下。

(1) 握法。与握扫把相同，即用一只手的大拇指放在拖把顶端并握住，另一只手在下方 30～40cm 处握住手柄。

(2) 拖法。通过右手的手腕用力来回旋转拖把杆，将拖把的一侧始终沿着一个方向推动，使地痕呈横向。在角落处可用直擦一个，翻动一下，尽量使拖把的干净面都用到。

(3) 按照一定的顺序，朝同一方向有规律地拖地，注意随时集中垃圾，及时清洗拖把。

(一) 平板拖把

对于一些公共场合，平板拖把是很重要的工具，能够快速清除地面的污渍，深受人们喜欢。校园清洁非常流行使用平板拖把。

平板拖把种类众多，按布料材质分，可将平板拖把分为棉线平板拖把和纤维布平板拖把这两种。棉线平板拖把的优点就是接触地面面积大，可以节省很多的人力，价格实惠。而纤维布平板拖把采用的是纤维布，具有非常棒的吸湿和吸脏污的功效，拖布的面积也很大，价格比棉线平板拖把稍贵一些。按照拖把头分，可将平板拖把分为魔术贴、布套类、夹子类平板拖把。魔术贴比较简单，脏了就撕下来，清理干净再粘上去。布套类和魔术贴基本一样，套上去，脏了取下来清理干净，再重新套上去。夹子类就比较好用，不同大小的布都能夹上去，不用的毛巾也能用作拖把布，(如图 7-5 和图 7-6 所示)。

图7-5 布套类平板拖把

图7-6 夹子类平板拖把

平板拖把效果好的一个原因是它能够做得非常大，一次性能清洁更多区域。大部分的平板拖把都可以一次性清洁 $0.03m^2$，有的甚至能够清洁 $0.06m^2$。

平板拖把的杆子一般比其他拖把做得更长，常常能达到 133~140cm，这也使得人们拖地时无须再弯腰。另外，许多平板拖把能和静电除尘纸搭配使用，用完即扔，省掉了"洗拖把"的过程。

平板拖把并不能在省力方面做出很大的改变，虽然它的拖地面积更大，托杆更长，但是仍然要用力地去拖地。如果遇到特别顽固的污垢，使用平板拖把和老款拖把并没有什么不同。

使用平板拖把要注意以下事项。

(1) 平板拖把在使用过程中因拖布材质原因，建议不用时放置在干燥环境保存。

(2) 平板拖把附带的拖布采用超纤维和棉相结合，如要清理毛发和纸屑，需在其干燥的情况下进行；同时其吸水性能有限，仅可以针对小范围的水渍进行清理；在对拖布清洗后通过晾晒进行干燥处理。

(3) 平板拖把注意选择类型，如是夹固性的平推，在两旁加固的时候，由于弹簧的力度较强，要小心手指。

(4) 拖把是污垢驻留最多的用具之一，如果不注意清洁，就会成为一些微生物和致病细菌滋生的温床，所以要注意拖把的清洁和干燥。

还有一种免手洗的平板拖把，深受人们喜欢。免手洗平板拖把一般采用的是超细纤维升级拖布，拥有无数微小小铲，能铲起和储存污物。加厚加多密集绒毛交错，只需要轻轻一拖，就可以轻松地吸走污物和油渍，如掉毛、油污、毛发、灰尘等。这种免手洗平板拖把非常好用，刮水干净，还比较省力。拖把头旋转特别灵活，擦地没有死角，最大的优点就是拖把头能放得很平，很小的空间也可以伸进去。课桌底下、讲台下面都可以擦得到，而且全程手都不会碰到水，很好地保护了双手(见图 7-7 和图 7-8)。

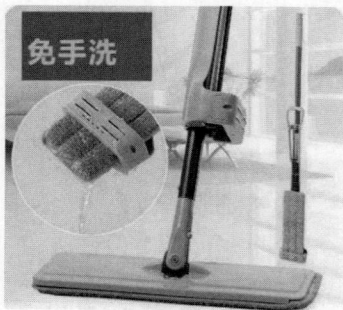

图7-7　简易型

图7-8　清洁桶型

(二) 胶棉拖把

胶棉拖把(见图 7-9)将胶头放到水桶中可迅速吸水，轻轻扳动拉杆，即可将水轻松挤出。在擦拭过程中，比较能使上劲，清洁地面的过程相对比较容易，即使是较大较硬的泥印子，擦拭几次就能去除。拖把的清洗也很轻松。

图7-9　胶棉拖把

需要注意的是，如果是擦硬质的瓷砖地面，水不能挤得太干，否则推不动。

清洁完成后，将拖把置于通风处，待水分蒸发后，胶头变得很硬，并无异味产生。

由于胶头可以将 80%～90%的水挤出，因此不但可以用于强化复合地板的清洁，还可以迅速吸干大量不慎洒在地上的水、汤等。

(三) 旋转拖把

旋转拖把(见图 7-10)使用方便，轻巧灵活，只需要轻轻用力，就可以轻松脱水，而且旋转拖把具有很强的吸水性，非常适合教室、宿舍等处的清洁工作。

旋转拖把的使用方法如下。

(1) 安装。把旋转拖把的面板平整地放置在地上，然后将拖把盘对准拖把头，以垂直状态按下去，用脚轻轻踩下拖把盘，当听到咔嚓一声响的时候，即可完成旋转拖把的安装工作。

（2）使用。使用旋转拖把打扫教室和宿舍时，可以自行调整角度：45°、90°、180° 等，轻轻松松就可以清除死角杂物。

（3）清洗。把旋转拖把放到水龙头下冲洗干净，然后放到附赠的脱水桶里，轻踩踏板，就能快速把水甩干。

（4）更新。旋转拖把使用一段时间后，布条可能会出现磨碎的现象，需要及时更新。用脚踩住上圆盘边缘的布条，方向一定要和螺丝的方向相同，然后紧握住拖把朝身体反方向推动，就可以让圆盘和布盘分离开了。

图7-10　旋转拖把

三、簸箕(垃圾铲)

簸箕(见图 7-11)又名"撮子"。以前的簸箕用竹篾或柳条编成，三面有边沿，一面敞口，用来簸粮食等。现在的簸箕种类很多，是一种铲状器具，用来收运垃圾。校内清洁时，用来装运石头、树叶树枝类重物是非常合适的。

垃圾铲：铲状盘，通常有一个把，用以收运从地板上扫除的垃圾，一般是薄金属板或塑料制成的一种装料容器(见图 7-12)。

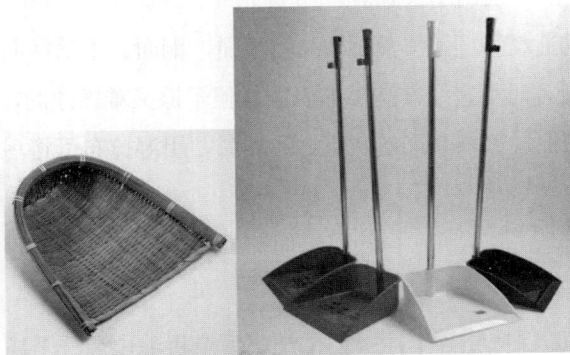

图7-11　簸箕

图7-12　防风垃圾铲

四、现代保洁常用工具

（一）抹布

抹布(见图 7-13)是校园清洁的常用工具之一，应选柔软并有一定吸水性的材质。

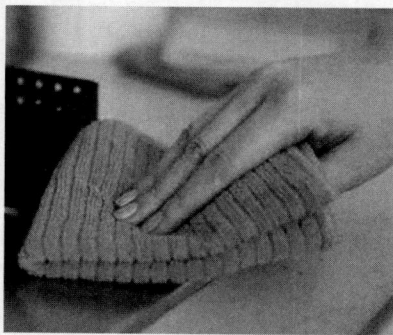

图7-13　抹布

抹布的使用方法如下。

(1) 抹布宜选用柔软、吸水力强、较厚的棉制毛巾，使用时将毛巾折 3 次叠成 8 层，正反 16 面正好比手掌稍大一点。

(2) 折好的毛巾用脏一面后再用另一面，直到 16 面全部用脏后，洗净拧干再用，注意不可用脏布反复擦拭，否则会损伤被擦物表面，也不容易擦干净物品。

(3) 将所需的数条毛巾预先拧干备用，以提高工作效率。

(4) 擦拭一般家具的抹布，擦拭饮食用具的抹布和擦拭洗手间、地面的抹布等必须严格分开专用。

(5) 擦拭时应遵从"从左到右(或从右到左)、先里后外、先上后下"的原则，将被擦拭物全部均匀地擦遍，不要落下边角，不要漏擦。

(6) 有些污垢用一般抹布擦不掉，可用百洁布或刷子去除。

(7) 干抹：去除细微的灰尘，干擦用力不能太重。有些表面如高档漆面、铜面、不锈钢面等不宜经常湿抹。半干擦：当灰尘较多时使用。对不宜经常湿擦的表面，但干擦又难擦净的，可用半湿半干抹布擦拭。湿抹：去除建筑物表面及家具表面的灰尘、污垢时，用湿抹布可将污垢溶于水中，去污除尘效果好。

(8) 用抹布擦拭时，应顺着物品纹路擦拭。一面用脏，再换另一面，或重新折叠，全部用脏时，应洗干净再使用。

(9) 严禁不同颜色毛巾混合使用；毛巾随时保持整齐干净；使用结束后要将毛巾清洗干净整理好，保持干燥，以免出现异味。

(二) 垃圾夹

垃圾夹用于一般地面垃圾拾取、高空取物、公共环境垃圾拾取、水面垃圾拾取等，是开展公益环保活动的必备佳品。也可用于园林、草地、池塘、人行道等处的垃圾清理，操作方便，卫生实用，便于存储。

垃圾夹可简单分为折叠式和非折叠式(见图 7-14)。

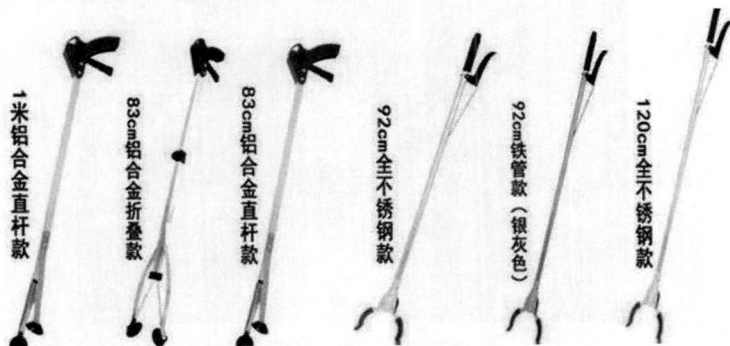

图7-14 不同种类的垃圾夹

(三) 玻璃清洗器

1. 玻璃刮

玻璃刮(见图 7-15)由三部分组成：手柄、刮板、橡胶刮条。手柄和刮板，有不锈钢和塑料两种材质，三个部分可非常容易地拆卸、组合，便于携带和收藏。玻璃刮主要用于清洁玻璃窗、瓷砖等，除尘去污，刮水干净快捷，不留痕迹。使用玻璃刮清洁玻璃安全，干净，快捷。

(1) 把有海绵的一面沾上肥皂水在玻璃上擦，然后再用另一边的橡胶条的边平压在玻璃上，从上到下顺着一个方向刮。

(2) 使用时要均匀用力，切勿用力过大压坏玻璃或玻璃刮。

(3) 使用后注意放置，以免压坏玻璃刮。

图7-15 玻璃刮

2. 双面玻璃清洁器

擦玻璃是一件力气活，低楼层的窗户还比较好擦洗，但是高楼层的玻璃就不是那么好清洁了。对于高楼层的教学楼、图书馆等，清洁玻璃成了一件既费劲又危险的工作。但是有了双面玻璃清洁器(见图 7-16)，就能解决这一难题了。

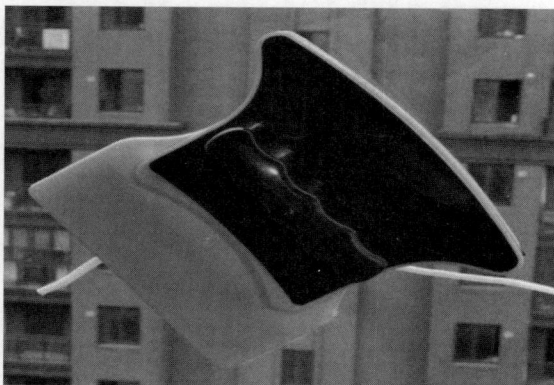

图7-16　双面玻璃清洁器

双面玻璃清洁器使用方法如下。

(1) 把擦布粘到玻璃清洁器上。

(2) 在水中放入洗洁精搅匀，浸泡擦布。

(3) 手指套在环上，没有绳子的清洁器在窗内。

(4) 要左右横向擦玻璃。

(5) 最后取下玻璃清洁器。

(6) 用抹布擦净残水，玻璃就擦好了。

玻璃清洁器使用注意事项如下。

(1) 如果玻璃已经破裂了，就不要使用玻璃清洁设备。

(2) 如果玻璃上有污渍凝滞物等东西的话，请先用刀片将其去除。

(3) 使用玻璃清洁设备前请确定该物品有无其他杂质，如果有请先清除。

(4) 玻璃清洁设备无法清洗磨砂涂层渡磨的玻璃。

(5) 使用完玻璃清洁设备之后建议将它保存到避光的地方，此做法可以有效地延长该产品的使用寿命。

(6) 因为玻璃清洁设备内有磁铁，因此要远离电视机、电脑、冰箱等。

(7) 玻璃清洁设备内的擦拭布可以选择使用百洁布来代替。

五、现代电动扫把车

(一) 电动扫地车

随着社会对环境越来越重视，各个企业、学校、物业、小区、医院等对环境卫生的要求也越来越严格。需要清理的工作越来越多，随之而来需要的人工也就多了，人工的增加导致企事业单位、学校的开销增多。这时候电动扫地车就可以给学校减轻负担，新能源电动扫地车(见图 7-17)主要用于户外大面积瓷砖、水泥路、大理石地面、柏油路、沥青路、塑胶跑道、环氧地坪等地面的清洁。例如树叶、沙子、石子、塑料瓶、灰尘等垃圾都可以进行清扫。在清扫时主刷和边刷同时工作，边刷负责将两边的东西往里收，主刷负责将东西清扫到集尘箱内。电动扫地车在清扫垃圾的同时，还可以进行抑尘，每台扫地车都带有抑尘的功能，减少在清扫时对环境的污染。一台电动扫地车相当于多名人工的清洁效果。

图7-17　电动扫地车

1. 行驶模式

让扫地车开动，先插上钥匙，转到 ON 位置，拨动前进或后退档按钮，踩下调速踏板，扫地车就可以开动了。行车时要确保主刷及边刷处于上升状态。停车时踩下刹车，拔下车钥匙，切断整车电源。

2. 清理方式

(1) 按下清洁按钮，待主刷和边刷自动落向地面，真空负压吸尘器自动打开，向前踩加速踏板，即可清洁地面垃圾。

(2) 如清扫大型垃圾，需低速行驶至需要清扫的区域，踩下左侧大型垃圾踏板，不可一直踩，踩下去应立即抬起，反复踩，主刷可将垃圾清扫到垃圾箱内。

(3) 每 30 分钟清扫一次，需 30 秒左右的振尘，防止滤芯堵塞。若清除效果下降，扬尘增加，则会造成滤芯堵塞。

3. 通过障碍物

(1) 行进前踩踏大块垃圾踏板，抬起主刷和边刷，障碍物高度低于 8 厘米，可安全通过。

(2) 高于 8 厘米的障碍物要求在引入一个斜坡之后通过。

4. 垃圾箱及时清理

(1) 机器完全停止后，无震尘动作，清除闭合，主刷边刷升起。

(2) 把垃圾桶打开，往下拉，把垃圾倒出来。

(3) 将垃圾桶放回机器内，扣好搭扣即可。

(二) 手推式扫地机

手推式扫地机(见图 7-18)是一款设计精巧、技术独特的现代清洁扫地工具，而且机器本身无需任何电力源，清理结束后只需要推到垃圾站点进行回收即可，将清理与收集同时进行。对于地面的粉尘、石子、纸屑、树叶等有很好的清洁效果。可应用于学校、公园、库房以及大型活动场所中不宜使用大型动力驱动型设备的地方，适用于水泥地、沥青地面、耐磨草坪、塑胶跑道等地面的清洁，其使用方法如下。

图7-18　手推式扫地车

(1) 使用前认真阅读使用说明书，注意各种事项。

(2) 如果现场有比较大而又比较轻的东西，如树叶、纸张等，就通过把操纵杆向下压而让清扫机的前端稍微向上提起。

(3) 使用手推式扫地机的过程中，偶尔震动一下过滤器。

(4) 假如要清理的场所太潮湿，就把吸气风门锁紧，这样吸尘过滤器不至于堵塞。

(5) 使用过程中注意手推式扫地机的安全，请勿磕碰。

(6) 如有异响，应立即停止工作，检查手推式扫地机。

(7) 每次使用过后，全机身用水冲洗即可。

第二节 校园劳动保洁内容与要求

校园劳动保洁包括室内保洁，休闲空间和走廊保洁，公共卫生间保洁，机动车道和人行道保洁，露天广场、停车场、台阶、水沟等保洁，生态林、绿化带保洁等。

一、室内保洁内容与要求

高校校园室内空间一般指教室、实训实验内、教学楼、办公室、会议室、接待室、资料室、档案室、图书馆、机房、仓库等。需要保洁的对象主要有天花板、墙面、办公桌、黑板、门窗、玻璃、桌椅、柜子、讲台、设备、投影仪、地面等。

(一) 室内保洁内容

(1) 检查。进入室内，先查看是否有异常现象、有无损坏的物品。如发现异常，应先向有关部门报告后再保洁作业。

(2) 推尘。推尘要按照先里后外、先上后下、先窗后门、先桌面后地面的顺序进行，先清扫天花板、墙角上的蜘蛛网和灰尘，接着擦拭窗户玻璃、门面的灰尘，实验器材等设备挪动后要原位摆好。

(3) 清扫顺序。可先从门口开始，由左至右或由右至左依次擦拭室内桌椅、柜子、讲台和墙壁等。抹布应拧干，擦拭每一件物品时应由高到低、先里后外进行清洁；清扫墙壁时，重点擦拭墙壁上的门窗、窗台等。操作时，先将湿润的涂水毛头(干净的)装在伸缩杆顶部，沿顶部平行湿润玻璃，再用干净的抹布擦干净窗框及窗台，最后用干燥的无毛棉布擦干净玻璃上的水渍。大幅墙面和天花板等宜定期进行清扫(如每周清洁一次)。

(二) 室内保洁要求

1. 各楼层房间内

(1) 室内的窗玻璃、窗台、窗框应清扫至干净、整洁、明亮。

(2) 室内墙面、天花板要擦拭整洁、完好，无污渍、浮灰、蜘蛛网。

(3) 地面整洁、完好，无垃圾、污渍、破洞。

(4) 室内的各种家具放置整齐、擦拭光洁、无灰尘。

(5) 室内灯具清洁、完好、无破损。

(6) 室内空调出风口干燥、整洁、无积灰、霉斑。

(7) 室内各种艺术装饰挂件摆放端正、清洁无损。

2. 各楼层公共区域保洁要求

(1) 地面：无废弃物、纸屑和污迹。

(2) 墙面：踢脚线、消防排烟口、警铃、安全指示灯、各种标牌表面干净，无灰尘、水迹等。

(3) 电梯厅：墙面、地面、门框、电梯标识牌表面干净，无油痕、污迹和灰尘等。

(4) 玻璃窗(玻璃、窗框、窗台、窗帘)：明净、光洁。

(5) 各种设施外表(如大堂前台、广告牌、信箱、消防栓箱等)：外表清洁干净、无积尘和污痕。

(6) 楼梯、防火梯：无灰尘和杂物。

(7) 扶手、栏杆：表面光洁、无积尘，玻璃无污迹。

(8) 门：干净，无灰尘和污痕。

(9) 电梯内空间(内墙、地面、门板、天花板)：外表干净，无污痕、积灰和脏物或杂物。

(10) 室内垃圾桶光亮、无灰尘和痰迹。

二、休闲空间和走廊保洁内容与要求

室内学习休闲的空间一般有室内敞开式休息间、走廊过道、楼梯平台、报告厅、礼堂、门厅等。保洁主要包括天花板、墙面、窗户、玻璃、桌椅、柜子、墙面、地面、门面、门框等。

(一) 休闲空间和走廊的保洁内容

(1) 检查。进入各种休闲空间后，先查看是否有异常现象、有无已损坏的物品。如发现异常，应先向有关部门报告后再进行保洁作业。

(2) 清扫。先用扫把对地面进行保洁，捡去烟头、纸屑、灰尘等。

(3) 擦抹。从门口开始，由左至右或由右至左依次擦拭室内桌椅、柜子、讲台和墙壁等。擦拭前抹布应拧干，擦拭每一件物品时应按由高到低，先里后外的顺序进行。擦拭墙壁时，应重点擦拭墙壁上的门框、窗台等。擦拭时，可先将湿润的擦头装在伸缩杆顶部，沿顶部平行打湿玻璃，再用干净的抹布擦净窗框及窗台，最后用干燥的无毛棉布擦净玻璃上的水渍。大幅墙面和天花板宜定期进行清洁(如每周清洁一次)。

(4) 整理。桌椅、柜子等抹净后，应按照原位摆放整齐，最后应将垃圾袋进行更换。

(二) 休闲空间和走廊的保洁要求

地面干净无污迹，没有垃圾和积水，墙面干净无灰尘，桌椅干净摆整齐，门窗干净很明亮。

三、公共卫生间保洁内容与要求

(一) 公共卫生间保洁内容

公共卫生间的清洁工作主要包括地面、墙面、门窗、天花板、隔板(隔墙)、洁具及其他室内设施的清洁等，可分为每日常规清洁和周期性大清洁两种。每日常规清洁的次数可根据具体人流量和标准要求而定，一般每日至少清洁一次，周期性大清洁可根据具体情况拟定计划，一般可每星期、每半月或每月安排一次。公共卫生间的保洁内容主要包括以下几个方面。

(1) 及时冲洗厕(尿)槽，不得留有脏物。

(2) 及时倾倒手纸篓，篓内手纸不得多于三分之一。

(3) 地面拖擦干净，做到无水迹、无垃圾、无尘土。

(4) 定时擦洗洗手台、厕(尿)槽等卫生设备。

(5) 定时擦拭门窗、厕间隔板、墙壁、窗台。

(6) 定时消毒、喷洒除臭剂、清香剂。

(7) 及时补充香皂、洗手液、香球、手纸等。

(二) 公共卫生间保洁要求

(1) 坐厕、尿槽、洗手盆、地面均干净无尘。

(2) 地面无烟头、纸屑及其他杂物、污渍。

(3) 室内无异味、臭味。

(4) 地面无积水，坐厕、尿槽、洗手盆无积尘、无黄渍，天花板无蜘蛛网、无积尘。

(5) 镜面、墙面、金属面等无水渍和污渍，表面光亮并干燥。

(6) 注意维修，以确保设备、设施完好。

四、机动车道和人行道的保洁内容与要求

校园道路指各类机动车辆行驶和行人行走的道路，其中各类机动车辆行驶的道路为机动车道，机动车道两侧的行人通道以及师生上下课(班)和休闲行走的小路为人行道。机动车道和人

行道保洁的内容与要求为：清扫各种垃圾、树叶，清捡树枝和废弃物，清拔路沿石缝的杂草，清除人行道边绿化带的树叶杂草，清扫人行道和机动车道上的灰尘等。

(一) 机动车道和人行道的保洁内容

(1) 用大扫把把机动车道和人行道的果皮、纸屑、泥沙等垃圾扫成堆。

(2) 用小扫把把垃圾扫入簸箕内，倒进垃圾手推车。

(3) 用水清洗有污痕的路面和场地。

(4) 雨停天晴后，用大扫把把路上的积水、泥沙打扫干净。

(5) 及时清洁机动车道、人行道上的杂草。

(二) 机动车道和人行道的保洁要求

(1) 清扫作业后路面、下水口、人行道等应整洁干净。

(2) 垃圾必须随车运走，不宜漏收，也不宜在路面上进行中转，不要焚烧垃圾。

(3) 除每天完成常规清扫作业外，可全天巡回检查，一旦路面出现废弃物要马上清理干净。

(4) 应及时清掏果皮箱，垃圾不得外溢；果皮箱周围及地面无抛洒及存留垃圾；果皮箱体整洁卫生，无污迹。

(5) 严禁将垃圾扫入渠井、下水道中。

五、露天广场、停车场、台阶、水沟等地的保洁内容与要求

校园露天广场、停车场、台阶和房屋周边的水沟，保洁内容与要求为：清扫各种类垃圾、树叶，清除各种杂草、树枝，清扫灰尘，清理水沟内的各种垃圾和杂草。

(一) 露天广场、停车场、台阶、水沟等地的保洁内容

(1) 对露天广场、停车场、台阶和房屋周边的水沟进行检查，先用扫把或垃圾夹清理表面的垃圾、树枝、树叶等。

(2) 清除广场、台阶周边的杂草。

(3) 用小扫把处理广场、停车场、台阶地面的尘土。

(4) 清理垃圾，运送到垃圾中转站。

(5) 不宜把垃圾和树叶等倒在道路两边的绿化带，更不能就地焚烧。

(6) 下雨天要及时清扫路面及广场的积水。

(7) 路面上的口香糖等黏性物体及时用铲刀清理干净。

(8) 垃圾桶、果皮箱里的垃圾一般不超过容量的三分之二，每天至少清理一次并将垃圾集中收集至指定的垃圾中转站。

(9) 人工附属设施设备(如各类灯、音响、指示牌、宣传栏、休闲椅、桥面、栏杆、扶手、凉亭、走廊、花架、园林小品等)和体育健身区域器材设施每周应擦洗一次。

(10) 用小扫把清扫排水沟里的泥沙、纸屑等垃圾，拔除沟里生长的杂草，保证排水沟的畅通。

(二) 露天广场、停车场、台阶、水沟等地的保洁要求

(1) 广场内的道路和台阶无垃圾、抛洒物、零星废弃物、无卫生死角、无积存的垃圾杂物，无积尘、无污迹。

(2) 人工附属设施设备(各类灯、音响、指示牌、宣传栏、休闲椅、桥面、栏杆、扶手、凉亭、走廊、花架、园林小品等)以及体育健身区域的器材设施的表面无积尘，干净整洁。

(3) 水沟目视干净，无杂草、无污痕、无青苔、无垃圾和砂石，排水畅通。

(4) 广场内各类设施、建筑及构筑物立面上无小广告。

六、生态林、绿化地(带)的保洁内容与要求

在校内有规划和科学、合理地栽植一些生态林、绿植和绿篱带是建设美丽校园不可缺少的项目，更是建设生态学校、保护校园环境的重要内容。生态林、绿化地(带)保洁维护的主要内容与要求有：清捡绿化地和绿篱带内的各种垃圾、大树叶、树枝和废弃物，清拔绿化地和绿篱带内的杂草，清剪生态树上的干枯树枝，科学艺术地整修绿篱带和花草苗木等。

(一) 生态林、绿化地(带)保洁内容

(1) 用扫把仔细清扫生态林中和草地上的果皮、纸屑、石块等垃圾。

(2) 对烟头、棉签、小石块、纸屑等用扫把不能打扫起来的小杂物，可用垃圾夹夹起收入簸箕内。

(3) 仔细清理绿篱带下方的杂草和枯枝落叶。

(二) 生态林、绿化地(带)保洁要求

生态林中、绿化带上目视无垃圾、脏杂物，花草叶苗无枯萎和明显积尘，花草盆中无积水和异味，花草树木修剪整齐，摆放美观。

第三节　大学生积极执行垃圾分类

　　我国是人口大国，随着社会经济发展和物质消费水平的大幅度提高，我国每年的垃圾产量迅速增长，2021 年我国生活垃圾产量约 27 097.2 万吨。这些垃圾不仅造成了环境安全隐患，也造成资源浪费，也成为人民群众反映强烈的突出问题，成为社会经济持续健康发展的制约因素。实行垃圾分类，对改善人们的生活环境，推动绿色生态发展、建设美丽中国有重要意义。高校推行垃圾分类，对于培养高素质的社会人民，创建文明、和谐、生态、美丽校园等具有重要的意义。

一、垃圾分类的范围及投放标准

（一）垃圾分类的范围

　　(1) 可回收物，是指适宜回收和可循环再利用的物品。

　　(2) 厨余垃圾，是指餐饮垃圾、废弃食用油脂、家庭厨余垃圾以及废弃的蔬菜、瓜果等有机易腐垃圾。

　　(3) 有害垃圾，是指对人体健康或者自然环境造成直接或者潜在危害的物质。

　　(4) 其他垃圾，是指除前三项以外的生活垃圾。

垃圾分类投放桶见图 7-20。

图7-20　垃圾分类投放桶

（二）可回收物投放标准

　　可回收物主要类别包括：废纸类、废塑料、废玻璃、废金属、废织物、废旧木材等。

　　(1) 废纸类：未被沾污的纸类制品，如旧书本、报纸杂志、纸箱、挂历、台历、信封、纸袋、卷纸芯、传单广告纸、包装纸、包装盒等。

(2) 废塑料：不含其他杂质的塑料制品，如饮料瓶、矿泉水瓶、洗发沐浴瓶、食用油桶、奶瓶、塑料碗盘、泡沫塑料等。

(3) 废玻璃：不含其他杂质的玻璃制品，如调料瓶、酒瓶、花瓶、玻璃盘、玻璃杯、门窗玻璃、茶几玻璃、玻璃工艺品、碎玻璃等。

(4) 废金属：整体或主体为金属的金属制品，如易拉罐、金属制奶粉罐、金属制包装盒(罐)、锅、水壶、不锈钢餐具、铁钉、螺丝刀、刀具刀片、废旧电线、金属元件、金属衣架等金属制品。

(5) 废织物：未被沾污且有回收利用渠道的纺织制品。如衣物、窗帘等。

以下类别不归入可回收物：胶纸、贴纸、蜡纸、传真纸、保鲜膜、软胶管、塑料吸管、污损的塑料袋等，按其他垃圾投放。

(三) 厨余垃圾投放标准

厨余垃圾主要类别包括：菜头菜尾、肉蛋食品、瓜果皮核、剩菜剩饭、糖果糕点、宠物饲料、水培植物等。如：菜梗菜叶、动物内脏、瓜果皮核、米面粗粮、肉蛋食品、豆制品、水产食品(如鱼、虾、蟹、小龙虾等)、碎骨、汤渣、糕饼、糖果、风干食品、茶叶渣、咖啡渣、中药渣、宠物饲料、水培植物、鲜花等。

以下类别不归入厨余垃圾：动物筒骨、猪羊牛头骨等大块骨头，榴莲壳、椰子壳以及核桃壳、瓜子壳、花生壳等坚果果壳，粽子叶、玉米衣、玉米棒、生蚝壳、扇贝壳、螺蛳壳等，按其他垃圾投放。

(四) 有害垃圾投放标准

有害垃圾主要类别包括：废电池类、废灯管类、废药品类、废化学品类、废水银类、废胶片及废相纸类。如：充电电池、镍镉电池、纽扣电池、节能灯、荧光灯管、弃置和过期药品、油漆及其桶、杀虫剂、消毒剂、老鼠药、农药及其包装物、指甲油、摩丝瓶、染发剂、水银血压计、水银温度计、X 光片、相片底片等。

以下类别不归入有害垃圾：废弃化妆品及其包装容器、一次性干电池、LED 灯等，按其他垃圾投放。

(五) 其他垃圾投放标准

其他垃圾种类类别主要包括：混杂、污损、易混淆的纸类、塑料、废旧衣服及其他纺织品、废弃日用品、清扫渣土、骨头贝壳、水果硬壳、坚果、陶瓷制品等生活垃圾。如：污损纸张纸盒、胶贴纸、蜡纸、传真纸、污损的保鲜膜、软胶管、沾污的餐盒、垃圾袋、镜子等有镀层的玻璃制品、尼龙制品、编织袋、旧毛巾、内衣裤、一次性干电池、LED 灯、动物筒骨头骨、粽子叶、玉米棒、玉米衣、蚝壳、贝壳、螺蛳壳、榴莲壳、椰子壳、核桃壳、花生壳、牙签牙线、猫砂、宠物粪便、烟头、破损鞋类、干燥剂、废弃化妆品、毛发、破损碗碟、破损花瓶、创可贴、眼镜、木竹餐具、木竹砧板、土培植物、路面清扫的树叶、路面清扫的灰土等。

二、垃圾分类的意义

垃圾分类一般是指按一定规定或标准将垃圾分类储存、分类投放和分类搬运,从而转变成公共资源的一系列活动的总称。分类的目的是提高垃圾的资源价值和经济价值,力争物尽其用。

垃圾分类是对垃圾收集处置传统方式的改革,是对垃圾进行有效处置的一种科学管理方法。人们面对日益增长的垃圾产量和环境状况恶化的局面,如何通过垃圾分类管理,最大限度地实现垃圾资源利用,减少垃圾处置的数量,改善生存环境状态,是当前世界各国共同关注的迫切问题。

垃圾分类处理的优点如下。

(1) 减少土地侵蚀。生活垃圾中有些物质不易降解,使土地受到严重侵蚀。垃圾分类,去掉可以回收的、不易降解的物质,减少垃圾数量达 60%以上。

(2) 减少环境污染。中国的垃圾处理多采用卫生填埋甚至简易填埋的方式,占用上万亩土地,并且虫蝇乱飞,污水四溢,臭气熏天,严重污染环境;土壤中的废塑料会导致农作物减产;抛弃的废塑料会被动物误食,导致动物死亡。因此回收利用还可以减少环境污染。

(3) 实现变废为宝。中国每年使用塑料快餐盒达 40 亿个,方便面碗 5~7 亿个,一次性筷子数十亿双,这些占生活垃圾的 8%~15%。一吨废塑料可回炼 600 公斤的柴油。回收 1500 吨废纸,可免于砍伐用于生产 1200 吨纸的林木。一吨易拉罐熔化后能结成一吨很好的铝块,可少采 20 吨铝矿。生活垃圾中有 30%~40%可以回收利用,应珍惜这个小本大利的资源。而且,垃圾中的其他物质也能转化为资源,如食品、草木和织物可以堆肥,生产有机肥料;垃圾焚烧可以发电、供热或制冷;砖瓦、灰土可以加工成建材等等。如果能充分挖掘回收生活垃圾中蕴含的资源潜力,仅北京每年就可获得 11 亿元的经济效益。可见,消费环节产生的垃圾如果能及时进行分类,回收再利用是解决垃圾问题的最好途径。

总而言之,垃圾分类后被送到工厂而不是填埋场,既省下了土地,又避免了填埋或焚烧所产生的污染,还可以变废为宝。这场人与垃圾的战役中,人们把垃圾从敌人变成了朋友。进行垃圾分类还可以减少垃圾处理量和处理设备,降低处理成本,减少土地资源的消耗,具有社会、经济、生态三方面的效益。

三、国内外垃圾分类简介

(一) 德国垃圾分类情况

德国的生活垃圾管理始终走在世界前列，其核心在于德国针对生活垃圾管理有完善的法律法规要求。作为欧盟成员国之一，德国首先遵循欧盟的生活垃圾管理法规要求，同时在此基础上也遵循其国内的法律法规要求。如《废弃物处理法》《废物分类包装条例》《包装废弃物管理法》(简称《包装条例》)《循环经济与废弃物处理法》《再生能源法》等，并强化配套相关实施条例。德国从垃圾回收到循环应用主要是通过私营回收公司完成的。由于法规严密，执行到位，德国政府通过垃圾分类有效地实现了大量有用垃圾资源的回收和利用。加之财政政策的支持，使得参与其中的私营公司盈利颇丰，从而实现环境保护、资源利用、参与公司盈利几方共赢的结局。比如在德国汉堡，每年年初，地方主管机构都会将新一年的"垃圾清运时间表"和"垃圾分类说明"挨家挨户地投到各家信箱，以方便居民遵照执行。每个生活社区设置专门的轻型包装物回收箱，还有三个成套的专门收旧玻璃的回收桶，分别收集透明、褐色、绿色的玻璃瓶罐。通常在每个小区也设立专门的收集箱。居民还可以按时间表的规定时间，将旧纸捆扎好摆放在自己家附近的街道边，回收公司会及时收取，一般每月一至两次。(资料来源：刘晓. 德国生活垃圾管理及垃圾分类经验借鉴[J]. 世界环境，2020-04-06)

(二) 美国垃圾分类情况

美国的垃圾分类充分借助了市场的力量，通过经济利益驱动，促进全民进行垃圾分类。如美国旧金山为了在全市推广垃圾分类，除了大力加强宣传之外，还采取了两种方式区别收取垃圾费。一是按垃圾丢弃量的多少收取，每户居民每月扔的垃圾多，垃圾费就高，反之则低，这样可以抑制垃圾总量的产生，促进居民自身对垃圾进行再循环处理；二是按丢弃垃圾是否进行分类区别收取，如果居民对丢弃的垃圾主动进行了分类，则垃圾费就可以按比例打折。显然这种物质利益和垃圾丢弃行为直接挂钩的方法，促进了居民落实垃圾分类政策的自觉性和积极性。

(三) 日本垃圾分类情况

日本是世界上垃圾分类工作做得很好的国家之一，其垃圾分类具有五个突出的方面。

(1) 有关垃圾分类的法律法规十分完备。日本制订了三个层次的法律来保障垃圾回收的实施。第一层次是基本法《促进建立循环社会基本法》。第二层次是综合性的两部法律，即 2001

年 4 月开始实施的《资源有效利用促进法》和 1970 年制定的《固体废弃物管理和公共清洁法》。第三层次是根据产品的性质制定的具体法律法规，如《家用电器回收法》《建筑及材料回收法》等。在日本，随意丢弃垃圾是违法行为。

(2) 垃圾分类各参与主体的责任十分明确。日本通过法律明确了国家、地方政府、企业和民众等各参与者所应承担的责任。国家的责任主要在于制订关于建立循环型社会的基本原则；地方政府的责任是根据国家制订的基本原则，采取必要措施，确保可循环资源得到适当的循环和处置；企业的责任是根据国家制订的基本原则，采取必要措施，在其经营活动中，尽量减少废弃物的产生；公众与企业一样，有责任尽可能长期使用产品、使用循环物品。同时，公众也有责任协助国家或者地方政府实施有关建立循环型社会的政策和措施，对企业采取的垃圾分类收集措施予以配合，主动为建立循环型社会做出自己的努力。

(3) 政府承担了大量细致的工作。日本政府除保证垃圾收集、搬运中转等环节的正常运转，以及从事垃圾处理设施的维护、管理、运营等常规事务外，还采取了一系列的手段，强化垃圾减量化、资源化分类及处理。如每年印发垃圾分类收集的资料，并以"日历"的形式发给公众，在"日历"中标注各类垃圾收集的时间、回收方法及联系方式，公众在一年中都要按照"日历"投放垃圾。

(4) 充分调动民众的参与积极性。日本政府很早就对中、小学生进行环境教育，把垃圾问题纳入小学社会课课本。垃圾要分类、要定时定点扔垃圾，早已成为家喻户晓、老幼皆知的规矩，完全融入生活的方方面面。

(5) 采取一定的强制性措施。如日本根据垃圾的性质将回收垃圾的时间进行了分类，避免大家混装。居民一旦错过某种垃圾的投放时间，得等待下次垃圾车的来临。这种强制性措施的实施，很好地促使了日本国民垃圾分类意识的形成。

(四) 韩国垃圾分类情况

韩国也和日本一样，严格执行垃圾分类。特别是韩国的首都首尔，更是有非常浓重的环保氛围。根据韩国相关规定，未按照该法律规定的方式分类排出垃圾，违者处以最高 100 万韩元的罚款。

韩国垃圾分类标准非常细致，可回收垃圾可以细分为废纸类、金属类、玻璃瓶类、塑胶类、塑料类、特殊垃圾和大件垃圾七个种类。韩国对于塑料垃圾的处理方法特别严格，要求扔塑料瓶时，必须里外清洗干净，并且把标签撕下来，之后把塑料瓶放进透明的塑料袋，再扔到指定的垃圾回收点。不可回收的垃圾也要分类处理，大致分为：可燃烧和不可燃烧的垃圾。不可燃烧的垃圾，如破碎的玻璃、灯泡、陶瓷等，要装在专用的 PP 麻袋扔掉。剩下的可以燃烧的垃圾，装在计量垃圾袋即可。

(五) 我国垃圾分类情况

2015 年 9 月,《生态文明体制改革总体方案》将制定垃圾分类制度列为一项重要改革任务。2019 年 4 月,住房和城乡建设部等有关部门发布《关于在全国地级及以上城市全面开展生活垃圾分类工作的通知》并实施,决定在 46 个重点城市先行先试的基础上,自 2019 年起在全国地级及以上城市全面启动生活垃圾分类工作,意味着垃圾分类工作的全面展开。2019 年 6 月,生活垃圾分类首次被纳入国家立法。2019 年 9 月,为深入贯彻落实习近平总书记关于垃圾分类工作的重要指示精神,推动全国公共机构做好生活垃圾分类工作,发挥率先示范作用,国家机关事务管理局印发通知,公布《公共机构生活垃圾分类工作评价参考标准》,并就进一步推进有关工作提出要求。2019 年 10 月,国家市场监督管理总局、中国国家标准化管理委员会发布《生活垃圾分类标志》,2019 年 12 月 1 日开始实施。2019 年 12 月提交全国人大常委会审议的《中华人民共和国固体废物污染环境防治法(修订草案)》增加了诸多规定,进一步健全了生活垃圾分类制度,明确了分类原则。

我国垃圾分类主要遵循以下原则。

(1) 分而用之,物尽其用。分类的目的就是为了将废弃物分流处理,利用现有生产制造能力,回收利用可回收品。

(2) 因地制宜,广泛参与。各地、各区、各社(区)的经济发展水平不同,企业回收利用废弃物的能力不同,居民的生活习惯、经济与心理承担能力等也各不相同,所以不同地区、行业应因地制宜,广泛参与,积极践行垃圾分类。

(3) 自觉自治,大力宣传。对社区和居民,包括企事业单位,加大宣传力度,逐步培养"减量、循环、自觉、自治"的行为规范,创新垃圾分类处理模式。让社区居民、企事业单位职工、在校学生等成为垃圾减量、分类、回收和利用的主力军。

(4) 减排补贴,超排惩罚。制定单位和居民垃圾排放量标准,低于排放量标准的给予补贴;超过排放量标准的则予以惩罚。以此提高单位和居民实行源头减量和排放控制的积极性。

(5) 捆绑服务,注重绩效。在居民还没有自愿和自觉行动而居(村)委会和政府的资源又不足时,推动分类排放需要物业管理公司和其他企业介入。将推动分类排放服务与垃圾收运、干湿垃圾处理业务捆绑,可促进垃圾分类资本化,保障企业合理盈利。

四、大学生规范执行高校垃圾分类

往大了说,垃圾分类是一项事关国计民生的重要工程;往小了说,垃圾分类事关每个人的卫生健康和生存发展。习近平总书记强调,实行垃圾分类,关系广大人民群众生活环境,关系节约使用资源,也是社会文明水平的一个重要体现。新时代的大学生,承载着国家的未来和民族的希望，是社会文明的示范者和引领者，必须要规范执行垃圾分类。2020年爆发了新型冠状病毒肺炎疫情，这次疫情教会我们要勤洗手、戴口罩、时常通风、经常消毒、保持卫生、注重健康等等。疫情期间，有很多大学生志愿者投身于疫情防控第一线，帮助和指导广大的人民群众做好各类防护措施、养成良好的卫生习惯、营造健康的生活和工作环境。垃圾分类本身的目的既是为了变废为宝，也是为了让各类垃圾各归其位，这样才能让我们的生活环境更加干净卫生，减少细菌滋生，守护健康。大学生做好垃圾分类，是卫生健康习惯的一种习得养成，在这一过程中大学生才能够更好地成长为文明个人。

(一) 大学生要树立垃圾分类意识

虽然我国在不断完善垃圾分类制度与法规，但是垃圾分类最终落实却需要人们建立接受和认同垃圾分类的观念，并对垃圾分类方法等有正确的认识。大学生作为高素质人群，未来建设的骨干力量，首先要树立良好的垃圾分类意识。

但是目前有不少大学生垃圾分类意识比较淡薄。曾有高校对大学生垃圾分类意识、垃圾分类知识、垃圾分类行为等进行调查，结果显示83%以上的大学生不太了解垃圾分类知识和生活垃圾的去向。仅有26%的大学生能够准确分辨出垃圾分类的标志。目前我国高校学生对垃圾分类的意义认识不足，对垃圾分类的标准、方法也不清楚，导致大学生垃圾分类行为很滞后，其主要原因是高校学生的垃圾分类意识不强。因为意识对人的行为有指导作用，能够使行为具有目的性，方向性和预见性。因此要大力加强对大学生的宣传教育，营造好的提高大学生垃圾分类意识的校园环境。

(二) 大学生应熟悉垃圾分类标准

多数高校学生并非不愿意进行垃圾分类，而是不知道如何将垃圾实施分类投放，并且对垃圾分类的标识辨别不清，缺乏垃圾分类的具体知识。因此大学生要认真学习垃圾的分类方法，分类标准以及分类标识，这样才能提高其垃圾分类的参与度。

学校也应充分运用校报、校园广播站、学校网站、宣传栏、展板等多种媒体，多途径地加强对大学生垃圾分类的宣传教育。可定期邀请环保专家来校园开展国内外垃圾分类工作的进展状况、发达国家垃圾分类工作的先进经验介绍等相关讲座，还可定期组织学生代表参观环卫设施、垃圾分拣设施，以及垃圾填埋场等，让学生更好地了解生活垃圾的处理过程。

(三) 大学生日常生活中应严格执行垃圾分类

勿以恶小而为之，勿以善小而不为。垃圾分类在我们日常生活中，是一件看似微小却又意义重大的事。通过教育宣传，让所有大学生认识到垃圾分类的重大经济、环境、生态和社会效益。我国人均资源并不丰富，更应珍惜这个本小利大的垃圾资源。垃圾分类投放是一件利国利民的大事，大学生在自己的日常生活中要积极践行垃圾分类。大学生认真执行垃圾分类投放工作，久而久之，就能形成良好的垃圾分类习惯，提高自己的个人素质和文明水平，为国家经济水平提升和社会文明素质提升作出贡献。

📖 拓展阅读

❧ 大学生劳动教育课程实践报告 ❧

社会实践只是一种磨炼的过程。对于结果，我们应该有这样的胸襟：不以成败论英雄，不一定非要把成功来作为自己的目标。人生需要设计，但是这种设计不是凭空出来的，是需要成本的，失败就是一种成本，有了成本的投入，就预示着的人生的收获即将开始。小草用绿色证明自己，鸟儿用歌声证明自己，我们要用行动证明自己。打一份工，为以后的成功奠基吧！

不经风雨，怎见彩虹，没有人能轻轻松松成功。在现今社会，招聘会上的大字板总写着"有经验者优先"，可是还在校园里的学生，社会经验又会拥有多少呢？为了拓展自身的知识面，扩大与社会的接触面，增加个人在社会竞争中的经验，锻炼和提高自己的能力，以便在毕业后能真正地走向社会，并且能够在生活和工作中很好地处理各方面的问题，我们要积极参与劳动教育课程实践。记得老师曾说过，学校是一个小社会，但我总觉得校园里总少不了那份纯真，那份真诚，尽管是大学高校，学生还终归保持着学生身份。而走进企业，接触各种各样的客户、同事、上司等等，关系复杂，我们得去面对从没面对过的问题。记得在我校举行的招聘会上，反映出来了一个问题，即学生的实际操作能力与在校的理论学习有一定的差距。在这次实践中，这一点我感受很深。在学校，理论学习得很多，而且是多方面的，几乎是面面俱到的，而实际工作中，可能会遇到书本上没学到的，又可能是书本上的知识一点都用不上的情况。或许工作中运用到的只是简单的问题，只要套公式就能完成一项任务，有时候你会埋怨，实际操作这么简单，但为什么书本上的知识让人学得那么吃力呢？"两耳不闻窗外事，一心只读圣贤书"只是古代读书人的美好意愿，它已经不符合现代大学生的追求，如今的大学生身在校园，心儿却更加开阔，他们希望自己尽可能早地接触社会，更早地融入丰富多彩的生活。时下，打工的大学生一族正逐渐壮大成一个部落，成为校园里一道亮丽的风景。显然，大学生打工已成为一种势不可挡的社会潮流，大学生的价值取向在这股潮流中正悄悄发生着改变。

对于大学生打工，一直是"仁者见仁，智者见智"，许多人的看法不尽相同。每个人都有自己的人生模式，我们有理由走自己选择的人生路，只要把握住自己，掌握好学习与打工的分寸，肯定能把大学这个人生阶段过得丰富多彩。打工的途径或者形式多种多样，只要是对社会有益，对自己积累人生经历有益，还能够有少量收入，就可以毫不犹豫地参与其中。

虽然在实践中我只是负责比较简单的部分，但能把自己在学校学到的知识真正运用出来也使我颇感兴奋！在学校上课时都是老师在教授，学生听讲，理论占主体，而我对知识也能掌握，本以为到了企业能够应付得来，但是在企业里并没有想象中那么容易，平时在学校数字错了改一改就可以交上去，但在工厂里，数字绝对不可以错，因为质量是企业的第一生命，质量不行，企业生产就会跟不上，而效率也会随之下降，企业就会在竞争的浪潮中失败。

因此，每一个环节都不能出错。这种要求是我们在课堂上学不到的。在学校里可能只需会解一道题，算出一个方程式就可以了，但这里更需要的是与实际相结合，没有实际，只纸上谈兵是不可能在社会立足的，所以一定要特别小心谨慎，而且一旦出错，并不是像学校里一样老师打个红叉，然后改过来就行了，在工厂里出错是要负责任的，这关乎工厂的利益存亡。总之，这个寒假的社会实践是丰富而又有意义的，一些心得和体会让人感到兴奋，但却绝不仅仅用兴奋就能描述的，因为这是一种实实在在的收获，是对"有经验者优先"的感悟。

在我的打工生活中，我也明白了许多：在日常的工作中上级欺压、责备下级是不可避免的。虽然事实如此，但这也给我上了宝贵的一课。它让我明白到别人批评你或是你听取他人的意见时，一定要心平气和，只有这样才能表示你在诚心听他说话。虽然被批评是很难受的，而且要明确表示你是真心在接受他们的批评。因为这样才能在失败中吸取教训，为以后的成功铺路。我们要学会从哪里跌倒就从哪里爬起来，这才是我所应该做的。我也从工作中学习到了人际交往和待人处事的技巧。在人与人的交往中，我能看到自身的价值。人往往是很执着的。可是如果你只问耕耘不问收获，那么你一定会交得到很多朋友。对待朋友，切不可斤斤计较，不可强求对方付出与你对等的真情，要知道给予比获得更令人开心。不论做什么事情，都必须有主动性和积极性，对成功要有信心，要学会和周围的人沟通思想、关心别人、支持别人。

打工的日子，有喜有忧，有欢乐，也有苦累，也许这就是打工生活的全部吧。我不知道多少打工的人有过这种感觉，但总的来说，这次的打工生活是我人生中迈向社会的重要一步，是值得回忆的。现在想来，二十四天的打工生活，我收获还是蛮大的。我所学到的道理是我在学校里无法体会的，这也算是我的一份财富吧。

现今，在人才市场上大学生已不是什么"抢手货"，而在每个用人单位的招聘条件中，几乎都要求有工作经验。所以，大学生不仅仅要有理论知识，工作经验的积累对将来找工作也同样重要。事情很简单，同等学历去应聘一份工作，公司当然更看重个人的相关工作经验。

就业环境的不容乐观，竞争形式的日趋激烈，面对忧虑和压力，于是就有了像我一样的在校大学生选择了假期打工。寒假虽然只有短短的一个月，但是在这段时间里，我们却可以体会一下工作的辛苦，锻炼一下意志品质，同时积累一些社会经验和工作经验。这些经验是一个大学生所拥有的"无形资产"，真正到了关键时刻，它们的作用就会显现出来。

大学生除了学习书本知识，还需要参加社会实践。因为很多大学生都清醒地知道"两耳不闻窗外事，一心只读圣贤书"的人不是现代社会需要的人才。大学生要在社会实践中培养独立思考、独立工作和独立解决问题能力。通过参加一些实践性活动巩固所学的理论，增长一些书本上学不到的知识和技能。因为知识转化成真正的能力要依靠实践的经验和锻炼。面对日益严峻的就业形势和日新月异的社会，我觉得大学生应该转变观念，不要简单地把打工作为挣钱或者是积累社会经验的手段，更重要的是借机培养自己的创业和社会实践能力。

现在的招聘单位越来越看重大学生的实践和动手能力以及与他人的交际能力。作为一名大学生，只要是自己所能承受的，就应该把握所有的机会，正确衡量自己，充分发挥所长，以便进入社会后可以尽快走上轨道。

除了工作中我学到很多很多在学习中无法学到的知识和经验外，在我看来，我收获最大的是，我变得很开朗很自信。以前在人群里，我胆小得几乎宁愿缩在角落里，希望没人能注意到我。而这一次，在我们的小组会议里，我变得很自信，我勇于在大家面前表达我的看法，勇于向组长提出建议。在每一次活动中，我都踊跃参加，表现相当积极。组员居然不相信我之前是一个相当内向的人。我觉得，这次社会服务活动给我最多的是，让我自己有了很大的改变，而且这个改变，是我之前都一直想要的。

在这次假期的工作中，我懂得了理论与实践相结合的重要性，获益良多，这对我今后的生活和学习都有很大程度上的启发。这次的打工是一个开始，也是一个起点，我相信这个起点将会促使我逐步走向社会，慢慢走向成熟。

这次的实践的确给予了我很多。今后，我将继续保持认真负责的工作态度，高尚的思想觉悟，进一步完善和充实自己，争取在以后的学习中更好地完善自己，在以后的实践中更好地运用自己的知识，做一个合格的大学生，将来做一名对社会有用的人。

资料来源: 瑞文网. 大学生劳动教育课程实践报告. https://m.ruiwen.com/word/ dxshldjykchshijianbaogao.html. 2021-12-10.

📖 延伸阅读

1. 北京市生活垃圾管理条例. http://www.bjchp.gov.cn/cpqzf/zj/tzgg78/5256733/index.html.

2. 上海市垃圾分类政策. http://wenda.bendibao.com/life/2019726/42744.shtm.

3. 最新广州垃圾分类指南与标准，广州如何进行垃圾分类？ https://www.sohu.com/a/327697702_400574.

📖 学习思考

1. 公共卫生间保洁的步骤是怎样的？

2. 垃圾分类具有什么重大意义？

3. 大学生如何提高自己的垃圾分类能力，并在日常生活中践行垃圾分类？

📖 参考文献

1. 刘晓. 德国生活垃圾管理及垃圾分类经验借鉴[J]. 世界环境，2020-04-06.

2. 孟美荣，王嘉敏，郝丽婷. 山西大学劳动教育案例入选山西省大中小学校劳动教育典型案例[EB/OL]. 未来网教育看点，2022-01-04. https://cj.sina.com.cn/articles/view/5895814239/15f6afc5f02000ypr6.

第八章

大学生勤工助学劳动教育与实践

勤工助学(或勤工俭学)，指学生在学校的组织下利用课余时间，通过劳动取得合法报酬，用于改善学习和生活条件的实践活动，是学校学生资助工作的重要组成部分，也是提高学生综合素质和资助家庭经济困难学生的有效途径。有些地方也称之为工读或工读生，半工半读或半工读。2018 年，教育部、财政部公布《高等学校勤工助学管理办法(2018 年修订)》，明确规定将大学生参加校内勤工助学临时岗位的时薪，从 2007 年的不低于 8 元/小时提高到不低于 12 元/小时。

📚 学习目标

1. 了解勤工助学的概念。
2. 理解勤工助学的意义。
3. 明确勤工助学在高校的主要岗位设置。

📚 思政目标

1. 充分认识勤工助学的意义。
2. 正确处理勤工助学与学习的关系。
3. 处理好勤工助学与学习、生活的矛盾问题。

📚 导航阅读

❧ 勤工助学 助人更育人 ❧
——二十年帮助十余万名家庭经济困难学生追梦的安农故事

如何既不影响家庭经济困难学生的学习，又能发挥其专业特长，并帮助其找到适合自己的努力方向?安徽农业大学给出了自己的答案——一边将勤工助学岗位作为缓解困难学生经济负担的一种方式，一边细化管理和服务，培养其树立正确的劳动观，鼓励其将磨难转化为契机，筑梦前行。

2007年至今，该校累计为校内经济困难学生争取校外勤工助学岗位4.9万余个，为学生创收4327万余元；安排校内勤工助学10万余人次，发放校内勤工助学工资2005万余元。同时，通过积极整合校内外资源，为学生搭建起广阔舞台，培育出敬业奉献"中国好人"孔小藤等一大批有责任、有担当的优秀毕业生。

(一) 成立勤管中心 岗位管理规范化

去年春节，2017级应用化学专业的学生陈耀将一万元交到妈妈手里，这是他利用课余时间进行勤工助学、扣除生活开支之外的结余。

"学校开展的勤工助学活动既缓解了我的家庭经济负担，也给了我解决问题的勇气、积极向上的人生态度和直面未来的决心。"陈耀说，两年多来，他利用课余时间在一家餐厅勤工助学合计收入3.6万余元，现在还成了餐厅管理组长。

事实上，陈耀是从安徽农业大学勤工助学管理中心这一校级学生组织中获益的典型案例。自2001年成立以来，该校勤管中心始终秉承"勤工助学、真情奉献"的理念，围绕"服务他人、锻炼自我、立足校园、面向社会"的目标，以科学规范的组织管理及"家"文化理念建设，在校学生处和学生资助管理中心的管理下，采取学生自我管理、自我服务、自我锻炼的管理模式，服务了校内十余万名家庭经济困难学生。

"一辆单车、一本笔记本、一沓手写名片、一杯水和一个挎包，就是我们外出寻找用工信息的标配。"该校勤管中心原学生干部王冠元回忆以往跑市场、扫楼的经历说，"大部分来自农村的我们，面对商家有很多不自信。但责任和期待让我们不能退缩，无数次的失败和狼狈、无数次的拒绝和委屈，我们相互鼓励后微笑面对，继续前行。"

校级层面制订《安徽农业大学学生勤工助学管理办法》，配备专门的指导教师，提供单独办公室、招聘区域和一定的经费支持，精心严格筛选合作企业，加大对表现优秀的勤工助学学生宣传力度……该校尤其注重保障学生的安全，在勤工助学方面倾注了很大心力，下足、下实了功夫。2017级生命科学专业学生高运杰告诉记者，"作为一名勤管中心的学生干部，能为全校家庭经济困难学生服务，我感到很快乐，很有价值，也很有意义"。

"安农大组织的勤工助学活动组织规范，兼职学生爱岗敬业、吃苦耐劳，我们很放心。"作为多年的合作伙伴，合肥方田教育学校俞女士说。

如今，该校勤管中心早已大变样。从最初的主动跑商家变成现商家主动联系，甚至和很多企业建立起长期合作关系；从当初学生干部代替学生领取工资发到学生手中，变成现在公司直接转账给学生；从当初只有一个校外市场部，变成现在设有校内外岗位管理部、公益活动部等有针对性的多个功能部门，成为了该校家庭经济困难学生最信赖的学生组织。

(二) 积极整合校内外资源 学生发展更多样

"家里小孩多，经济条件不好，他上大学后就没怎么让大人操心，每个月还会给我们买点吃的、用的。"李成的父母很感谢安徽农业大学给孩子提供的好平台，让他变得越来越优秀。

"大学期间，无论是我的学业，还是我的经济方面，学生处的老师们都帮了我很多。"本科就读于安徽农业大学、硕士研究生也将在该校继续学习的李成说，"目前，我拿奖学金、助学金和校内外勤工助学岗位的工资累计收入有 7 万至 8 万元。"除了经济条件变好，对于李成而言，更重要的是通过勤工助学获得了许多肯定，并明确了自己的未来目标。"我从农村出来，以后要考选调生，回到农村去，在那里为'三农'事业作贡献。"他笑着说。

据悉，该校做好勤工助学基础工作的同时，还对参加勤工助学的学生开展了一系列的后续管理和服务，为学生全面发展提供广阔舞台，从而提高其综合素质。该校学生资助管理中心教师陈玲玲介绍，"参与勤工助学占用了学生们很多的学习时间，我们就开展了'基石公益'活动，联合理学院帮助他们提高数学、化学、物理等基础科目学习成绩，先后帮扶了 634 名学生"。

与此同时，该校与知名培训机构合作设立"圆梦学堂"、实施"助梦飞翔"计划，为参与勤工助学的学生提供免费的英语四六级、英语口语、考研和公务员等系统化课程培训，累计四千多名学生参加培训，免费发放教材和培训材料一万多份；与安徽省博物院联合开展"文化公益研学行"活动，2019 年开展了五期活动，惠及三百多名学生；通过"优才计划"学生发展支持项目，助力家庭经济困难学生在学业、科技创新、社会实践、素质拓展和就业等方面提升，四年资助了九十多个项目，资助资金总额三十余万元。

值得一提的是，该校还经常组织团体辅导、素质拓展训练和心理情景剧等多种心理活动，缓解勤工助学学生的心理压力，及时疏导情绪，为其心理健康保驾护航。陈玲玲说："后期会重点关注学生们的心理健康教育，探索成立专业的教师队伍等，打造出'课程超市'，更好地助力学生成长成才。"

(三) 重点聚焦内涵式发展 实践育人成效足

勤工助学作为高校资助政策体系的重要环节以及资助育人的组成部分，是促进学生全面发展、提升学生综合能力的重要平台。紧紧围绕立德树人根本任务，安徽农业大学深入挖掘勤工助学工作内涵，大力开展了无偿勤工助学和爱心家教等诸多志愿服务活动，引导学生走出校园、知恩感恩、奉献社会。

来自湖北恩施的 2009 届毕业生孔小藤对此深有体会，大学期间，他既是一名勤工助学学生，又是一名勤工助学管理中心的学生干部，先后参与组织了暑期招聘会、爱心家教、清扫校园等活动。大学毕业后，他放弃台资企业的优厚待遇，选择到农村当村干部。现在，他已成为全省大学生村干部创业致富的先进典型，先后获得敬业奉献"中国好人"、省创先争优"优秀共产党员"、省"青年五四奖章"、省"优秀大学生村官标兵"等荣誉。"这些经历教会我要将小事做好、做到极致，真诚地为他人服务，提升了我的个人组织能力，增强了我的感恩奉献精神和责任担当意识。"他说。

"大学期间的经历对我的人生影响很大，我明白了无论过去和现在的我们是什么样子，只要肯努力奋斗，什么都会变好。"胡昆锋曾经是该校信息与计算机学院2007级的学生，大学期间没有向家里要过一分钱，有时候会给弟弟妹妹补贴200元至300元，还参加了许多志愿服务活动，为后期创业打下了基础。2012年，他成立了安徽店折店信息科技有限公司。现在，他的公司发展得越来越好，2017年荣获合肥市创新型企业称号，2018年入选科技部火炬中心"科技型中小企业"。

"大学期间，老师给我推荐了校内勤工助学岗，在校财务处兼职的经历不仅让我学到了许多知识，更多的是从老师们身上学到了许多为人处世的方式方法和严谨认真的工作态度。"作为安徽农业大学2017届毕业生，提及该校的勤工助学工作，合肥新屹景观设计有限公司总经理朱海感触很多，"目前，我们公司也会组织参与一些志愿服务活动，今后会尽自己的能力反哺母校和社会。"

多年来，从安徽农业大学开展的各类志愿服务活动中获益的学生有很多，类似孔小藤的优秀毕业生也有很多。在爱心家教活动方面，该校已连续开展14年，累计为1800多个合肥市民家庭提供爱心家教服务。合肥中铁广园小区居民李友忠告诉记者："我儿子在四、五年级连续两年得到来自安农大的爱心教员的义务指导，孩子的阅读和数学学习能力显著提升。大学生非常敬业，大热天的很辛苦，全家人想有所表示都被拒绝了，真的很感谢。"

除爱心家教外，该校还引导勤工助学学生积极参与各类社会志愿服务活动，树立良好的社会责任意识、公益精神和劳动观念。其中，由曙光基金受资助学生组成的"曙光公社"团队在学习和勤工助学之余，长期坚持为合肥市侯店小学的留守儿童提供"朗读者"志愿服务。六年来，参与志愿者达150多人，惠及近200名留守儿童，被安徽省青少年发展基金会授予"最佳团体"荣誉称号。

如今，该校15个学院均有一些特色的志愿服务活动，深入到周边社区、农村，开展美术教育、手工制作、爱心陪伴等活动。比如，信息与计算机学院为合肥市五十头小学开展了15年义务支教，经管学院"四点半课堂"公益助学志愿服务获得了第四届中国青年志愿服务项目大赛银奖等。

随着该校勤工助学工作的不断发展和沉淀，现已成为我省高校学生资助项目中的佼佼者，也是培养广大学子社会责任感和感恩奉献意识的重要平台，更是孕育农大学子养成勤劳善为、自立自强、追求卓越优良品质的有效载体。

资料来源：安徽青年报. 勤工助学　助人更育人——二十年帮助十余万名家庭经济困难学生追梦的安农故事. http://epaper.ahyouth.com/paperdetails.php?CurrPeid=2065&CurrSid=18956&newsid=56164. 2021-12-23.

第一节　勤工助学概述

勤工助学，或称为勤工俭学，在国外，勤工助学被称为 work-study program，简称 WSP，美日等国称之为"工作助学"。所谓勤工助学，即"勤以工作、俭以求学"，指的是一边工作，一边过着节俭生活的求学历程。现在大多指学生利用课余的时间，通过自己参加社会实践劳动，运用所学科学知识、专业才能等为用工单位提供智力与体力服务，比如通过兼职或者是假期工来获取报酬，继而改善自己学习和生活条件的行为过程。勤工助学是一个体力和智力投入的过程，不论是更侧重于体力的投入，还是更贴近专业，能够充分发挥专业所学所进行的智力投入，都属于勤工助学的形式。而后者，可以说是勤工助学的更高级形式。

一、勤工助学的历史沿革

最早的勤工助学活动的源头是在 1915 年，由李石曾、蔡元培、吴玉章等人在巴黎成立"留法学生助学会"，帮助更多的中国人走出国门学习西学，掀起一股勤工助学留学法国的风潮。参加勤工助学运动的留学生，包括周恩来、邓小平、张振华等著名人士。早期的勤工助学和爱国救国活动联系一起，爱国人士为求改变中国弱势和引进西方科学文化。后来勤工助学活动对象逐渐从留学学生回归到大多数的国内学生中，勤工助学日渐成熟。社会、学校倡导"生活节俭，课余勤工"的勤工助学思想，并通过国家助学金帮助学生安心学习。其针对的是那些经济困难但想通过勤工来继续求学的贫困学生。勤工助学活动使得众多学校成立了勤工组织，对大量学生继续求学有着巨大作用。由于生活条件的迅速提高和国力的迅猛发展，逐渐形成"勤工者未必助学者"的转变。继承了勤工助学的内涵，目前勤工助学的发展跳出了原先陈旧的体制和形式，结合实际、实践进行了改进。随着需求增加，大多高校都设置了专门管理勤工助学的部门，提供的勤工助学岗位针对补贴贫困生。学生不仅希望改善生活，实际上也都希望得到锻炼，带来实践能力的提高，思想的磨砺，增强对社会的认识。对于勤工助学的活动及报酬，财政部、教育部作出了一些原则性规定，以求保障学生的安全和权益。勤工助学随之发展成为社会实践形式之一。

随着国家教育体制的改革和素质教育的全面铺开，勤工助学成为大学生实践活动的重要环节。我国相关职能部门和各级政府根据实际情况，逐步建立了以"奖、贷、助、补、免"为主体的多元化高校贫困生资助体系，其中作为我国高校资助体系中重要组成部分的勤工助学，一直受到国家相关职能部门和高等院校的重视。近年来，我国先后制定并颁发了《高等学校勤工助学管理办法》以及《高等学校勤工助学管理办法(2018 年修订)》等一系列政策文件，为高校大学生勤工助学提供指导和帮助。

二、勤工助学的内涵理解

勤工助学活动是指学生在学校的组织下利用课余时间，通过劳动取得合法报酬，用于改善学习和生活条件的实践活动。为深入贯彻党的十九大精神，不断健全学生资助制度，根据当前学生勤工助学工作的新特点及新需要，教育部、财政部对《高等学校学生勤工助学管理办法》进行了修订。修订后的《高等学校学生勤工助学管理办法(2018 年修订)》，旨在规范管理高等学校学生勤工助学工作，促进勤工助学活动健康、有序开展，保障学生合法权益，帮助学生顺利完成学业，发挥勤工助学育人功能，培养学生自立自强、创新创业精神，增强学生社会实践能力。

勤工助学是学校学生资助工作的重要组成部分，是提高学生综合素质和资助家庭经济困难学生的有效途径，是实现全程育人、全方位育人的有效平台。勤工助学活动应坚持"立足校园、服务社会"的宗旨，按照学有余力、自愿申请、信息公开、扶困优先、竞争上岗、遵纪守法的原则，由学校在不影响正常教学秩序和学生正常学习的前提下有组织地开展。勤工助学活动由学校统一组织和管理。学生私自在校外兼职的行为，不在上述办法规定之列。

三、高校勤工助学的主要形式

（一）协助教师作研究

一些学习成绩较好、专业水平较高的学生，既能够充分利用自己的专业和专长来协助教师进行科学研究，以实现自身专业知识及能力的进一步锻炼与提升，同时还能够赚取一定的劳务费用。当然，由于大学生的科研能力总体上仍处于较低水平，只有少数大学生能够协助教师作研究。

（二）课余时间外出打工

大学的课余时间相对来讲较多，一部分大学生会利用课余时间或者寒暑假外出打工，比如到餐馆做服务生，或者做家教等。结合目前高校大学生勤工助学实践情况来看，课余时间外出打工是最为普遍和常见的形式，大学生可以结合自身时间来灵活地安排勤工助学计划。

(三) 从事商业经营活动

大学生从事商业经营活动需要投入一定的物力、财力与精力，同时也可能影响学业，学校一般不提倡。当然，有些大学生具有良好的商业经营想法和头脑，也能够处理好商业经营与学业之间的关系，这部分大学生会利用课余时间来进行商业经营。在"大众创新、万众创业"的时代背景之下，很多大学生在进行勤工助学的过程当中，将目光投向了创新创业，通过构建自己的团队，为企业单位或个人制作商业计划书，或者充分发挥专业特长进行技术研发。在这个过程中，大学生一方面可以获得经济收入，同时也积累了经验，增长了才干。

目前，各大高校正在积极探索与创新大学生勤工助学的指导与组织工作，大力推进大学生勤工助学中心的建设，以实现对大学生勤工助学的统一组织、管理与协调。高校每年也会为大学生尤其是贫困大学生提供一些勤工助学的岗位，以帮助他们顺利完成学业。当然，不可否认的是，目前各高校在大学生勤工助学的指导与组织方面也存在水平不一、参差不齐的问题，从总体讲，高校所能够提供的勤工助学服务目前还处在初级阶段。在很大程度上，大学生勤工助学还是需要依靠自己去探索。

四、当前高校勤工助学的现实问题

(一) 内容庞杂且层次较低

选择何种工作来实现勤工助学，是大学生自己的权利。就目前情况来看，现阶段大学生勤工助学的内容庞杂且层次较低。从高校大学生勤工助学的服务类型来看，家教、餐厅清洁工、运输员、销售等工种仍然占多数。从事单纯体力打工的比例较大，也就是说很多学生并不能够充分发挥自己的专业优势及特长。这样的勤工助学过程，缺乏育人功能的实现，甚至还会导致大学生形成急功近利的思想。

(二) 勤工助学体系不健全

目前，虽然高校强调和鼓励大学生尤其是家庭经济条件困难的大学生广泛参与勤工助学，然而，现实的情况是很多高校勤工助学体系并不健全和规范，相关管理条例与规章制度较为缺乏，不少高校没有配备独立的办公场所和专职教师，大学生勤工助学指导工作大多由团委或学生处教师监管。这样一来，由于勤工助学体系的不健全，使得学生参与勤工助学的广度与深度得不到有效保障，最终使得高校勤工助学工作发展缓慢且成效不佳。

(三) 勤工助学体系混乱

由于一些高校在对学生勤工助学过程当中存在指导不足，介入不够，加之大学生自身社会经验不足，使得一些中介公司或个人钻空子，利用大学生着急寻找兼职工作的心态，向大学生收取高额押金和服务费，或是将大学生当作廉价劳动力，任意拖欠或克扣工资报酬。另外，有的大学生没有在学校勤工助学中心备案，私自在外做兼职，一旦出现纠纷，校方难以干预，学生维权将困难重重。

第二节 勤工助学的意义

勤工助学作为我国大学生社会实践的一个重要形式，在高等教育中发挥着不可替代的作用。勤工助学活动是大学生参与社会实践、树立正确劳动观念的重要途径，是培养大学生艰苦奋斗精神的重要手段。参与勤工助学的大学生，依靠自身具备的知识和技能，在课余时间参与校内外技能型、事务型、研究型、艺术型等劳动，从而获取社会知识，培养实践能力，锤炼意志品质，并获得相应经济报酬。

在具体实践过程中，将勤工助学与高校日常管理相结合，有利于勤工助学实现为大学生的成长成才服务的初衷，发挥勤工助学的资助育人功能，从而全面提高学生的综合素质。勤工助学这一重要的育人意义，具体表现在以下几个方面。

一、促进大学生思想道德素质的提高

大学生积极投身于社会实践，紧密结合实际，不断加深对自身和社会的认识，可以提高改造主观世界和客观世界的能力和自觉性。勤工助学是当前高校学生参加社会实践活动的重要形式之一。

大学生的思想道德素质需要不断地通过道德修养的实践过程加以提高。道德修养作为人类道德实践活动的重要形式之一，是指个体自觉地将一定的社会道德规范、准则及要求内化为内在的道德品质，以促进人格的自我陶冶、自我培育和自我完善的实践过程。加强道德修养，提升个人品德，应借鉴历史上思想家们所提出的各种积极有效的方法，并结合当今社会发展的需要身体力行。这些方法主要包括学思并重、省察克治、慎独自律、知行合一、积善成德，其中知行合一，是把提高道德认识与躬行道德实践统一起来，以促进道德要求内化为个人的道德品质，外化为实际的道德行为。勤工助学这一学生时期特有的实践形式，能够帮助大学生在实践的过程中认识自己、认识他人、认识社会，学习掌握运用道德规范，正确调整自己的行为，做到明大德、守公德、严私德。

大学生处在世界观形成的关键时期，在这个关键的成长学习阶段，通过勤工助学的社会实践方式，走出相对狭窄的课堂学习范围，接触社会，了解民生，投身到火热的现实生活，从而能够全面了解和认识社会的政治、经济和文化各个方面的变迁和基本国情，加深了解改革开放取得的伟大成就，增强社会责任感，加深对党的大政方针的理解，更加自觉地坚定道路自信、理论自信、制度自信、文化自信。

二、促进大学生业务素质的提高

勤工助学的过程，是大学生在实践中拓展知识、补充能力的过程。这主要体现在三个方面：一是知识结构的补充；二是知识领域的拓展；三是知识层次的提升。

学校课程结构再严谨，也不能涵盖所有的内容。在人类知识体系不断变化的现代社会里，最新最生动的知识往往难以及时进入高校的课本和讲台。勤工助学则可以使大学生有机会从丰富的现实生活中学习、体验真知，补充知识结构，拓展知识领域，并实现实践与理论、感性认识与理性认识的知识层次的飞跃。

勤工助学工作和大学生以后的工作岗位具有很多的相同之处，特别是在业务素质的要求上，基本是一样的。勤工助学的岗位，能够为大学生提供一个锻炼业务素质的舞台，对于促进大学生业务素质的提高有很大的帮助。而且，大学生勤工助学的内容一般与自己所学的专业相关，从而更加能够促进他们将理论与实践相结合，促进校园与社会相结合，培养大学生的创新意识和实践能力。

勤工助学为大学生提供了一个提高业务能力的实践舞台，同时，也有利于培养大学生的动手能力和生活技能。总之，勤工助学是提升大学生业务素质的有效途径。

三、促进大学生自立能力的形成

目前，由于家庭的宠爱、学校劳动教育的不足和社会风气的影响，在高校一些大学生中存在缺乏基本劳动习惯、轻视体力劳动、劳动态度不够端正、就业创业脱离实际等劳动情怀淡薄的现象。勤工助学活动不但可以消除大学生"等""靠""要"等依赖思想，增强劳动观念，还可以使他们在劳动中养成吃苦耐劳、勤俭节约的生活习惯，提高自我管理和独立生活的能力。

在精神上，勤工助学有利于培养大学生自立自强的精神品质。勤工助学使大学生的生活空间扩大了，接触的事物和遇到的困难增多了，有得有失，有成功有失败，这种生活中真实的体验和历练，使大学生逐渐形成独立思考问题、分析问题和解决问题的习惯。

大学生要在实践中传承自立自强的中华民族传统美德和艰苦奋斗的革命道德。自立自强是中华民族的优秀品德，也是中国传统文化中自始至终倡导的人格品质。自立自强对于促进个体与社会发展具有重大价值，离开了自立自强，无论是一个人、一个民族或是一个国家的发展都会陷入举步维艰的境地。一部中国近现代史就是一部中国人民自立自强的奋斗史，一部共和国史同样是中国人民自立自强的复兴史，因此新时代的青年大学生要自觉担当民族复兴大任，应当在勤工助学的实践当中培养自立自强的优秀品质，锻炼过硬的专业技术能力。

四、促进大学生心理健康的发展

（一）有助于经济困难学生正确认识自我，形成积极向上的人生态度，提升自我效能感

2018 年国家新修订的《高等学校勤工助学管理办法(2018 年修订)》，更好地发挥了勤工助学的育人功能，提高了家庭经济困难学生的社会化技能。但是很多家庭经济困难的学生因生活压力而产生一系列心理问题，造成心理贫困，严重影响到高校安全稳定和贫困学生的成长成才。2017 年教育部党组印发《高校思想政治工作质量提升工程实施纲要》，将全面推进资助育人、心理育人纳入"十大育人体系"。

家庭经济困难学生心理贫困主要是指处于经济窘况状态的大学生，因为在经济、精神上面临比一般的大学生更大的压力，而在心理上未能达到大学生心理健康标准，存在心理失衡状态，常常表现出一系列的心理问题、心理疾病以及心理危机。

据有关调查显示，家庭经济困难的学生主要来自于农村地区、尤其是边远山区。他们的心理贫困主要表现在：

(1) 自我认知显迷茫。经常表现出自卑、敏感、焦虑。

(2) 人际交往遇障碍。渴望融入集体，希望与他人交流，但不敢交往或脱离群体，孤立自己而形成自我封闭，甚至误把别人的关心看成冷嘲热讽。

(3) 就业有压力。因经济贫困原因缺少相应的学习设备，致使学习质量偏低，继而引发就业竞争能力不够强，产生了消极应对心理，导致了心理压力的出现。

(4) 自信心程度偏低。贫困学生在经济上相对紧张，往往缺乏自信心，对自己的能力及未来容易产生怀疑。

(5) 依赖心理。国家、社会、学校长期的无偿资助，反而促使一部分贫困学生把"贫困"作为一种获得利益的资本，萌生了"等、靠、要、拿"的思想，不积极寻找解决困难的出路，总想着"坐享其成""不劳而获"，依赖国家、社会、学校的经费资助，使得贫困学生及其家庭形成了一定程度的依赖心理。

实践证明，勤工助学是缓解经济困难学生经济和心理双重负担、避免产生心理疾病、促进心理健康发展的有效途径。

自我效能感由美国著名心理学家班杜拉 1977 年首次提出。他认为，所谓自我效能感，是指人们对能够利用自身所拥有的技能去完成某项工作行为的自信程度。自强自立是人类战胜困难、奋发图强的思想法宝。大学在对家庭经济困难学生的心理帮扶、心理资助工作中，应当采用多种方式引导大学生科学认知自我、正确定位，提升学生自我效能感，促进家庭经济困难学生自尊、自立、自信、自强良好个性品质的形成，强化大学生积极面对生活困难和挑战的能力。勤工助学活动是高校大学生的社会实践活动之一，有助于提升高校贫困学生养成积极面对困难，端正好心态的习惯，提高家庭经济困难学生对自我的认知、认可，不断增强自我效能感，提高自信心，有助于实现"自助助人"。

(二) 有助于经济困难学生拓展社会支持系统，提高交际能力

"社会支持是指被支持者所觉察到的来自他人或其他群体的肯定、尊重、关爱和帮助。"参加勤工助学活动的学生，天天都会与来自不同院系、不同专业、不同班级和不同地域的学生一起活动，扩大了交往的范围和对象，加大了人际交往的力度，增强了家庭经济困难学生的交流能力、人际适应能力、合作能力，也无形中扩大了家庭经济困难学生的社会支持系统。从某种程度和实际实践角度来看，完善的社会支持系统是家庭经济困难学生"心理脱困"的基础。

(三) 有助于提高经济困难学生的社会适应能力，消除偏激心理

据观察发现，很多贫困学生的心理问题大部分来源于不合理的信念、期望。美国心理学家埃利斯在 1955 年创立了"情绪 ABC 理论"。他认为：问题的情景或者事件的本身并不足以产生人们的心理问题，人们对事件的观点、评价、看法即信念，才是心理问题产生的根源。贫困学生普遍认为自己的不幸福、不快乐、不顺利、不如人，是家庭经济等外在因素造成的。因此，在生活中经常表现出较多的自卑、敏感，不积极、不主动现象。勤工助学活动既能给高校家庭经济困难学生提供一定的经济收入，缓解生活压力，又有助于增强家庭经济困难学生的责任意识和劳动意识，有助于消除"等、靠、要"的惰性心理和不劳而获的思想，也锻炼了家庭经济困难学生的践行能力，激发他们重新获得自我的确认，进而调整自我，树立正确的自我意识。

(四) 有助于增强经济困难学生的学习能力，提高个人竞争力

一般情况下，高校的勤工助学活动形式是多样的。高校在开展勤工助学活动时，如果能把专业学习、技能培养、务实精神、综合素质的提升、人才培养目标等结合在一起，以参加实践

为途径，既能推动学生学习的动力，拓宽不同领域的专业知识，又能促使学生学会分析问题，利用所学知识去解决问题，完成任务，强化学生对知识学以致用的能力，更激发学生的热情和兴趣，无意中实现实践与理论相结合的成才道路。同时，高校贫困学生的主动意识、创新意识、持久力、自信心、自我效能感在不知不觉中得到了锻炼和提高，个人竞争力也将随之得到不断增强。

五、促进大学生的社会化进程

社会化贯穿于人的整个生命历程，是每个人必须面对和经历的过程。大学生社会化成功与否，直接关系到他们的成才和发展，甚至会影响到他们一生的命运。

大学生在进入高校学习前，大多数都是以未成年人的身份在学校学习，对社会纷繁复杂的各个方面了解不多，而经过大学四年的学习，又必须以一个社会人的身份进入社会，接受社会的竞争和挑选。因此，在大学期间，如何完成这个社会化的过程，显得十分重要和必要。完成社会化的过程包括以下基本过程：了解社会，体验社会角色，教育自我融入社会，正确应对社会的竞争与挑战。

大学生通过勤工助学，承担具体的工作职责，可以扩大人际交往面，接触到社会各个阶层的人士，亲自体验不同于学生的社会角色，有利于他们正确认识自己、教育自己、完善自己，逐步缩小自己与社会期望值之间的距离，加速大学生的社会化进程。

六、促进大学生求职竞争力的提高

随着高等教育的大众化发展，大学毕业生的就业问题也成为社会关注的热点。大学生在校期间参加勤工助学这样的社会实践活动，是职业教育的一部分，可以为今后自己职业生涯的发展做准备，是职业生涯的"实习期"。高校的勤工助学使学生通过这一窗口了解社会、服务社会，通过一定的劳动得到社会的认可，是积累求职竞争力的很好途径。事实上，不少学生在勤工助学的过程中看到了当今社会急需什么样的人才，也看到了自己的理论知识和实践能力的差距。这方面的收获，促使学生有针对性地提高自己的求职竞争力，为将来的就业和更好地面对、适应社会打下坚实基础。

当前，大学生勤工助学已经成为一种普遍的社会现象。当代大学生的勤工助学随着社会大环境的变化，在经历了无偿服务、部分有偿到按劳计酬等发展阶段后，正摆脱仅仅以经济收入为目的的单一内涵，出现多种需求层次共同存在的丰富内涵，发展成当代大学生自我教育、自立成才的多层次、全方位的社会实践活动形式。

第三节 高校勤工助学的岗位设置

为帮助家庭经济困难学生顺利完成学业，促进学生健康成长成才，各部门可根据本部门的工作性质、工作内容和实际需要设立适合大学生开展勤工助学的岗位。通过勤工助学实践活动，培养学生自立自强的精神和良好的职业素养，增强学生实践能力，全面提高学生综合素质，营造资助育人、管理育人、服务育人的良好氛围。

一、勤工助学岗位受聘对象及要求

(1) 在校在册的家庭经济困难学生。

(2) 能自觉遵守国家法律和学校各项规章制度，道德品质良好，吃苦耐劳，责任心强。

(3) 学有余力，课余时间比较宽裕。

(4) 前一学期受过纪律处分或两门以上课程成绩不合格者，原则上不安排上岗。

(5) 每位学生只能应聘一个岗位。

二、勤工助学岗位设置要求

(1) 学校应积极开发校内资源，保证学生参与勤工助学的需要。校内勤工助学岗位设置应以校内教学助理、科研助理、行政管理助理和学校公共服务等为主。按照每个家庭经济困难学生月平均上岗工时原则上不低于 20 小时为标准，测算出学期内全校每月需要的勤工助学总工时数(20 工时×家庭经济困难学生总数)，统筹安排、设置校内勤工助学岗位。

(2) 勤工助学岗位既要满足学生需求，又要保证学生不因参加勤工助学而影响学习。学生参加勤工助学的时间原则上每周不超过 8 小时，每月不超过 40 小时。寒暑假勤工助学时间可根据学校的具体情况适当延长。

(3) 勤工助学岗位分固定岗位和临时岗位。固定岗位是指持续一个学期以上的长期性岗位和寒暑假期间的连续性岗位；临时岗位是指不具有长期性，通过一次或几次勤工助学活动即完成任务的工作岗位。

(4) 学校勤工助学管理服务组织统筹管理校外勤工助学活动，并注重与学生学业的有机结合。校外用人单位聘用学生勤工助学，须向学校勤工助学管理服务组织提出申请，提供法人资格证书副本和相关的证明文件。经审核同意，学校勤工助学管理服务组织推荐适合工作要求的学生参加勤工助学活动。

(5) 勤工助学岗位不能重叠、交叉，每个勤工助学岗位必须有一名老师指导学生开展活动，每名学生只能被聘任到一个勤工助学岗位。

(6) 各申报单位高度重视，加强统筹。本着"谁用人谁管理"的原则，安排专人负责，开展勤工助学学生的选拔、管理、考核、工资表的报送等工作。

三、勤工助学岗位设置程序

(1) 机关部门、直属业务单位设置勤工助学固定岗位，须于每学期初填写《勤工助学岗位(固定岗位)设置申请表》，报学生处审批；学生处对各单位申报的岗位情况进行审核，根据各单位工作实际情况确定设立的岗位数。

(2) 机关部门、直属业务单位设置勤工助学临时岗位，需提前一周填写《勤工助学岗位设置申请表》，报学生处审批。

(3) 未按照学生处规定时间申请勤工助学岗位的单位，原则上不再新设勤工助学岗位。

(4) 学校勤工助学岗位设置由学生工作领导小组审批。

四、勤工助学岗位设置一览

校内勤工助学岗位设置如表 8-1 所示。

表8-1 勤工助学岗位

序号	设岗部门	岗位名称	工作职责	任职要求
1	党委办公室	办公室助理	办公室日常事务处理	能吃苦耐劳，自觉遵守各项规章制度；有良好的沟通能力，对工作认真负责，细致耐心；能熟练掌握各类常用的计算机办公软件；时间充裕
2	党委组织部	办公室助理	办公室日常事务处理、数据录入、材料审核等	有责任心，吃苦耐劳，熟练使用办公软件
3	党委宣传部	校报编辑助理	负责辅助校报、新闻的组稿、排版、校对工作	有较好的文字功底；工作细致、认真，有责任心；较强的沟通协调以及语言表达能力；思维敏捷严谨、勤快、踏实

(续表)

序号	设岗部门	岗位名称	工作职责	任职要求
4	党委宣传部	新媒体运营助理	协助老师做好新媒体运营管理工作,包括学院微信公众号等,统筹管理组织宣传工作	熟练使用 Photoshop、CorelDRAW 等图像处理软件;设计类专业;有较强的文字功底,能熟练掌握运用办公软件,能管理微信公众号
5	党委统战部	办公室助理	办公室日常事务处理	熟悉办公软件,具有较好计算机操作水平;态度认真、负责
6	学生工作部	办公室助理	办公室日常事务处理	课余时间充足,能平衡好学习与办公室工作之间的关系;熟知学生管理的相关事务和规定,对学校的基本校规校纪有清楚的认识
7	学校办公室	办公室助理	接听电话,来访接待;复印、传真,会务辅助(会议室布置、排位、铭牌制作等);文字录入,校对,校外收文登记,录音整理;一般文件起草,资料收集;电脑维护等	熟悉办公软件,具有较好计算机操作水平;态度认真、负责;上学期无挂科
8	学生资助管理中心	医保科助理	材料审核、数据录入等	空余时间较多,细心;文科学生优先
9		办公室助理	办公室日常事务处理	责任心强;熟悉计算机操作和具备基本办公能力;微信平台编辑操作熟练
10	大学生心理健康教育中心	心理健康教育中心助理	负责心理咨询室日常维护,协助心理辅导员做好各项工作	身体健康,五官端正;口齿清楚,有良好的沟通表达能力
11	教务处	办公室助理	协助教务处开展教学运行、招生与学籍管理、教学建设、实践教学、质量监控与评估等日常管理工作	时间宽裕,工作积极主动,耐心细致
12		教研科助理	办公室日常事务处理	工作认真负责,思路清晰,善于虚心学习

(续表)

序号	设岗部门	岗位名称	工作职责	任职要求
13	招生工作处	招生办助理	招生相关资料处理、档案整理等	耐心、细心，空余时间较多
14	大学生就业指导与服务中心	就业中心助理	就业相关材料处理、数据录入等	空余时间较多，细心，吃苦耐劳
15	人事处	办公室助理	办公室日常事务处理	有责任心，吃苦耐劳，熟练使用办公软件
16	财务处	办公室助理	整理材料	对数字敏感，责任心强，吃苦耐劳
17	实验室与设备管理处	实验室管理员助理	实验室卫生清洁；仪器整理；大型仪器使用过程中不定期值班	熟悉操作并维护投影仪、服务器、计算机等实验室的设备；具备相应的软件和硬件知识
18	图书馆	图书管理员助理	日常值班、图书上架，整理书库，保持书架整齐	时间宽裕，耐心细致，吃苦耐劳
19	档案馆	档案员助理	协助档案人员做好折叠档案卷皮、卷盒和其他档案整理工作，管理档案系统	责任心强，认真细致
20	网络信息中心	办公室助理	协助处理信息网络中心办公室日常事务、办公室清扫等	时间空闲，吃苦耐劳
21		网络维护员	协助维护系统、数据库开发	计算机专业背景，有较强的软件应用、编程能力
22	校医院	校医院助理	协助校医院预防保健部资料的输入及整理工作，协助开展社区卫生相关日常工作	熟练操作电脑及办公软件，工作认真细致，遵守纪律，责任心强
23	后勤	公寓管理员助理	协助公寓管理员做好公寓楼的安全、卫生、值班工作	工作认真负责，吃苦耐劳，住在本楼的优先考虑
24		教室管理员助理	协助教室管理员做好教室日常管理工作	责任心强，工作积极主动，细致踏实，服从工作安排
25	校工会	办公室助理	主要协助办公室日常工作、教工文体活动的后勤工作等	遵纪守时，工作认真踏实，有责任心

(续表)

序号	设岗部门	岗位名称	工作职责	任职要求
26	工程训练中心	中心助理	协助老师做好卫生管理工作、参与实训材料整理、设备调制、准备实训工具等	有一定的动手能力,工作认真踏实,愿意学习,有时间进行实验室的工作;熟悉使用办公软件
27	校团委	团委办公室助理	协助办公室日常工作	熟练掌握办公自动化系统,有较强的组织沟通协调能力
28	校友会办公室	校友服务助理	协助老师做好重点校友的信息更新与整理工作,帮助完成校友期刊的寄发及其他办公室日常工作	表达能力强,学生干部优先
29	留学生管理中心	办公室助理	文字编辑,文件整理,材料报送等	政治立场坚定,热情大方,有一定的英文听说能力;熟练使用办公软件
30	餐饮服务中心	学生工	用餐时间餐口售卖	吃苦耐劳,热情大方
31	离退休工作处	办公室助理	协助离退休工作处做好学校离退休干部职工的服务工作	认真负责,沟通表达能力强;耐心、细心
32	国际交流与合作处	办公室助理	协助英文新闻翻译、国际交流与合作处微信平台信息维护、外教服务工作等	认真负责,责任心强,形象好,具备一定的英语听说写能力,熟练掌握办公自动化系统
33	二级学院	辅导员助理	协助老师处理文档,负责报表统计等	反应灵活,细心,统筹能力强,能吃苦(主要面向本院学生)
34	二级学院教学办	教学办助理	协助老师处理文档,负责报表统计等	反应灵活,耐心、细心(主要面向本院学生)
35	二级学院办公室	办公室助理	日常办公事务处理	反应灵活,能吃苦(主要面向本院学生)

五、勤工助学岗位受聘人员聘用程序

(1) 线上报名:学生可登录学生资助信息管理系统,在勤工助学模块中查看招聘详情,并进行线上报名。每名学生最多可报名三个固定岗位,并最多被一个岗位录用。各用工单位可提前在系统中查看报名学生详情。

(2) 各二级学院审核，筛选符合条件的学生。

(3) 用人单位审核，并组织面试。

(4) 报学生处审核备案。

(5) 正式录用后由用人单位集中培训上岗。

六、勤工助学岗位考核

校内各用工单位(含个人)负责每月对上岗学生进行考核，每月末在勤工助学信息系统中填写工作表现和实际工作时间等信息并经双方确认后提交，考核内容作为学生报酬发放依据，由勤工助学办公室负责监督审查。

(1) 考核宗旨：考核必须坚持公平、公正的原则，考核过程中严禁弄虚作假。

(2) 考核目的：旨在了解本院勤工助学人员的工作情况，提高勤工助学工作人员的工作态度、工作能力和工作效率。

(3) 考核对象：在校勤工助学岗位全体工作学生。

(4) 考核办法：①根据不同部门勤工助学岗位工作需要，每月由用工单位对勤工助学学生当月的工作表现进行打分，最后结果作为决定续聘、解聘的依据。②考核制度实行积分量化，考核表为百分制，分为五个等级：不合格(60 分以下)、合格(60～69 分)、良好(70～79 分)、优秀(80～89 分)、特优(90～100 分)。考核内容分为勤工助学日常工作、工作态度和其他三个方面。勤工助学日常工作为 60 分，包括值班出勤率及准时率、是否能按时完成规定的勤工助学任务等内容；工作态度为 30 分，包括工作的主动性以及对指导老师的礼貌礼节等内容；其他项为 10 分，包括突出劳动事例和优良作风等方面。

注：以上考核内容为基础项，指导老师可根据需要自行增加考核项并计入总分。

对考核不合格者，给予批评和警告，连续两次考核不合格者，将视具体情况处理，严重者将被劝退勤工助学岗位。若学期中途需要进行人员调整，也将对得分较低者进行劝退。

七、勤工助学岗位酬金标准及支付

(1) 校内固定岗位按月计酬。以每月 40 个工时的酬金，原则上不低于当地政府或有关部门制定的最低工资标准或居民最低生活保障标准为计酬基准，可适当上下浮动。

(2) 校内临时岗位按小时计酬。每小时酬金可参照学校当地政府或有关部门规定的最低小时工资标准合理确定，原则上不低于每小时 12 元人民币。

(3) 校外勤工助学酬金标准不应低于学校当地政府或有关部门规定的最低工资标准，由用人单位、学校与学生协商确定，并写入聘用协议。

(4) 学生参与校内非营利性单位的勤工助学活动，其劳动报酬由勤工助学管理服务组织从勤工助学专项资金中支付；学生参与校内营利性单位或有专门经费项目的勤工助学活动，其劳动报酬原则上由用人单位支付或从项目经费中开支；学生参加校外勤工助学，其劳动报酬由校外用人单位按协议支付。

八、勤工助学岗位权益保护

在校内开展勤工助学活动的，学生及用人单位须遵守国家及学校勤工助学相关管理规定。学生在校外开展勤工助学活动的，勤工助学管理服务组织必须经学校授权，代表学校与用人单位和学生三方签订具有法律效力的协议书。签订协议书并办理相关聘用手续后，学生方可开展勤工助学活动。协议书必须明确学校、用人单位和学生等各方的权利和义务，开展勤工助学活动的学生如发生意外伤害事故的处理办法以及争议解决方法。

在勤工助学活动中，若出现协议纠纷或学生意外伤害事故，协议各方应按照签订的协议协商解决。如不能达成一致意见，按照有关法律法规规定的程序办理。

第四节　大学生应正确认识和对待勤工助学

大学生勤工助学作为学生资助制度的一个重要组成部分，对于解决学生经济来源问题、锻炼动手能力以及培养自立精神，尽早适应社会等，具有重要意义。一方面，勤工助学是针对贫困大学生的助学措施，是贫困大学生通过自身劳动获得报酬的形式，是解决贫困大学生上学和在校日常生活的一种有效途径。另一方面，勤工助学指学生利用课余时间通过自己的劳动，促进德、智、体、美、劳全面发展，增长才干，并通过兼职或假期工作的报酬以改善学习和生活条件的行为。因此，大学生勤工助学要正确认识勤工助学的目的和意义，对于勤工助学和学习之间的关系要有一个正确的态度。

一、大学生须正确认识勤工助学

(一) 勤工助学对象是贫困生

随着新的收费制度的实行，高校中贫特困学生逐年增多。这部分学生主要来自农村、边远山区等地区。贫困学生家庭当中很多是多子女上学、双下岗工人、父母年迈或是单亲家庭。高校开展的勤工助学是帮助贫困学生解决学费和日常生活的有效途径。可以通过帮助贫困学生解决上学问题，安抚贫困生，给贫困生带来求知的希望。通过勤工助学，学生感受到自己的付出与收获，同时可以增强他们的自立自强意识，对于他们今后的成长成才，社会的安定有序，甚至国家的长久发展都是有利的。由此可见，高校勤工助学的设置，针对的是有切实需求的贫困学生。因此，高校学生必须清楚这点，有需要的同学可以按照正常程序进行申请，而能够解决自己学费、生活费等资金问题的学生应该将勤工助学的名额留给真正有需要的同学。当然，学校在这方面也要做到严格规范，要严格管理申请、审核、公示等程序，保证做到公平、公正、公开，将学校的勤工助学真正落到实处，真正发挥它的作用。

(二) 勤工助学提供实践平台以拓展知识

学生的求知途径可以有两种：一种是从书本中间接获得，一种是直接来自于社会实践。而勤工助学提供的岗位，就是提供了一个社会实践的平台，可以发挥其知识拓展的功能。

(1) 勤工助学可以优化知识结构。大学课程专业性强，学生主要围绕自己本专业进行学习。为此，学校课程结构再严谨，也不可能涵盖所有方面、涉及所有领域。社会的变化永远比书本的理论知识更新得更快，所以，最新最快的知识只能在实实在在的实践中获得。勤工助学可以使大学生直接投身于丰富的现实生活，与现实社会有一定的接轨，并从中获得书本中没有的知识。所以，大学生在勤工助学中要意识到这个平台为自己创造的价值，要在获得金钱资助的同时珍惜投身实践的机会。

(2) 在勤工助学中个人知识领域可以得到延伸。大学生进行勤工助学所接触到的工作，是一个知识领域，可以获得知识，得到锻炼的机会。

(3) 勤工助学可以实现大学生学习中理论和实践的相互转化。大学生学习的过程是一个认识的过程。认识一般需要经过两次飞跃，第一次飞跃是完成书本知识的学习。另外，运用所学的知识更好地为社会实践服务，发挥认识的能动性，这是第二次飞跃。而参加勤工助学，学生把个人在书本上学习到的理论知识融入勤工助学当中，从而完成由感性到理性的转化。可以说，在勤工助学中使所学的知识得到实践的检验。大学生一定要正确看待勤工助学这个平台。它不仅仅是社会实践，还是理论的客观运用，在勤工助学过程中必须结合自己的主观和客观需求，认真思考勤工助学的初衷和延伸的意义，发挥学校给予的勤工助学机会的最大价值。

(三) 勤工助学实行过程面临的问题

高校勤工助学工作日益得到社会、学校和家庭的重视。勤工助学的帮扶功能和育人的意义，也正在被广大学生和学校接受。高校勤工助学的实行，在一定程度上可以改善贫困学生的日常生活，并在一定程度上有益于大学生的身心健康。但是，这并不意味着勤工助学就是万能的，它在实行的过程中同样面临一些问题，主要表现如下。

(1) 勤工助学岗位不足问题。许多高校有专门设置的勤工助学岗位并有专门的管理。但是贫困学生的人数很多，而学校的勤工助学岗位又是有限的，所以校内勤工助学岗位供不应求成了常态。

(2) 大学生对勤工助学的认识问题。高校中大部分学生对于勤工助学的意义是有明确认识的，特别是贫困生。他们通过申请学校的勤工助学岗位，参加勤工助学活动，用实际行动克服困难。但是有一些学生对勤工助学目的和行动的认识有偏差，他们认为勤工助学就是为了赚钱，这归根到底还是由大学生对勤工助学目的的认识不够造成的，对此应该引起学校和家庭的重视。

勤工助学的问题当然并不止这些，每个学校都有自己的问题和解决办法。而对于上述阐述的问题，高校引起重视的同时，大学生也要有一个正确的认识。比如面对工作岗位的问题，尽量选择校内勤工助学。对于勤工助学的动机，学校应该予以重视，要正确传达学校勤工助学的必要性以及同学们勤工助学的目的。正确引导大学生在勤工助学时与自己的专业学习、能力培养、务实精神和成长成才要求紧密结合起来，时刻谨记在校园内自己的第一身份是学生，相应的第一任务就是学习。

二、大学生要正确处理勤工助学与学习的关系

(一) 合理选择和安排勤工助学

如前文所述，首先要对勤工助学有正确的认识，勤工助学指的是学校为解决贫困学生的学费、生活费等安排的在校劳动岗位，贫困学生通过参与勤工助学可以获得一定的经济收入或补贴。大学生即便打算参加勤工助学，也应该合理地安排自己的学习，有意识地选择能够锻炼自己专业，不与正常上课学习时间冲突的岗位。大学生参加勤工助学是应当鼓励的，但是要坚持学习为主、锻炼能力、提高本领的原则。在时间安排上，不能影响课堂的学习，在助学认识上，正确认识自己勤工助学的目的，清楚学习和助学之间的关系。在大学里，参加类似于勤工助学这样的活动是有可能得到锻炼自己的机会的，但是一定要根据个人情况来决定是否申请勤工助学。申请并得到勤工助学机会后，要规划好自己的时间，合理安排学习和其他活动，这其实也是对大学生管理自己事务能力的一次培养。

（二）珍惜在校时间主攻学习

学习与勤工助学是主次关系，应着重把握主要矛盾，抓学习这个重点，抓学习这个中心，当然又不能忽视勤工助学对贫困学生上学困难问题的解决，要统筹兼顾。勤工助学对学习是有一定影响的，关键在于大学生怎么平衡两者之间的关系。大学生在校期间，主要还是学习理论知识和实践经验。角色是学生，那么主要任务就是学习。但是现在的教育资源给学生提供实践体验的机会很少，除了部分实践性质的专业外，其他文科专业基本很少实践。而缺少实践导致了学习效率低下，那么要解决这个问题，勤工助学也会成为一个不错的途径。

大学生通过勤工助学能够有机会将书本的理论运用于实践，通过实践又检验书本理论的掌握情况，这样一来对大学生也是有利的。通过勤工助学，既可以获得相应的报酬，又可以学到不少东西。但是要谨记：学习是基础，实践是根本，理论服务于实践，实践是理论的来源，二者缺一不可，始终都是要相互促进的。

（三）理论与实践相结合培养综合能力

社会到底需要什么类型的大学生，不同的用人单位有不同的录用标准。但总的来说，用人单位最看重的还是综合素质。在这之中，专业知识水平又是首要因素。但是对学生实际学习状况的考察又不可以单纯地通过在学校的考试分数和名次来衡量，而是要更重视学生的实际水平和专业知识的应用能力。

从个人适应社会的角度而言，现代社会是一个学习型的社会。当前的就业形势，只有学历还是远远不够的，用人单位早已认识到员工工作能力的重要性，因此有些单位会注明招聘条件为"有工作经验者优先"或者直接就是要求"有 X 年工作经验"。而工作经验和工作能力主要靠实践来获得。在这里，并不是说大学生特别是应届毕业生就没有工作机会，而是讲大学生在学校除了学习书本知识外，还要寻求各种途径提高自己的动手能力、解决问题的能力、应对突发情况的能力等等，这样才能成为社会需要的综合素质人才。所以，勤工助学是一个既可以让学生安心学习书本知识的途径，又是一个调节自己心理的机会，更是一个大学生锻炼自己的平台。为使大学生更好地适应未来的社会，提倡大学生好好学习自己的专业课，在学好专业课的同时可以适当参加勤工助学来锻炼自己能力、提高自己的素质。

西班牙著名思想家奥尔特加·加塞特说："大学首先应该把普通人培养成有文化修养的人，使他们达到时代标准所要求的高度。"也就是说大学的基本职能在于帮助学生获得适应社会需求的知识和能力，用这样的知识和能力去谋求就业和自身的未来发展。因此，对于大学生来说，增长知识和锻炼能力永远是第一位的。

📖 扩展阅读

❧ 合肥工业大学勤工助学典型案例 ❧

合肥工业大学学生资助工作在教育部全国学生资助管理中心和安徽省学生资助管理中心的全面指导下,在学校党政的坚强领导下,以"帮助家庭经济困难学生顺利完成学业、成长成才"为目标,建立健全学生资助政策体系,努力构建资助育人长效机制,不断推进工作稳步发展。

勤工助学是学校学生资助工作的重要组成部分,是提高学生综合素质和资助家庭经济困难学生的有效途径。学校勤工助学工作以"立足校园、服务社会"为宗旨,夯实基础做到"四到位",强化管理实施"四措施",改革模式实现"四创新",勤工育人取得"四成效",不断建立完善发展型勤工助学管理育人体系,努力为家庭经济困难学生的成长成才保驾护航。

学校合肥校区拥有 19 支勤工助学团队,2400 多个(其中固定岗位约 1300 个)校内勤工助学岗位,每年近万人次参加勤工助学活动,年累计发放勤工助学酬金 550 多万元。

一、以体制机制建设为基础,推进工作健康发展

学校高度重视勤工助学工作,不断夯实体制机制、管理制度,加强人员、资金等保障,努力做到"四到位"。

(一) 健全机制,组织到位

学校成立了学生奖助工作领导小组全面领导全校学生资助工作,负责协调宣传、财务、人事、教学、科研、总务、团委等部门配合党委学工部(处)开展工作。各职能部门在勤工助学岗位设置、工作安排、人员配备、资金落实、办公场地等方面给予大力支持。领导小组办公室设在党委学生工作部(处),由勤工助学中心具体负责日常管理工作。

学校在 19 个学院各设 1 名本科生资助专管员和 1 名研究生资助联络员,均由辅导员担任,负责勤工助学等资助工作;各学院还配备 1 名由勤工助学学生担任的学生资助协管员,强化勤工助学等工作在学院的落实;各用人单位指派 1 名指导老师全程负责岗位培训、管理及考核等工作。各部门统筹协调、加强合作,合力形成责任明确的工作主体,在机制上保障了勤工助学工作的顺利开展。

(二) 提高标准,保障到位

近年来,学校逐年增加勤工助学专项经费,从 10 年前的约 100 万元增加至 2018 年的 454 万元,每小时勤工助学酬金从 8 元提高到 10 元。2019 年学校将每小时勤工助学酬金提高至 12 元,年勤工助学经费提高到 600 万元,在经费上保障了勤工助学工作的持续发展。

(三) 完善制度，落实到位

学校不断完善制度建设，修订了《合肥工业大学学生勤工助学管理办法》(合工大政发(2019)56 号)，规范管理学校学生勤工助学工作，促进勤工助学活动健康、有序开展，保障学生合法权益。

勤工助学中心编制了《校内学生勤工助学岗位申请流程》《校外勤工助学兼职岗位申请流程》，使学生对岗位申请一目了然；制定了《合肥工业大学岗位培训管理办法》，提供全面系统的岗前指导，提升勤工助学学生的社交礼仪，培养学生的诚信意识和工作责任心，增强风险防范意识；制定了《合肥工业大学校内岗位督查管理办法》，动态开展勤工组学岗位督查活动，以查促改，强化勤工助学规范化管理。各用人单位结合本单位具体情况，以学校勤工助学管理办法为依据，制定本单位岗位招聘、培训、考勤、考核等一系列管理制度。各项管理办法有效衔接、互相补充，促进了勤工助学工作的规范开展。

(四) 规范设置，考核到位

学校严格规范岗位设置和岗位考核。在岗位设置上，每年六月各用人单位进行岗位申报，由学校人事处、党委学生工作部(处)、财务处组成岗位审核小组进行审核，确定申报单位岗位数，学生酬金由学校勤工助学专项经费支付。勤工助学岗位招聘对家庭经济困难学生倾斜，各学院学生助理要求 100% 为家庭经济困难学生，各勤工助学团队家庭经济困难学生占比须达到70%。根据各学院和各团队家庭经济困难学生占比情况，对下一年度岗位数进行增减，占比达到要求的勤工助学团队在年度"优秀团队"评选中予以加分。在岗位考核上，对参加勤工助学的学生从工作态度、日常考勤、工作成效、师生评价等方面进行考核，对勤工助学团队从制度建设、岗位培训、团队文化、工作成效、师生评价等方面进行考核。

此外，勤工助学中心积极与后勤、产业等部门合作，在食堂、超市、邮局等经营性场所为学生开辟大量勤工助学岗位，满足学生勤工助学需求。岗位考核标准由设岗单位自行制定，学生酬金标准不得低于学校统一标准，由设岗单位支付。规范的岗位设置和严格的岗位考核保证了勤工助学工作的健康开展。

二、以过程管理为抓手，构建精细化管理体系

近年来，学校通过实施"四措施"，强化过程管理，提升服务水平，逐步形成从培训到督查的精细化管理体系，促进了勤工助学工作的良性循环。

(一) 加强培训，持证上岗

实行系统的学生岗前培训考核制度，参加培训的学生，考核合格后取得《勤工助学上岗证》，优先推荐上岗；经绿色通道入学的新生可先到勤工助学中心申请校内岗位，再参加岗前培训取得上岗证。

(二) 团队管理，创新模式

学校针对需求勤工助学学生 10 人以上且劳动性质类似的用人单位，将分散的、临时性的勤工助学活动整合为系统的、稳定的学生勤工助学团队，打造"团队服务"模式，强化团队管理。目前学校共有 19 支勤工助学学生服务队，1000 多个岗位，3000 多人次参加勤工助学活动。"团队服务"模式的探索，既打造了勤工助学的团队品牌，又发挥了团队平台的育人优势，取得了良好的成效。

(三) 动态督查，提升实效

勤工助学中心成立了勤工助学督查组，常态化开展勤工助学督查工作，通过定期督查和不定期抽查的方式深入各用人单位，重点了解勤工助学学生到岗情况、工作时间、工作量、工作表现和各单位对勤工助学学生的日常管理等相关情况，收集整理对勤工助学工作的意见和建议，填写督查单位反馈表，编写《督查总结报告》。岗位督查督促了用人单位对学生严格管理和耐心指导，提高了学生的责任意识和服务意识，提升了工作实效。

(四) 评优选树，引领示范

学校每学年开展勤工助学"先进个人""勤工助学之星"和"优秀团队"的评选与表彰。由学生申请、单位推荐，评选产生 50 名"先进个人"；勤工助学"先进个人"再经个人申请、集中答辩，评选产生 10 名"勤工助学之星"("勤工助学之星"是学校八类十佳学生评选之一，由学校党委发文表彰)；"优秀团队"由团队申报、集中答辩评选产生。不断涌现的先进典型和励志故事，为广大学生提供了榜样的力量和道德的滋养。

三、以创新为驱动，探索勤工助学管理新模式

学校勤工助学工作多年来不断探索，管理模式实现"四创新"，学校勤工助学工作的特色、亮点逐渐显现。

(一) 打造大厅窗口，创新服务模式

勤工助学中心由 60 多名勤工助学的学生组成，负责全校勤工助学日常管理工作，也是学校 19 支勤工助学学生服务队的典型代表，家庭经济困难学生占 70%以上。多年来，中心直接服务于学生和用人单位，在增强服务意识，提升服务能力，夯实服务管理的过程中，不断探索创新，成为学生学习、实践、收获的平台。

为进一步提高工作效率，简化办事流程，推动资助工作由"管理型"向"服务型"转化，学校在屯溪路、翡翠湖两校区划拨 300 平方米办公场所，打造窗口式服务，分别设立了学生资助服务大厅，学生在老师的指导下，独立承担大厅工作，以"服务承诺制、首问责任制、限时办结制"为要求，实行"一站式"服务模式和"柜台式"办公模式，用人单位、学生、老师直接到学生服务大厅办理相关事务，实现"面对面"咨询与服务。模式的转变提高了工作效率和

服务水平，大厅运行至今，服务效果显著，每年受理 3000 余人国家助学贷款、近万人次校内勤工助学，近千人次的校外勤工助学工作，受到了广大师生员工的一致好评。

(二) 营造团队文化，创新发展模式

学校在勤工助学团队建设中始终重视团队文化建设。以勤工助学中心为例，中心坚持发挥学生"自我教育、自我管理、自我服务、自我监督"的作用，编制了《勤工助学中心员工手册》，制定了《勤工助学中心工作细则》，严格周例会、月总结等制度，规范从招聘、培训到日常工作、绩效考核等各工作环节。中心为新入队的学生提供岗前培训，进行"传、帮、带"，定期组织在岗学生开展培训、交流活动，帮助学生在"勤工"过程中学习新知识，提升实践能力；工作期间统一着装，佩戴工牌，规范礼貌用语，逐步培养学生的归属感和责任感；在绩效考核上制定了《勤工助学中心绩效考核办法》，细化标准，评选"每月之星"优秀员工，进行奖励；中心成立临时党支部，资助中心主任为学生上党课，组织志愿服务活动；中心积极开展户外素质拓展、毕业季送行、新年晚会等各类活动。学生们一起工作、一起欢笑，一起畅谈美好未来，爱岗敬业、团结奉献的团队文化生根在每位学生心中，打造了一支团结友爱、感恩奉献的学生勤工助学团队。

(三) 设立党员示范，创新育人模式

为发挥勤工助学中心学生党员先锋模范带头作用，学生资助服务大厅设立"党员示范岗"，并制定《学生党员示范岗工作标准》，将大厅学生管理与教育相结合，挖掘岗位育人内涵，发挥党员先锋引领作用，影响和带动中心服务大厅学生立足本职工作，提升服务质量和水平。2020年尽管受到新冠肺炎疫情影响，但勤工助学服务大厅的学生党员率先开拓网上助学岗位，积极做好网上招聘工作，疫情期间依然为家庭经济困难学生提供了 400 多个勤工助学岗位。

(四) 建设助学基地，创新资助模式

2008 年以来，学校勤工助学中心先后成立了 4 个学生勤工助学经营实体——莘莘超市、葡萄书吧、菁菁学园、芊芊文印，以"立足校园，面向同学、服务社会、培养能力"为宗旨，员工全部由学生担任。每年约为 150 名家庭经济困难学生提供勤工助学和创业实践岗位，经营盈利全部用于员工工资发放和学生资助服务。10 多年来发放勤工助学工资近 600 万元。2013 年，在实现"自助"的基础上，基地设立了"莘莘助学金"，用于资助家庭经济困难学生，截至 2020 年累计资助困难学生 3823 人，资助资金达 249.05 万元。助学基地的建设实现了资助模式从"以经济资助为主"的保障型资助向"资助与育人相结合"的发展型资助的转变，"莘莘助学金"的设立实现了学生资助从"资助"到"自助"再到"助他"的转变。

四、以学生成长为目标，发挥勤工助学育人功效

多年来，学校勤工助学工作坚持完善体制机制，精细过程管理，创新服务模式相结合，把学校的人才培养、岗位的要求、学生综合素质提升有机融合起来，形成了"济困、助学、励志、强能"的勤工育人"四成效"。

(一) 经济资助，夯实勤工育人济困成效

自 2006 年我校勤工助学工作开展，截至 2020 年累计安排 135 789 人次参与校内勤工助学岗位，发放勤工助学工资 4522.46 万元；截至 2019 年安排 53 372 人次参与校外勤工助学岗位，合同金额 2315.55 万元。(受疫情影响，自 2020 年开始学校暂停校外勤工助学岗位的对接)

(二) 学业帮扶，强化勤工育人助学成效

从 2020 年开始，为培养优良学风、做好精准帮扶，学业发展中心勤工助学团队组建"春风助航工程"朋辈讲师团，在数学、英语及部分专业课学习中，充分发挥朋辈教育的重要作用，让学生在帮助被辅导者巩固知识、更新学习方法的同时实现知识的重溯、收获责任感和价值感，促进学生在"助人"与"自助"中实现自我成长。朋辈辅导班聚焦线上线下两个维度，通过课堂教学、"一对一"辅导和课后答疑三种形式按照每周不少于 4 个课时的频次常态化地开展教学辅导交流活动。

(三) 树立榜样，凸显勤工育人励志成效

多年来通过"勤工助学之星"等评选，涌现出众多先进典型，勤工团队走出来的伊斯坎达尔·玉苏甫同学获得中国第十二届"未来之星"文化艺术周"优秀青年志愿者"称号；王宁同学大学期间多次得到国家和学校的资助，仍一直坚持勤工助学，毕业之际他主动加入研究生支教团，到祖国最需要的西部去，用自己的实际行动，为祖国的西部建设事业添砖加瓦……他们用自己的实际行动诠释了感恩奉献的深刻内涵，呈现出勤工育人的丰硕成果。

面对新冠肺炎疫情，学校涌现出众多参加抗疫公益活动的先进典型，勤工助学学生共产党员袁硕伟，利用自己所学专业帮助家庭所在地搭建新冠肺炎临时隔离区，与几十名工人一起奋战在"武清区曹子里疫情防控安置点"一线建设工作中，以实际行动践行了共产党员的初心和使命；家庭经济困难学生杨锐帆，取出自己勤工助学的酬金为新冠肺炎疫情重灾区捐款 1000元人民币，用自己的善举助力他人，传递温暖，展现出工大学子的责任和担当。

(四) 提升能力，实现勤工育人强能成效

完善研究生"三助一辅"，坚持把助研、助教、助管作为研究生科研能力培养、专业知识掌握和管理能力锻炼的重要途径；招聘遴选政治素质好、业务能力强、学有余力的研究生担任学生工作助理，兼职辅导员工作，发挥研究生与大学生身份相同、年龄相近、专业相通的优势，在担任学生辅导员的工作中同受教育、共同提高；学校在全校范围内的教育、管理和服务等各个单位设立勤工助学岗位，同学们在行政管理、网络教育、科研服务、后勤经营等工作中得到了视野开阔与能力拓展。

2017—2021 年勤工助学中心服务大厅团队已毕业的 46 名员工中，免研和考取研究生 22 人，读博、留学 3 人，占毕业学生的 54.3%，其他毕业生就业于国家电网、中建公司、广东美的、中国航发等大中型企业，实现 100%就业。

学校 2018 年被教育部全国学生资助管理中心授予"优秀单位案例典型"称号。"青年兴则国兴，青年强则国强"。合肥工业大学矢志践行党和国家"决不让一个学生因家庭经济困难而失学"的庄严承诺，在总结已有经验的基础上，将不断坚持体制建设，强化精准管理，提高育人水平，精益求精打造勤工助学平台，谱写勤工助学助力学生成长成才的新篇章。

资料来源：合肥工业大学.合肥工业大学勤工助学典型案例.http://jyt.ah.gov.cn/tsdw/xszzglzx/yxcz/40477947.html. 2021-10-13.

📖 延伸阅读

1. 沈红. 中国高校学生资助的理论与实践[M]. 北京：中国社会科学出版社，2016.

2. 教育部、财政部关于印发《高等学校勤工助学管理办法》的通知. http://www.9ask.cn/fagui/200706/20093_1.html.

3. 教育部官网. http://www.moe.gov.cn/.

📖 学习思考

1. 勤工助学的重要作用是什么？和学习之间有什么关系？

2. 请以你即将参加勤工助学为例，做一份勤工助学和学习的规划书。

📖 参考文献

1. 饶艳琴. 勤工助学 助人更育人——二十年帮助十余万名家庭经济困难学生追梦的安农故事. 安青网. 2021-12-23. http://www.ahyouth.com/news/20211222/1569845.shtml.

2. 《思想道德修养与法律基础》编写组. 思想道德修养与法律基础[M]. 北京：高等教育出版社，2018：127.

3. 李珂. 习近平新时代中国特色社会主义劳动思想探析[J]. 中国社会科学文摘，2018(7).

4. 姜继红. 大学生勤工助学的社会学思考[J]. 广西青年干部学院学报，2003(1).

5. 奥尔特加·加塞特. 大学的使命[M]. 杭州：浙江教育出版社，2001.

第九章

新时代大学生义务劳动教育与实践

劳动是我国公民的权利和义务，是人们谋生的主要手段。在历史的长河中，劳动改造了人，创造了人类文明，推动人类社会向前发展，因此，人民群众既是伟大的劳动者，也是人类文明的开创者。列夫·托尔斯泰曾说，"人的幸福存在于生活之中，生活存在于劳动之中"，说明劳动还是人生的幸福源泉。而义务劳动是我国社会一种特殊的劳动方式，也是各行各业、机关企事业单位、各级各类学校普遍存在的公益性劳动。长期以来，国家提倡实行义务劳动。义务劳动在我国已经成为一种思想自愿和行动自觉，充分体现了集体主义精神、奉献精神和创造精神，产生了强大的鼓舞人心的精神力量，为国家建设作出过积极的贡献。作为培养社会主义事业建设者和接班人的高等学校，开展义务劳动教育与实践，对当代大学生树立劳动光荣、乐于奉献的理念，锻炼强健的体魄和养成吃苦耐劳的精神，具有不可或缺的作用。

📚 学习目标

1. 了解大学生义务劳动教育的内涵。
2. 掌握大学生义务劳动教育的形式。
3. 理解大学生义务劳动教育的意义。

📚 思政目标

1. 深刻认识大学生参加义务劳动的重大作用。
2. 熟悉新时代高校落实立德树人根本任务的重要途径。
3. 大学生积极参加义务劳动实践。

📖 **导航阅读**

✎ 义务劳动——资环学子迎校庆，美化校园我同行 ✎

高校是青年大学生劳动教育的重要阵地，组织开展校园卫生义务劳动是落实《"党建引领，协同创新，构建'三全育人'新格局"综合改革试点工作方案》的具体举措之一，对弘扬新时代劳动精神，提高劳动教育的系统性、科学性和时代性具有重要意义。为深入学习贯彻习近平总书记关于教育工作的重要论述和全国教育大会精神，努力构建我校德智体美劳全面发展的人才培养体系，扎实推进我校"三全育人"综合改革工作，资源环境学院积极响应校团委、学生工作部(处)、党委研究生工作部、后勤处开展校园卫生义务劳动。

高度重视，统筹部署

资源环境学院高度重视本次活动，针对《华南农业大学开展学生义务劳动实施方案》，结合学院实际制定学院工作方案。学院党委副书记亲自抓义务劳动落实工作，组织辅导员召开专题工作会议，要求将义务劳动落实到每个支部。资源环境学院团委及青年志愿者服务队具体落实部署，全院上下团结一心，共计55个团支部1500多位同学积极参与到本次义务劳动当中。

积极动员，周密安排

为确保本次义务劳动的顺利开展，学院制定了详细的工作计划，提前做好了区域划分和工作小组分工，并由工作小组和总负责人提前在活动正式开展前进行了区域踩点，确保义务劳动工作顺利开展。为让各团支部认识到本次义务劳动的重要意义，广泛发动同学积极参与，学院于2019年10月27日上午召开学院义务劳动动员大会，各学院组织主要学生干部、各团支部团支书、学院团委全体成员参加了本次动员大会。会上负责人为团干部们详细介绍了本次活动，并就具体工作进行了部署与讲解，发动团干部力量动员各支部成员积极参与义务劳动。

党建带团建，团建促党建

2019年10月27日—11月8日期间，资源环境学院团委组织各团支部利用中午、傍晚以及周末等课余时间，就鄱阳湖区域、资源环境学院院楼区域、学院宿舍楼栋区域进行了清扫，通过党员带动团员，率先开展义务劳动，充分发挥党组织战斗堡垒作用。其中，资科生态本科生党支部借由广州市第32个"环卫工人节"，于10月27日凌晨5:30开展了"华农美容师，温暖送予您"主题党日活动，为校内已开始工作的环卫工人送去早餐，并同他们聊聊天、干干活儿。

与此同时义务劳动动员大会一结束，团委全体学生干部就在资环院楼附近开展义务劳动。在学院办公楼周边及中庭、校内主要道路周边和公共活动场所、绿地等区域，积极开展电动车规范停放、垃圾捡拾清扫、积水清理、枯枝杂草清理。在大家的共同努力下，资环院楼周边环境干净整洁，电动车也被整齐摆放。

义务劳动期间，学院各支部在团委挂钩负责的学生干部的带领下，分别在我校的鄱阳湖区域和资环院楼区域整齐有序地开展了各个区域的清扫。支部成员每次都能提前十五分钟到达活动地点并快速完成集合签到，由团委挂钩委员为大家分发清理工具并为支部指明打扫区域范围，各支部在团支书的组织下迅进入状态，齐心协力，共同清理了资环院楼和鄱阳湖区域的周边垃圾，尽可能地确保负责片区内无违规停放电动车，无果皮纸屑、包装袋等垃圾，无杂物堆放、积水死角及其他环境卫生问题。捡拾清扫的生活垃圾被大家集中分类投放到就近的垃圾分类收集箱，保护环境、垃圾分类正是每个资环学子环保精神及学院理念的集中体现。

活动过程中各支部成员热情高涨，积极参与打扫活动，从实际劳动中感受到劳动者的艰辛。经过同学们打扫后的区域变得更加整洁、美观，取得了显著的成效。

资料来源：华南农业大学. 义务劳动——资环学子迎校庆，美化校园我同行. https://zyhjxy.scau.edu.cn/2019/1108/c2864a203027/page.psp. 2019-11-08.

第一节　义务劳动概述

学校义务劳动是学生参与劳动教育的一种有效方式。高校通过对大学生实施义务劳动理论教育，有目的、有计划、有组织地让学生适当参加义务劳动实践活动，使学生形成正确的义务劳动价值观，养成良好的劳动素养。

一、大学生义务劳动教育的内涵

我国鼓励和支持青年参与社会实践和公益服务，推动理论学习与义务劳动实践相结合。2018年9月，习近平总书记在全国教育大会上重申了"培养德智体美劳全面发展的社会主义建设者和接班人"，这一重要讲话明确我国十分重视对学生的义务劳动教育，将劳动教育从传统意义上的教育活动升华为新时代人才培养体系中的重要组成部分，把劳动教育纳入党的教育方针，将我国劳动教育的理念提升到一个全新的高度，这给我们进行义务劳动教育提供了可能性。2020年3月，中共中央、国务院发布《关于全面加强新时代大中小学劳动教育的意见》。这对于全面贯彻党的教育方针、实现"形成更高水平的人才培养体系"的战略目标具有重要意义。随着社会化时代和现代科学技术发展，学校义务劳动易操作又有实效意义，是大学生参与劳动、接受劳动教育的最佳途径。2020年5月15日，教育部职业院校文化素质教育指导委员会关于印发《职业院校在实习实训教学中强化劳动教育的实施办法》的通知指出，我们要在学生中弘扬劳动精神、劳模精神和工匠精神，在广大学生群体中开展劳动教育活动，制定适当的义务劳动教育纲要，明确义务劳动教育的具体内容和实施要求，坚持教育与义务劳动相结合。高校要利用提升学生的义务劳动技能的有效的载体手段，从理念方法和文化知识等多个角度去培养契合时代发展的人才。

二、大学生义务劳动教育存在的问题

大学义务劳动教育在这些年来虽然取得了一些成绩，但仍存在许多被淡化的环节。当前，高校大学生的义务劳动教育常常在家庭中被软化，在学校中被弱化，在社会中被淡化。

(1) 对学校义务劳动教育的本质及内涵认识肤浅。在指导思想上未能坚持全面发展的方针，过分突出智育、忽视德育与体育，把义务劳动教育等同于"体力劳动"。

(2) 没有深入理解义务劳动教育内容的丰富性及多元性。义务劳动教育不被重视、缺位失位。把义务劳动教育窄化、等同于"一门学科"。学校基于义务劳动实践课程的课堂灌输来鼓励、组织与引导大学实现知与行的统一，并赋予其在育人中的地位和价值。

(3) 对义务劳动教育缺乏整体设计。不少学校的义务劳动教育看上去挺务实，通过校园文明建设、日常生活劳动的形式组织学生做事、操作和实践，但缺少系统性、整体性的思考和设计，未能依据学生身心发展状况和社会发展的需要而系统性和创造性地开展义务劳动教育。

第二节 义务劳动的意义

实现中华民族伟大复兴的中国梦，离不开新时代大学生的辛勤劳动。高校是大学生义务劳动价值观形成的关键时期，大学生应该主动参与到义务劳动教育中，感受义务劳动观念、义务劳动教育、劳模精神所具有的独特魅力，不断提高各项劳动技能，提升综合素质，更好地实现自我价值。

一、培养为实现中国复兴发展的时代新人的客观要求

(一) 加强和完善义务劳动教育是大学生与社会对接的必要链接

高校作为国家创新体系的重要组成部分，担负着为社会培养德、智、体、美、劳全面发展人才的神圣职责。随着时代的发展，节奏的加快，社会问题、工作问题、健康问题等错综复杂，

高校按照国家发展战略和社会需求设置专业和课程，注重适用性、职业性和超前性。在高等教育领域，虽然通过大学扩招解决了"升学难"问题，但培养出的部分毕业生存在"高分低能""理论脱离实际"等现象，社会适应能力差，无法满足现代社会对人才的实际需求。学校倾向专业技能、知识理论的学习，过分强调对书本知识的学习与掌握，忽视学生的实践体验和实际锻炼，这样不仅对学生的发展不利，而且也给我国的人才培养及社会主义现代化建设带来阻碍。高校应坚持用发展的思路分析问题和开展工作，在专业教育中渗透义务劳动教育，有针对性地培养大学生卓越的义务劳动品格，增强大学生的社会责任感，实现学生与社会全面对接的必要链接。

(二) 义务劳动教育是培育和践行社会主义核心价值观的有效途径

随着时代的变革与互联网的发展，当代大学生虽然走的是专业知识与实践相结合的道路，但大学生的意识形态呈现不同的特点，价值取向呈现多元化趋势。新时代加强大学生义务劳动教育，通过把社会主义核心价值观的多维理念植入义务劳动教育系统内，充分发挥义务劳动教育的育人功能，实现德智体美劳彼此相互促进，协力引导学生在各种错综复杂的价值观发生碰撞、产生各种矛盾时坚定理想信念，培养良好的劳动品质。践行科学的义务劳动观既能让大学生敢于在拼搏奋斗、勇于创新的过程中实现个人梦想，又能增强自身的学习热情和培育热爱劳动的良好行为品质。高校弘扬中华民族不同时期的义务劳动精神，让学生在义务劳动实践中感受集体的力量、集体的温暖、挥洒汗水、激发创新灵感，自觉培养勤俭节约和积极向上的精神，为国家发展献智献力。高校要把义务劳动教育所取得的阶段性成效与不断完善的党风社会风气同步协调起来，凝聚大学生健康成长的一切积极因素和力量，更好地关心普通人民疾苦，尊重各行各业的奋斗成果，逐渐将社会主义核心价值体系内化为价值追求和行为习惯，厚植家国情怀。

二、新时代高校落实立德树人根本任务的重要途径

(一) 培育正确的义务劳动价值观，让立德树人工作有声有色

大学生是实现中国梦的坚强后盾，学生的思想道德修养怎么样，科学文化素质的水平如何，直接影响学生自我价值和社会价值的实现，影响中国特色社会主义事业建设。义务劳动是实施素质教育的有效途径，高校育人过程中要坚持理论知识与社会实践结合，坚持在校教育与义务劳动实践活动相结合，深入了解社会，更好地服务于社会，实现大学生的理想。义务劳动教育是践行理论与实践相结合的有效载体，是巩固能力结构核心的有效方法，是大学生发展和完善自我的重要途径，是开展立德育人工作不可或缺的关键环节。高校培育正确的义务劳动价值观，

发挥学生主观能动性，养成良好的义务劳动习惯，这不仅仅是提倡社会主义核心价值观的内在要求，是义务劳动教育取得实效的关键所在，也是高校德育工作的需要。高校在义务实践过程中可以提高大学生的义务劳动参与程度，通过深入实际调查让大学生正确地认识义务劳动，让学生好的行为方式转化为内涵，使性格、情操、道德观念得以磨炼，养成良好的义务劳动习惯，树立正确的三观。学生在倡导义务劳动精神中不断提升自己的技能和本领，掌握为人处世的要领，与社会有机衔接起来，落实立德树人根本任务。

(二) 加强和完善义务劳动教育是实现高校人才培养目标的有效方式

在国家产业结构优化升级和发展方式不断变化的今天，我国现有的人才队伍存在着数量、素质、结构、能力等不适应社会历史潮流发展的情况，甚至部分高校在发展科技、倡导创新的过程中忽略受教育者本身的教育。人工智能、大数据的时代，对学生动手操作能力和解决实际问题的能力提出更高要求，而人才市场也更倾向于科学技术人才。义务劳动是忘我的劳动，也是创造、奉献价值所在。义务劳动是学校教育的有机组成部分，是实现社会主义培养目标的不可缺少的环节。高校肩负着培养拔尖创新人才的任务，要培养人格高尚、情操高尚、与时俱进掌握专业能力的合格大学生，是大学生个人价值与社会价值连通的桥梁，要解决"培养什么样人才"和"怎样培养人才"的根本性问题。新时代加强大学生的义务劳动教育，有利于提升大学生参加义务劳动的光荣感，在挥洒汗水、放飞自我中启迪心灵、开启心智，在刻苦奋斗、顽强拼搏中强健体魄、磨炼意志，从而形成健全完善的人格，塑造自己美好的心灵。高校不断提升义务劳动实践的内涵与层次，让大学生在参与义务劳动的过程当中落实学生对专业知识的"消化与吸收"，以主人翁的态度对待身边的人和事，是贯彻高校教育培养目标的重要一环，也是实现党的教育方针的必然要求。

三、新时代促进大学生全面发展的现实需要

随着社会的不断发展，高等教育与社会的关系越来越密切，当代大学生中有相当一部分存在拜金主义、个人主义、享乐主义思想，轻视、甚至蔑视、厌恶劳动；铺张浪费，不懂节约、珍惜、感恩；学习不积极，上课睡觉，早退，考场作弊，缺乏独立生活的能力，社会适应能力较差。义务劳动可以使大学生各方面素质得到全面发展与进步，在有形的实践中实现无形的教育，让学生在最自然、自由的形态中学习科学文化知识，提升自身的专业能力素质，实现社会价值。

(1) 从义务劳动教育中加强思想育人，让学生有理想能担当。科学的义务劳动观能够使大学生积极参与社会劳动实践，树立顽强拼搏、克服困难的勇气和信心。在全社会大力弘扬科学

的义务劳动观能够帮助大学生认识到自身的缺点和不足，反对一切不劳而获的负面思想或不良价值观，能够使大学生将我们自古以来倡导的勤俭节约、艰苦奋斗传统美德内化于心并继续发扬光大，增强自身的使命感和责任感，坚定理想信念，成为一名有思想有觉悟的社会主义建设者。

(2) 从义务劳动教育中加强实践育人，增强学生的实践能力和转换能力。义务劳动是将大学生所学理论与实际相结合的绝佳方式，有利于增强大学生适应社会、服务社会的能力。学校通过具体的义务劳动教育能够提高大学生的动手能力，从简单地获得知识为中心目标转变为应用知识获得能力为中心目标，将静态的书本知识转化为社会实践中的动态操作，激发学生的求知欲和创造力，提升大学生战胜挫折的能力，培养学生独立生活的能力和快速适应社会的能力，提升自身的综合能力和创新思维，更好地应对学习、生活中的困难，促进大学生全面、和谐和可持续发展的需要。

第三节 大学生应积极参加义务劳动实践

劳动光荣是对人类社会发展规律的重要诠释，是对劳动和劳动者地位、作用、尊严、价值的肯定和推崇。中国梦的践行离不开大学生义务劳动，要挖掘大学生持久发展的最深层力量，创造辉煌。新时代加强大学生义务劳动教育要树立以生为本的理念，着力在观念、制度、实践、评价四个方面创新实践路径，实现各个环节的有效配合，构建具有内生动力的义务劳动教育体系。

一、大学生积极参加义务劳动实践途径

(一) 观念层面：以弘扬义务劳动精神为契机，加深对义务劳动重要性的认识

1. 以中华优秀传统劳动精神激发义务劳动情感

(1) 学习传统文化中的义务劳动精神。高校学习传统文化中的劳动精神并不是要推崇体力劳动，而是充分发挥中华优秀传统劳动精神的正面影响，从古人运用智慧与劳动改变艰苦环境，为人类的可持续发展不断探索前行的事例与实践中，领悟义务劳动的真谛。高校可以通过开设与中华优秀传统劳动精神相关的选修课、读书交流会、主题讲座、学术论坛等，邀请校内外专家学者、劳模代表、杰出校友结合自身学习、生活、工作经历深入解读义务劳动精神及义务劳动对促进学生成长成才的重要作用。高校也可以通过放映一些优质的反映义务劳动精神的影视

作品，并从中挖掘人物形象中的劳动品质，弘扬义务劳动精神，激发新一代大学生热爱劳动、艰苦奋斗的义务劳动情感，为实现中国梦做出应有的贡献。

(2) 义务劳动最光荣的观念是民族精神和"党的观念"的统一。一代代中国人筚路蓝缕、以启山林，在革命、建设、改革的过程中所形成的义务劳动精神不断丰富着我们的精神家园。义务劳动精神丰富了民族精神和时代精神的内涵，生动诠释了社会主义核心价值观，汇聚起了实现中国梦的强大力量。弘扬劳模精神和义务劳动民族精神，把义务劳动精神和时代精神统一起来，大学生用所学知识服务社会，养成吃苦耐劳、踏实努力的劳动意志，把革命、建设、改革中义务劳动精神文化和社会主义先进文化统一起来，陶冶情操，美化心灵，更好地树立正确的三观、培养健全的人格，为社会主义革命和建设提供有力的道德支撑和精神力量。

(3) 通过校园自媒体对义务劳动观教育进行宣传。学校的宣传部门应完善宣传手段，建立社会舆论的宣传平台。除了传统讲座、授课、刊物等传统宣传手段，还应联合新媒体，通过在学校官方微博、微信等平台进行宣传，充分利用大学生使用频率较高的媒体软件发布有关义务劳动观教育的内容，使大学生对义务劳动观教育相关知识耳濡目染，克服宣传季节性、周期性太强，造声势的宣传多、讲实效的宣传少的不良倾向，随时做好网络舆论检测，线上线下积极与学生互动，形成双向交流，使宣传更具吸引力、可信度，营造健康向上的义务劳动观教育网络氛围。学生觉得义务劳动模范就在身边，从而激励学生向义务劳动模范学习，以源源不断的义务劳动模范精神锻造大学生的劳动意志，积极地发挥网络自媒体对大学生义务劳动观教育的促进作用。

2. 以义务劳动理论与义务劳动技能方式摆正义务劳动认知

义务劳动价值观是义务劳动教育的核心内容，也是马克思主义科学"三观"的重要范畴。高校有意识、有目的地创设一定的情境、创造一定的机会引领大学生对义务劳动形成正确认知中发挥着至关重要的作用。

(1) 高校应该把成熟的义务劳动理论结合大学生实际创新融入微视频制作、趣味知识竞赛活动、座谈交流等，使之成为学生锤炼意志、沟通情感、放飞心灵的重要方式。高校要注重对大学生进行"三观"意识的引导与培养，能使义务劳动教育隐藏起灌输的痕迹，赋予学生义务劳动主体的角色，培养热爱劳动、辛勤劳动的劳动情怀，尊重不同职业的辛勤劳动者，潜移默化地从思想认知上改进与提升，要深刻认识到义务劳动价值观对学生成长成才的重要性。

(2) 义务劳动理论教育需要和义务劳动技能相结合。在掌握一些义务劳动常识和从事劳动的基本功的基础上，因人制宜，把义务劳动教育与家庭教育、时代发展相结合，在对大学生进行义务劳动价值观教育的同时发挥义务劳动价值观教育的作用，使教育内容转成学生自身稳固的品质，更好地帮助大学生正确认识义务劳动的作用，营造良好的义务劳动观念氛围，把理论知识变成实际技能，促进义务劳动教育由量变到质变，达到事半功倍的效果。

(二) 制度层面：建章立制，构建高校义务劳动多角度全方位的教育管理机制

构建完善的义务劳动教育管理机制。高校要加强义务劳动的过程管理，使劳动的横向和纵向相关环节密切协调起来。要使义务劳动取得好的效果，只有正确的决策还不够，还要有周密的管理，对义务劳动全过程进行具体的组织和协调。健全义务劳动教育管理组织，要不断进行义务劳动观教育研究，确定培养目标，制订总体规划和实施细则，建立教学、管理、服务相结合的管理体制，建立制度规范、分工明确、运行科学、保障有力的义务劳动教育工作体系，确保义务劳动观教育工作的顺利进行。

1. 建立系统化的义务劳动课程育人体系

(1) 制度保障义务劳动教育行稳致远。学校党组织及校领导，把义务劳动教育列入学校日常工作机制，精心打造高水平人才培养体系，确保义务劳动教育的常态化、制度化。成立负责劳动教育工作的总体规划、组织实施的领导小组，统筹协调义务劳动教育的场地、经费、人员保障，如学校要把劳动教育贯彻、融入教职工日常生活中去；各个党支部要积极发挥先锋模范作用，把义务劳动教育摆在重要位置，让义务劳动教育真正入耳入心；共青团充分发挥组织育人的优势，在校内成立共青团劳动队，在学生中树立起鲜明的旗帜，积极弘扬义务劳动精神，加强学生义务劳动意识、义务劳动技能和义务劳动安全教育，激励学生增强义务劳动的自觉性和主动性，在义务劳动中学会自我教育、自我管理、自我约束，从而确保义务劳动教育落实落地。

(2) 制定分层次的义务劳动教育内容体系。高校积极挖掘义务劳动教育的育人价值，加强义务劳动课程设置，明确分层次的义务劳动教育内容。要结合不同年级学生的思想行为专业技能特点和身心发展规律，将义务劳动教育列入必修课程单独开设，明确教学标准和实践教学比重，制定教学目标和教学计划，分类、分阶段制定教学大纲，结合本地资源，加强义务劳动教育资源开发，编写具有时代特色、符合学校人才培养目标的劳动教育教材。在课程中探索劳动教育的内涵与外延，激发学生劳动创造的强烈意识和浓厚兴趣，发展学生的想象力，培养学生义务劳动意识和情操。

(3) 构建家校社三位一体的义务劳动协同育人机制。高校应积极争取家庭和社会的多元支撑，建立学校、家庭、社会联络沟通和资源共享机制，发挥学校义务劳动教育的主渠道作用，推进家校社三方的深度融合，汇聚各类义务劳动教育资源和社会力量，构建有效衔接、互相促进、协同育人的义务劳动工作格局。高校通过开展产学研结合的义务劳动实践，可将义务劳动实践教育融入专业能力的教育过程之中，学生作为志愿者深度参与产学研平台、大学科技园、

众创空间等项目的义务劳动实践,促进专业知识和义务劳动深度融合;推进基层义务劳动实践,鼓励更多优秀学生积极服务社会,在志愿服务中会思考、能创造,推动家校社三方在义务劳动教育中朝着一个理念、一个方向前行,形成育人合力,培育具有深厚家国情怀的栋梁之材。

2. 构建以学生为主体的学生自主管理模式和运行机制

科学的管理机制是大学生义务劳动观教育顺利实施的有效保障,高校要不断地提高大学生对义务劳动观念的正确认识。学校义务劳动教育同其他教学活动不同,学校义务劳动观念内化为学生的道德信念的过程中受周围环境的影响会产生多种情况,需要学校各职能部门相互协调,规范义务劳动观教育的相关制度,构建以学生为主体的学生自主管理模式和运行机制的方法来开展工作。

(1) 以学生自主管理为主。高校可设置学生自我管理的最高机构,主要任务是布置学校义务劳动任务,督察义务劳动成果,培养学生的义务劳动意识和情感,拓宽生命厚度。

(2) 教师共同参与管理。教师在组织学生义务劳动时丰富现行义务劳动内容、方式由单一向多样化转变,除指导义务劳动工作外,也要共同参与义务劳动,以实际行动作为学生表率,转变学生把义务劳动理解为单纯的体力劳动这种错误的观念,让学生充分感受义务劳动教育的丰富多彩与实践创新,为学生自主管理增添信心和力量。

(3) 奠定家长的基础作用。义务劳动观教育不能只依靠学校教育和社会环境的影响,家长的言行是子女行为的榜样,家长对子女义务劳动观教育有潜移默化的影响。我们大多数人都是在父母所主导的义务教育观中认识世界,并在其影响下踏上社会路程的。家长要转变教育观念,要正确地对待义务劳动方式,体力义务劳动和脑力义务劳动是平等的,都值得尊重。家长要把自己对待义务劳动的态度在日常生活中的点点滴滴更直观、更具体、效果更明显地传递给子女,自觉地为子女做榜样,让子女在对劳动和劳动人民的热爱的实践中逐渐走向成熟。家长也应多给大学生提供义务劳动平台,使学生学会正确的劳动方式,培养大学生的独立习惯,提升义务劳动能力。家长可采取一定的奖励制度鼓励子女参加义务劳动,增强义务劳动的快乐,在学生义务劳动遇到困难时耐心指导,适当时候陪伴子女并与其一起完成,在劳动过程中要做到坚持不懈,通过持之以恒的劳动,形成劳动的习惯。

(三) 实践层面:创新载体,实现义务劳动教育与校园文化、社会实践有机融合

1. 加强义务劳动观教育的校园文化建设

健康积极的校园文化有利于推动大学生树立科学的义务劳动观,可以带给学生更多的心理启迪,提高学生的思想观念,心理素质和思维方式,提高学生的品德修养,陶冶情操,养成健康人格。

(1) 设立"校园义务劳动日"。"校园义务劳动日"的创设在于组织和号召大家一起参与到义务劳动实践当中，以此来形成一种和谐积极向上的义务劳动氛围。通过"校园义务劳动日"宣传校园文化，能够提高校园的精神环境和文化氛围，让学生感受到真实的生活情景，能够提高大学生对义务劳动观教育的关注度，并能在义务劳动体验过程中体会到劳动的不容易，学会做到勤俭节约，艰苦奋斗，增强对义务劳动意识，帮助大学生树立科学的义务劳动观。具体来讲，就运行方式而言，应尽可能地扩大活动的范围以覆盖全校师生；就活动的内容及形式而言，各院系部及学生社团义务劳动可以相关的重大节日为着力点来进行义务劳动观教育，可结合感恩教育、道德实践以及志愿服务等形式来加强宣传与教育，鼓励学生成立义务劳动教育社团，在校园里定期举办义务劳动教育专题论坛、学术沙龙、主题比赛等活动以引导大学生参与到校园义务劳动日活动当中，培养大学生义务劳动观念，获得精神层面的提升，使其更加深刻地体会到义务劳动创造价值的含义，还能够对义务劳动精神以及生活作风等方面产生一定的教育作用，提升大学生义务劳动素养，增强大学生思想道德素质以及美化校园环境，使义务劳动教育的目的及作用得以有效实现。

(2) 定期开展校内外公益活动。组织与开展各种公益活动，是大学生义务劳动教育实践活动的重要途径。高校组织学生自愿参加无偿的劳动活动不仅可以培养大学生甘于奉献的精神，而且能够培养大学生的责任心。高校应结合自身条件给学生提供更多明确而有效的专题义务劳动活动，寻求与借助社会资源，与校外企业单位进行沟通与合作，为大学生创造与开展校内外公益活动。在校内外公益活动开始之前，要做好宣传与动员工作，使大学生在思想上做好准备，充分考虑好活动的各个细节要素及具体的活动策划。公益活动的开展不仅能够加深学生之间的感情，同时能够让学生体会到集体的力量和义务劳动带来的快乐，使其能够在切身参与的过程当中，培养大学生应有的义务劳动观念、义务劳动习惯、同学间的感情沟通、集体主义精神以及吃苦耐劳精神的培养和身体素质的锻炼。定期开展校内外公益活动，可以使大学生在参与专题义务劳动活动的过程中明白每一份劳动都要付出心血，切实体会到义务劳动精神品质的实际意义与价值，从而激起大学生对义务劳动的兴趣，践行吃苦耐劳的个性倾向，逐步养成战胜困难、努力完成劳动任务的意志与信心。大学生在参与义务劳动的过程当中获得思想与能力的提升，为义务劳动精神与意识的养成打下扎实的基础，进一步加强大学生的义务劳动价值观教育，真正实现义务劳动教育的目的。

2. 以创新实践活动引领落实义务劳动行为

高校应结合大学生的实际需求，创新义务劳动教育实践方式和途径，进一步加强义务劳动实践活动的规划与实施，加强义务劳动教育的吸引力和实效性。义务劳动实践活动领域涉及广，可以涉及到企业、工厂、乡村、小商铺等领域。学生可以在绿化管理、校园公共区域清洁、教室和图书馆管理等范围开展义务劳动，既为美化学校出了力，又教育了学生义务劳动的可贵，提醒学生在平常的学习、生活中注意场地的卫生整洁，共同营造美好校园环境；义务劳动实践活动普及面宽，可以跨学院、跨部门、跨校乃至跨社区，通过整合高校乃至社会资源，加强与地方政府、企业、社区的联系，共建义务劳动教育实践基地，让学生走进基层、走进军营，扎根中国大地，了解国情，在克服困难、互相协助的义务劳动实践过程中"受教育、长才干、做奉献"，推动义务教育工作向纵深发展。

3. 拓展义务劳动教育场域，提升大学生就业创业创造能力

传统教育观念下的高校义务劳动教育较为零散、缺乏科技含量，需要我们在建设中国特色社会主义现代化强国中大力拓展高校义务劳动教育场域，提升当代大学生的创造能力，培养专业技能过硬、自主创新能力较强的义务劳动者。

(1) 着力培养大学生"义务劳动＋创新思维"能力。高校注重新兴技术支撑和时代新变化，构建与社会发展相适应的人文氛围，提升学生感知享受和创造美的能力，提升大学生就业创业创造能力。

(2) 着力夯实"网络＋义务劳动"基础。与云计算、大数据、5G、物联网、区块链、人工智能等新技术相衔接，开辟"理论＋生产技能"的复合型育人基地，创新人工智能与智能科学和义务劳动的协同发展模式，引导学生"线上线下"互动、开展创造性义务劳动，在脑力劳动与体力劳动的有机复合与交叉中激发学生创造兴趣，增强学生的创新创造运用能力。

(四) 评价层面：以生为本，构建以学生获得感为核心的多元化评价体系

健全高校与时俱进的义务劳动观教育考核评价机制，是促进义务劳动教育健康发展、深入推进的动力和制度保障。合理的考核评价机制能将义务劳动观教育的结果纳入大学生考核评价体系中，是提高义务劳动观教育质量和有效性的关键。高校通过多元化义务劳动教育评价体系，更好地促进义务劳动教育工作合理规范化。

(1) 对义务劳动观教育理论知识的考核，可采用书面考试形式完成。学校应该建立参加学校义务劳动的学生档案，每个学生一档，定期记载学生平时、学期、学年的考核情况，将考核附入档案，形成平时注重劳动效果，学期、学年注重总结性等级评定，并作为年度评优评先的重要依据。

(2) 高校对义务劳动观教育实践知识的考核，要将义务劳动教育的成绩纳入学生综合素质测评体系，作为学生评奖评优的重要依据。高校可以让学生参与义务劳动专项奖学金的评选，在坚持理论学习与义务实践活动中激发学生参与义务劳动教育的积极性和主动性。学生通过书面测试的方式来检测自己对义务劳动理论内容的掌握情况，还可以通过实践心得、答辩交流等

形式来巩固义务劳动实践成果。学生通过自评与他评相结合，撰写详细说明义务劳动的内容、过程、成果以及自身的实践感悟的实践心得，提升自己的义务劳动素养和实际能力。专业负责老师要根据学生义务劳动过程中的组织纪律、劳动态度、实践心得以及学生义务劳动中的作品成果等进行综合评价。大学生能更好地在全面可持续发展的考核评价中不断发现不足，进行有效的反思与总结，增强自己与时代接轨的实力。

(3) 牢牢抓队伍建设不放手，建立科学考核的长效机制。建立与时俱进的评价体系对于大学生义务劳动教育的成效具有重要推动作用。学校要追究相关责任，从源头上解决只简单地停留在评奖、撰写报告、发布新闻的风气，强化义务劳动教育的质量，从而让考核评价的工作布局合理、进展有序、高效运行。高校对义务劳动教育成效的评价要立足义务劳动教育主体，将评价的重心放在以获得感为核心。评价指标涵盖学生的义务劳动观念、精神、习惯以及技能等四个方面，旨在构建具有科学性、层次性、系统性和可操作性的评价指标体系，树立以学生获得感为核心的评价导向，在常态化、规范化、法治化的实践过程中全面真实地反映学生在不同义务劳动教育形式中的获得感。学校引导大学生从学会干、自然干到习惯干，注重义务劳动过程中学生的习得，让学生通过劳动感知、获悉、建立"义务劳动幸福观"。学生通过真情实感的交流互动，形成从责任心、创新力到创造力的质的飞跃，不断地让更多大学生群体积极参与到义务劳动活动中来，坚持义务劳动观教育考核的连续性和持续性。

二、大学生积极参加义务劳动实践设计方案

(一) 大学生积极参加义务劳动实践设计方案(一)

【活动目的】

通过组织义务劳动，倡导吃苦耐劳的精神，提高学生团队合作精神，丰富课余生活。

【活动主题】

(1) 跳蚤义卖，奉献爱心我争先。

(2) 图书馆义务劳动，人人有责。

(3) 食堂义务劳动活动。

(4) 校园义务劳动公益展。

(5) 开展义务劳动主题宣传海报评比活动。

(6) 慰问敬老院活动。

【活动前期准备】

(1) 义务劳动确定人员的组织安排，管理机制。如：由××负责组织参与活动同学的工作，

××负责活动的宣传工作，××负责活动的规划，××负责网上系列工作，××负责人员的分配工作。

(2) 确定义务劳动活动时间及地点。

(3) 确定活动的流程及注意事项。

(4) 记录"义务劳动记录卡"，进行活动的总结。

案例9-1

∽ 学生义务劳动——清洗校车 ∾

【义务劳动时间】

2021 年 10 月 21 日　14:00—16:00

【义务劳动目的】

为了美化校车，给广大教职员工营造一个舒适、温馨的乘车环境，本着锻炼学生的劳动能力、培养其感恩之心的目的，让学生在劳动中体会"滴水之恩，当涌泉相报"的深刻含义。切实将"只要人人都献出一点爱，世界将变成美好的人间"的理念落到实处，组织本次学生义务劳动。

【义务劳动意义】

义务劳动能让学生感受到劳动后的光荣感和奉献后的满足感，从而提高学生的思想道德素养，培养其感恩精神，增强其回报社会的服务意识。不仅使学生在学习和生活上相互帮助，而且能帮助社会上需要帮助的人们，不断地回报社会，从而实现自己的价值。

【义务劳动地点】

后勤管理处停车场。

【义务劳动对象】

外语学院 2020—2021 学年英语班的学生。

【义务劳动准备】

1. 10 月 21 日下午跟后勤与资产管理中心王老师协商。

2. 后勤校车管理人员统计校车座椅靠背能放置报刊的数量。

3. 组织学生积极地参与本次活动。

4. 强调注意事项，包括劳动的时间、地点、所带工具。

【任务分配】

1. 本次劳动共分六个组，每组 5 人，负责一辆校车。

2. 劳动分工见微信群附表信息。

【劳动流程】

1. 11 月 24 日 13:00 准时在综合楼门前集合。

2. 班长负责核查同学人数并分配每组负责清洁的校车。

3. 班长动员讲话，强调劳动注意事项。

4. 各组指定负责人有序带队到达指定劳动地点。

5. 开始进行义务劳动。

6. 负责人按照规定数量把杂志放到校车的指定位置。

7. 由后勤车队负责人及司机师傅检查劳动成果。

8. 由司机师傅填写劳动认定表。

【注意事项】

1. 每位同学在劳动时需要注意人身安全。

2. 服从安排，不可迟到、早退，要有组织、有纪律地进行劳动。

3. 爱护公共设施，未经允许不得随意挪动车内物品。

4. 拖地时不得让泥点飞溅到座椅和已擦拭过的车体上。

5. 劳动结束后，不得让车内的地面有残留积水，以免造成人员滑倒。

6. 垃圾统一处理到指定的地方。

【义务劳动总结】

1. 记录义务劳动记录卡。

2. 撰写心得体会，总结经验教训，并对活动表现优异者予以表彰。

资料来源：百度百科. https://www.renrendoc.com/paper/104344793.html. 2020-11-27.

(二) 大学生积极参加义务劳动实践设计方案(二)

写一篇义务劳动心得体会文章。要求：

(1) 字数在 1200 字以上。

(2) 要有具体的义务劳动场景描写、要有评价。

(3) 要有劳动过后的心得体会。

📚 案例9-2

～ 义务劳动的心得体会 ～

人们常说,劳动是伟大的,是光荣的,没有劳动就没有这个丰富多彩的世界。也就是说,只要是劳动,不论是什么劳动,都是光荣伟大的。

这次义务劳动使我们体会到了集体的力量、集体的温暖,也让我亲身体会到了劳动的光荣感。经过这次劳动,让我们对劳动有了更深入的认识,让我们亲身体会到了劳动的艰辛和劳动的光荣,让我们重视劳动,重视自己的劳动成果。义务劳动也同样加强了我们的劳动观念,帮助我们树立正确的人生观、价值观。

义务劳动使我们认识到"团结就是力量""众人拾柴火焰高"。通过以小组为单位的劳动,启发了我们在义务劳动中寻找能使我们受到教育、有所感悟的亮点,引导我们去了解劳动的价值。我们小组的同学毫不嫌脏,仔细地打扫,看着自己辛勤劳动的成果,我们都会心地笑了,我们不因天气寒冷而退缩,是这些成果让我们忘记了劳累。这次劳动课,我和另外三个女生负责打扫教学区,可谓人少任务重。我们统筹兼顾、各负其责、配合默契、互帮互助,逐渐缩短劳动时间,提高劳动效率,提高劳动质量。

义务劳动启示我们,无论做什么事情,都必须持之以恒,不达目的誓不罢休。劳动如此,学习如此,工作也如此。只有认定目标,脚踏实地,才能绳锯木断,水滴石穿。我会在以后的人生道路上,发扬吃苦耐劳的优秀品质,正视一切挫折,不屈不挠,勇往直前。

义务劳动培养了我们的社会实践能力,它使我认识到:课本知识是不够的,应积极投身于社会实践,经风雨,见世面,丰富人生阅历,为以后的工作打下坚实的基础,为社会主义建设添砖加瓦。

义务劳动还培养了我们的责任心,使我们树立了要回报社会,回报人民的人生观。它使我们认识到:职业没有高低贵贱之分。我们要在自己的岗位上,兢兢业业,尽职尽责,鞠躬尽瘁,吃苦在前,享受在后,努力做一个合格的社会主义新人。

义务劳动是忘我的劳动,也是培养我们关心公共事业热情的劳动。参加义务劳动的光荣感塑造了我们美好的心灵。处于新时代的我们,大多都是独生子女,父母对我们的宠爱,使我们对劳动的概念了解肤浅。这次的义务劳动让我们明白了劳动的重要意义。在竞争如此激烈的今天,对于我们这些在校大学生,独立意识的培养和社会的洗礼是多么的重要。在更新速度飞快的今天,如何适应社会也是我们即将面临的问题。我们越早接触这个日新月异的社会,就意味着我们越能适应它。我们应该做我们力所能及的事情,从小事做起、从我做起,不辜负家长和老师对我们的期望。

资料来源：百度文库网. https://wenku.baidu.com/view/db39953c5427a5e9856a561252d380eb62942328.html.

🎓 拓展阅读

✍ 参与义务劳动，共建美丽校园 ✍
——我院 2021 级扎实推进劳动教育

根据《河北师范大学劳动教育实施方案(试行)》，我校自 2020 年 9 月本科新生入学后开始探索在新生中开设劳动教育课程。按照学校有关工作部署，法政与公共管理学院高度重视此项工作，准确把握新时代劳动教育的系统性、贯通性和时代性，充分发挥自身专业优势，紧扣"劳动"主题开展了一系列具有学院特色的劳动教育活动，在教育学生爱劳动、会劳动的基础上，引导学生懂劳动之义、明劳动之理，深入理解劳动作为人类本质活动的基本规律，由衷认可并懂得劳动最光荣、劳动最崇高、劳动最伟大的道理，取得了较好成效。

"积极参与"传播服务精神。在 2021 级义务劳动招募成员过程中，同学们以最热情的态度参与报名，并在组队完成后，第一时间投入到劳动当中。经过简单分工后，各组成员在包干区域内热火朝天地开始劳动，为大家的校园生活创造了一个整洁、清爽的环境。义务劳动的时间一般都在清早或者中午，这段时间大部分同学都在休息，可义务劳动的同学们每次都按时到达，从未有过迟到现象。每次劳动结束后，都认真地检查值日情况和劳动工具是否丢失和缺损，按时拍照上传值日情况。在公教楼值日的同学，为了避免打扰正在自习的同学，每次值日时都迅速又安静，为大家创造良好的学习环境。截至目前，2021 级已累计义务劳动打扫公教楼、卫生区共计 900 余小时。正是这样认真又负责的态度，才让我院学生在义务劳动过程中从未受过批评，并得到了一片赞扬声。

"趣味劳动"建设和谐校园。近日，由家政学院和后勤服务集团联合推出的"传承中华文化，学做传统美食"项目启动，我校劳动教育再添新内容。3 月 13 日，我院 2021 级联合家政学院开展了"包饺子"义务劳动活动。本次活动，我院共 147 人参加，无一人缺席。同学们合理分工，积极配合，自由选择馅料和负责板块，共分成 24 组，在第四食堂开展了热火朝天的"厨艺比拼"活动，本次活动共历时 8 小时，分上下午开展，两位辅导员杨颖、安佳也参与其中，和同学们一起组织参加活动。大家认为，劳动最崇高、劳动最伟大、劳动最美丽、劳动最光荣，全院师生要充分认识劳动教育的重大意义，深刻理解劳动教育的本质内涵。劳动教育是中国特色社会主义教育制度的重要内容，重点在于"知行合一"；劳动可以树德、增智、强体、育美，具有综合育人价值，要主动将学习与劳动并重，理论与实践并行，治学与做人并举。学院将充分发挥专业特点，结合专业学习，抓住有利时机，通过构建劳动教育体系、优化劳动教育途径、明晰劳动教育意义，努力创新和拓展新时代大学生劳动教育的实现路径。

"心怀感恩"，爱在师大。新冠肺炎疫情形势反复，我院许多领导、教师和工作人员，都发扬了奉献精神，克服困难，牺牲小我，为了学生的学习和学校的防控安排自愿住进了学校。我院学生深受影响，在我院2021级辅导员和班委会成员、入党积极分子的带头牵引下，我院2021级新生自发组织起了学院楼和教研室义务劳动活动，成立了"义务劳动服务小分队"。本次义务劳动活动打扫的范围涵盖了十几个教研室及会议室，共计服务百余名师生。本次义务劳动活动，不仅丰富了同学们的校园文化生活，抒发了大家的感恩情怀，也给同学们提供了一个锻炼自我的机会。大家纷纷表示，"要懂得感恩，要懂得回报，珍惜现有，奋发图强，共同创造更加美好的明天！"

劳动创造美好生活，劳动成就光荣梦想。劳动教育有着其他学科不可替代的独特功能，是培养学生创新精神和实践能力的有效途径。劳动教育重在"以劳树德、以劳增智、以劳强体、以劳逸美、以劳创新"，劳动教育带给全体学生的影响将是一生的，2021级全体学生定将会砥砺前行，以美树德，以劳育美，展现百年师大的良好风貌。

资料来源：河北师范大学官网.参与义务劳动，共建美丽校园——我院2021级扎实推进劳动教育. http://fzyggxy.hebtu.edu.cn/a/2022/03/26/B3BEC10E58CA40F9A9BF70350AA0E0FA.html. 2022-03-26.

延伸阅读

1. 中共中央、国务院. 中长期青年发展规划(2016—2025年)[N]. 人民日报，2017-04-14(1).
2. 中共中央、国务院发布《关于全面加强新时代大中小学劳动教育的意见》. http://news.youth.cn/sz/202003/t20200326_12258114.htm.

学习思考

1. 新时代大学生参加义务劳动的重大意义是什么？
2. 新时代大学生积极参加义务劳动实践的途径是什么？
3. 写一篇你参加义务劳动后的心得体会。

参考文献

1. 习近平. 在全国教育大会上强调：坚持中国特色社会主义教育发展道路 培养德智体美劳全面发展的社会主义建设者和接班人[N]. 人民日报，2018-09-11(1).
2. 河北师范大学官网. 参与义务劳动，共建美丽校园——我院2021级扎实推进劳动教育[EB/OL]. 2022-03-26. http://fzyggxy.hebtu.edu.cn/a/2022/03/26/B3BEC10E58CA40F9A9BF70350AA0E0FA.html.

家庭劳动教育与方案设计

家庭是社会最小最重要的组成单位，大学生在进入大学校园之前，主要是在家庭环境里生活和学习。家庭劳动教育自始至终贯穿大学生劳动教育的全过程，是劳动教育中的重要环节，是劳动教育的前沿阵地。我们要按照中共中央文件的要求，加强对家庭劳动教育重要性的认识，纠正家庭劳动教育的认知误区，强调发挥家庭在大学生劳动教育中的基础作用。本章在重点阐明家庭劳动教育作用的同时，指出了家庭劳动教育存在的问题及一系列提高家长对劳动教育认知的方法，并根据目前大学生家庭劳动教育的观点，设计了三个可供操作的家庭劳动教育活动方案。

📖 学习目标

1. 了解家庭在劳动教育中的作用。
2. 明确家庭劳动教育的内容。
3. 理解家庭劳动教育的实施途径。

📖 思政目标

1. 理解家庭劳动教育在大学生成才中的重要作用。
2. 提高新时代大学生对家庭劳动教育的认知。
3. 理解家庭劳动是劳动教育的最基本形式。

📖 导航阅读

⟍ 充分发挥家庭在劳动教育中的基础作用 ⟋

中共中央、国务院《关于全面加强新时代大中小学劳动教育的意见》(以下简称《意见》)清晰地表明，劳动教育已经作为中国特色社会主义教育制度的重要内容，正式纳入了整个国民教育体系。这是我国教育发展史上的一个重大战略安排，必将对新时代教育发展以及整个社会人才培养全要素过程产生长久而深远的影响。笔者以为，劳动教育虽然属于教育体系的一个组成部分，但它不单单是教育领域的任务，而是体现了整个社会同向发力的共同责任。

《意见》明确提出，要广泛开展劳动教育实践活动，调动家庭、学校和整个社会尤其是社区的积极性，共同推动劳动教育的深入开展。这种合力效应，鲜明体现了新时代劳动教育的重要特点。劳动教育不能仅停留于学校教育范围。家庭、学校和社会(特别是社区)应该切实发挥分工与合作的支持功能，共同促进劳动教育的有效推进。《意见》特别强调："家庭要发挥在劳动教育中的基础作用""学校要发挥在劳动教育中的主导作用""社会要发挥在劳动教育中的支持作用"。很显然，这是把劳动教育作为一个大格局来抓，是《意见》的一个重大亮点，也是一个实践难点。

就家庭在劳动教育中发挥基础作用而言，在实践中确实有许多难点要克服。其中，最为关键的是要让全社会认识到家庭教育的基础性作用。只有整个社会普遍达成了共识，才有可能进一步探讨如何发挥这种基础作用。目前，有一部分家长片面地认为，吃饭穿衣是家长的事情，教育是学校的事情。这样的认识误区会在很大程度上阻碍家长对劳动教育的认知。除了在校时间外，大学生大部分时间与父母相处较多，父母的言传身教对于大学生的德性养成、健全人格塑造等综合"情商"的培养，往往比学校和社会更加重要。学会做人，主要靠家庭；学会学习，主要靠学校；学会社会化生存，则主要靠社区和整个社会。很明显，学生的健康成长就处在这个三维互动的重要过程中。劳动教育则主要指向对世界观、人生观、价值观的"情商"层面培养的问题，更多涉及的是做人的问题。所以，没有家庭参与的劳动教育是不完整的。然而，目前家庭在劳动教育中的基础作用不仅没有得到充分发挥，还存在一些亟待解决的问题。

首先，一部分家长不愿意让大学生主动参与劳动。其中最主要的原因是家长"心疼"孩子，认为孩子读书已经够累了，再让其从事家庭劳动，于心不忍。因此，一些家长不愿意在衣食住行等日常生活中给大学生劳动实践机会，也不鼓励自己的孩子自觉参与，不太注重让大学生掌握必要的家务劳动技能。这些家长片面地认为，大学生的主业就是学习，只要把学习成绩搞好就行了，家务劳动可以由家长全包或者请家政工人做。然而，适度的家庭劳动不是让大学生吃苦，而是一种自我锻炼，同时也是一种很好的调节。大学生学习任务重，但都以脑力劳动为主，适度的家务劳动可以起到很好的调节作用。已有大量研究表明，让大学生适当从事一些家务劳动，对其成长具有重要意义。必要的家务劳动参与，对大学生的家庭共同体意识培养是有益的。一个家庭就是命运相关的共同体，家庭应该是同甘共苦的社会生活组织，每个家庭成员都应该为共同体作贡献。大学生没有了参与，就有做访客的感觉。让大学生参与家务劳动，不仅能增进家庭成员之间的紧密联系，也更能增强亲子之间的互动和交流。

其次，有的家长有意或无意地把不良的劳动观念甚至劳动偏见"传递"给大学生。比如，在教育大学生要努力学习的同时，把人类劳动分为高低不同的等级，从而主观建构了诸多对劳动角色及其社会地位的人为偏见，以从事所谓的"低级劳动"作为大学生不努力学习的预期后果，去敦促大学生用功学习。这里存在两个错误：一是把劳动区分为高低贵贱的不同等级；二是把劳动当作惩罚看待。马克思主义认为，"劳动创造了人本身"。所有的人类劳动只要不违法犯罪都应该受到同样的尊重。只有靠自己的劳动付出而活着，才有踏实的人生，才有真正的幸福生活。因此，无论处于何种家庭背景，都应该让大学生从小树立"用自己的勤劳创造美好生活，才值得骄傲"的基本价值观念。正如《意见》明确提出，"家庭要树立崇尚劳动的良好家风，家长要通过日常生活的言传身教、潜移默化，让大学生养成从小爱劳动的好习惯"。

此外，家庭是"劳动创造一切"观念得以形成和巩固的基地。如今的物质生活极大丰富，每个家庭满足温饱早已不是问题。于是，有些家长在疼爱心理的作用下，对大学生"有求必应"，很少有家长会在大学生的花销上吝啬。要保证人们的衣、食、住、行，一刻也离不开物质资料的生产即生产劳动。无节制地满足大学生的"欲望"，大学生似乎只要动动嘴巴，开口找父母索要，就可以轻松地得到想要的一切，这样会导致大学生把所得与劳动付出之间的联系割断，看不到人类生活中的一切皆来自于劳动，非常不利于大学生建立正确的世界观、价值观、人生观。针对这些错误倾向，家长应从小在大学生身上建立基本的认知联结：生活中的一切物品都是要花钱购买，而钱是靠父母辛苦劳动换来的，其中包含着"物品—金钱—工资—劳动—勤俭节约"的链条。因此，家庭对于劳动教育的开展而言，就是要潜移默化地建立各种与劳动付出相联结的思维定势。

基于以上分析，可以说，家庭是关于"劳动联结"的认知建构基地。正因为如此，家庭在劳动教育中发挥着不可替代的基础作用。只有家庭的这种基础建构作用有效发挥出来，学校的主导作用和社会的支持作用才能获得联合发力的重要前提，才能为更加广义的劳动与教育有机结合、进一步发挥综合教育效用奠定实践基础。

资料来源：何云峰. 充分发挥家庭在劳动教育中的基础作用. 中国社会科学网. https://baijiahao.baidu.com/s?id=16647349573687814449&wfr=spider&for=pc. 2020-04-23.

第一节　家庭在劳动教育中的作用及地位

劳动教育一直是党的教育方针的重要组成部分。但是在过去较长一段时间里，因为教育评价机制不健全，劳动教育处于"存在感不强"甚至"被隐匿"的状态。很多家长虽然明白劳动对大学生健康成长的重要作用，但更希望大学生在学业上有显著成绩，因而往往在家庭中忽视劳动教育。家长是大学生的第一任老师，家庭是实施劳动教育的重要场所。《意见》指出，"鼓励大学生自觉参与、自己动手、随时随地、坚持不懈地进行劳动",强调发挥家庭在劳动教育中的基础作用。

一、家庭在劳动教育中的作用

父母之爱子,则为之计深远。那么从大学生长远发展的角度看,如何让家庭更好地发挥在劳动教育中的基础作用呢?主要有以下几点。

(1) 应纠正两种不良倾向。这两种倾向,一种是溺爱,另一种是"怕"。从人性的角度看,对下一代的关爱是一种天性,但过度的关爱就变成了溺爱。一些家长让大学生享受"饭来张口、衣来伸手"的待遇,使其成为温室里的花朵。"怕"就是过于担心大学生的安全,特别是看到一些安全事故后,希望给大学生营造"绝对安全"的环境,结果把劳动锻炼的机会与安全隐患一起隔绝。家长应树立科学的教育理念,认识到"劳动是最好的德育范式",树立通过劳动提升大学生关键能力和必备品格的价值认同。同时,要打破思维定式,不能认为劳动就是简单的家务或繁重的体力劳动,要有"大劳动"的观念。家长对劳动有了正确认知,才能在日常生活中对大学生起到积极的示范与引导作用。

(2) 要善于创造劳动的机会。在认识转变后,要给大学生创造更多劳动机会,在家中营造劳动的氛围。新冠肺炎疫情带来了史上最长的假期,由于疫情防控的需要,居家工作和学习成为防控疫情的重要途径。漫长的时间和有限的活动空间,让家长和大学生深度挖掘家庭生活的趣味和内涵,培养厨艺成了很多家庭的首选。于是,一波波美食在朋友圈"刷屏",一个个"小厨师""小美食家"诞生。以做一道菜为例,从最初的食材处理到烹饪过程,直至最终装盘上桌,这就是一个系统的劳动过程,检验了学生的综合能力。对于学生来说,劳动的能力一旦掌握,就会成为无形的人生财富。

(3) 要注重养成劳动习惯。在家庭教育中,要让劳动成为一种习惯,成为学生的"下意识"行为。这意味着,我们的日常生活要真正让学生融入其中;同时,要舍得"用"大学生,并形成具有家庭特色的长效机制。当学生的劳动习惯得到巩固,意志品质得到锻炼,相信今后不管他们遇到什么困难,都有能力克服。而且,学生动起来,既是劳动,也是运动,是肌体的生命律动,因为德智体美劳这"五育"本就是一个整体,劳动的背后也是德育、智育、体育、美育的联动与参与。

二、家庭是劳动教育的前沿阵地

热爱劳动一直是中华民族引以为豪的特质,人们总说自己是"勤劳勇敢"的中国人。如今,劳动教育已经上升为国家意志，必将在家庭教育、学校教育中占据更重要的位置。教育即生活，生活也是教育。广大家长应重新审视劳动，和大学生一起劳动，让劳动成为亲子活动的重要内容。久而久之，大学生的劳动意识变成劳动习惯，劳动教育就会像呼吸那般自然。劳动教育纳入教育方针，"德智体美劳"五育并举，劳动教育成为新时代教育领域的高频热词。劳动教育，应该是素质教育中最厚实、最质朴的部分，以劳树德、以劳增智、以劳强体、以劳育美、以劳创新，这是提高大学生综合素质的有效途径，亦能为其身心健康发展奠定坚实的基础。

当前，在学生的成长过程中，如何让他们发现劳动之美、体验劳动乐趣、享受劳动成果，依然是一个待解难题，考验着教育者、家庭以及社会的智慧。家庭是大学生成长的第一所学校，父母是大学生的第一任老师，家庭教育对大学生的成长有着举足轻重的作用。那么，家庭如何发挥好劳动教育前沿阵地的作用呢？

(1) 家长应提高家庭教育意识，重视身教的潜移默化作用。在日常生活中，家长应该注意自己的言行，与大学生一起做一些力所能及的家务，通过这些身边的小事教育大学生、影响大学生。在家庭生活中培养出爱劳动的生活习惯，不仅有助于大学生未来职业的选择，还会促使大学生内心更加强大，锻炼不怕吃苦的精神，培养积极乐观的人生态度。

(2) 家庭的劳动教育应该与学校、老师以及社会的教育同频共振，形成合力。好的教育是开放的教育，好的课堂更是开放的课堂。劳动教育不能仅限于家庭，还应鼓励大学生走出家门和校园，走向自然和社会，在大自然中、在人与人的交流和分工协作中尽情汲取健康成长的源头活水。

第二节 家庭劳动教育的现状及实施途径

家庭劳动教育可以传递给大学生必备的劳动知识和劳动技能，树立起大学生正确的劳动价值观，培养其独立意识、责任义务意识和自我管理能力，使大学生认识到美好生活可以通过双手、通过劳动创造。这些良好观念的形成应当从幼儿时期抓起，从家庭劳育出发。现代家庭要正视劳动教育，关注到劳动教育的重要性，并不断改进教育中的方法，改进教育策略，学习劳动教育的具体实施途径。家庭培养全面发展的大学生，同时也是为国家培养良好的劳动者，可以促进国家的发展。家庭劳育任重道远，需要每个家庭的重视和行动，发挥小的力量，最终才能产生大的影响。

一、家庭劳动教育存在的问题

(一) 观念不当，重智轻劳

一些家长受我国传统文化观念根深蒂固的影响，思想中还固存着"学而优则优""万般皆下品，唯有读书高"等错误认知观，一心注重大学生在校的考试成绩和文化学习，重视对大学生学习能力和智力的培养，而忽视了劳动和劳动教育对其成长成才的重大作用。当代家庭教育中出现软化劳动教育、"非劳化"等错误倾向就与其有深远关系。一些家长片面认为，大学生只要努力读书学习、保持成绩优异，长大必定会有大作为、大出息，也必定能够收获幸福的人生，而无需进行繁琐的家务活动或者体力劳动。在这种家庭认知观念的引导下，势必影响大学生将主要精力和时间都投放在学习上，极易陷入有知识没文化、有分数没能力、有智商缺情商的窘境中。久而久之，家长忽视劳动教育，将会造成大学生劳动意识欠缺、劳动观念淡薄，导致"重智轻劳"这一不良局面的形成，对于大学生的将来发展极为不利。

(二) 期望偏差，功利性强

在当今家庭教育中，经常能够听到家长这样教育大学生"如果不好好学习，长大以后就去卖废品、扫大街、干苦力……""看别人家×××在机关单位上班，这样的工作多有面子……"等等之类的话语，似乎在这些家长眼中，学习就是大学生通向成功或追求所谓"体面工作"的唯一途径。这是由于受社会利益多元化的影响，很多家长的劳动价值取向出现了偏差，以至于他们片面地认为劳动有三六九等、高低贵贱之分，并把体力劳动和脑力劳动对立了起来。在他们的认知观念中，大学生未来只有从事脑力劳动工作才是光荣的，反之从事体力劳动工作就是没面子、没出息的表现。这些家长常常在大学生考出好成绩时给予奖励，而在大学生考差或是犯错误时，选择用一些体力或家务劳动作为对大学生的"惩罚"。这不仅给劳动教育强加了惩罚的意味，同时还增强了教育目的的功利性，十分不利于培养大学生形成正确的劳动认知。最直接明显的表现就是大学生的认知出现偏差，认为学习有功而劳动无用，导致轻视甚至鄙视体力劳动、不尊重体力工作者、不珍惜劳动成果等现象时有出现。

(三) 溺爱心重，代劳代办

当今社会的发展削弱了对大学生劳动的需求，加之家庭生活条件优越，家长溺爱孩子，不舍得让大学生吃一点苦，无论大事小事一律为其代劳代办。家长的认知观念就是大学生只要好好学习即可，基本上除了学习以外的事情都不让大学生经手，生怕大学生分心而耽误了学习成绩。长此以往，在这种认知观念和教育方式的影响下，极易养成大学生衣来伸手、饭来张口、好吃懒做等不良习惯，导致大学生怕苦怕累、过分依赖家长、动手能力差、生活自理能力低下等一系列问题出现。家长本着爱大学生、愿意为大学生成长成才付出一切的出发点是好的，也应当得到理解。但凡事物极必反，这种因过于"爱"而产生的认知偏差，对大学生身心健康、综合素质的发展都极为不利，甚至影响大学生的一生！父母能替大学生做事，却不能替大学生做人，能替一时，却替不了一世。在这样家庭包办环境下长大的大学生，内心早已种下了"不劳而获"的种子，不仅劳动意识匮乏、劳动观念薄弱，还更容易形成逃避问题、缺乏责任感的个性，一般更难成才。因此，家长过度宠爱大学生而忽视对大学生家庭劳动教育的培养，必然后患无穷！

(四) 定位有误，逃避责任

在现实生活中，还有一部分家长，他们认同劳动教育对大学生成长成才的重要性，但由于受主动或被动影响导致对劳动认知程度较低，对大学生家庭劳动教育的培养心有余而力不足。其一，由于一些家长掌握的知识水平有限，加之受父辈教育理念影响，没有掌握正确的方式方法，在教育大学生时常常倍感吃力、茫然，不知如何下手。这类家长认为自己在培养大学生方面并没有学校教师专业，尤其在劳动教育的培养上更是"门外汉"，因担心自己会误导大学生，索性就不"多此一举"了。其二，由于角色定位不当，许多家长对家庭劳动教育的主观态度较为消极。在他们的认知观念中，更倾向于开展劳动教育是学校教师的主要责任和任务，而自己只需要负责好后勤工作，照顾大学生的饮食起居、听从教师的安排就算是完成了任务。造成这一认知偏差的原因在于家长自身对劳动教育的责任主体定位有误，在一定程度上逃避了本该属于家庭范围的教育职责。于是在对大学生劳动教育的培养上几乎空白，使得家庭劳动教育严重缺位。

二、提高家长对劳动教育的认知

认知是对智力、思维、情感、语言的认识活动，有广义和狭义之分。广义上的认知等同于认识，是指人们认识客观的社会性事物的过程。狭义上的认知等同于记忆，指记忆的再加工，对感知到的事物进行再认识。劳动认知就是劳动主体对劳动或劳动教育的再认识，是指劳动主体通过劳动对感知到的现象进行整理、加工并归纳，从而形成有关对劳动现象整体性的认识，并总结出其对劳动主体的自身意义与价值。这种认知包括对劳动知识、劳动技能、劳动态度、劳动价值观等的认识。

(一) 转变观念，提高认知

现代家庭一般以独生子女居多，家长对大学生的期望值高可以理解，但同时对大学生的家庭劳动教育也丝毫不能掉以轻心。我国著名教育家陈鹤琴说过："家庭教育，对父母来说首先是自我教育。"家长教育大学生时能够起到言传身教的影响作用，所以应充分认识到自身的认知是大学生家庭劳动教育培养的最关键、最核心的因素之一。因为在潜移默化的家庭教育中，家长的劳动认知不仅会关系到大学生未来的择业观、就业观，还将影响大学生的社会适应性和生活自理能力，甚至决定祖国的前途命运与未来。因此家长务必引起重视，转变自身守旧、狭隘的劳动观念，形成尊重劳动、热爱劳动的认知和习惯。只有家长从自身做起，才能更好地培养大学生的劳动认知，促进大学生劳动素养的提升。此外，家长还要注意使用恰当的教育方法，因材施教、因势利导，如此开展家庭劳动教育，才能收到良好的教育效果。

(二) 重视实践，强化认知

认知最终需要在实践中接受检验，并在反复实践中才能得以深化和发展。一些父母虽然在如何培养大学生的问题上形成了一定的正确认知，但总是难以做到知行统一。家长须意识到，知能利行，行能促知，二者相互作用、相辅相成才能发挥劳动教育的最大价值。研究指出，儿童天生具有较强的可塑性，且可塑造随年龄的增长而降低。一般认为，儿童早期的可塑性最大。在儿童早期，父母如果能够引起重视，培养其良好的劳动认知和行为习惯，将会为其终生发展打下坚实的基础。因此，在家庭劳动教育中，家长必须一改往日错误的劳动认知观念，适当放权，将认知落实于行动，重视大学生动手实践的意义。

家长应当引导大学生身体力行，制造机会并鼓励大学生多多参与力所能及的家务或体力劳动，同时也要跟进检查与评价，在大学生做得好的地方及时给予表扬，有利于强化大学生的劳动认知和行为。有条件的家长还可以跟大学生一起劳动，通过言传身教、以身作则，发挥榜样带头作用。一方面，大学生通过亲身体验日常家务和体力劳动，能够感同身受，从而体会到家长劳动的艰辛以及劳动成果的来之不易，树立起热爱劳动、尊重劳动者、珍惜劳动成果、劳动最光荣等正确劳动价值观。另一方面，大学生在劳动过程中也会产生"自己动手，丰衣足食"的成就感与愉悦感，便于增强大学生的主动劳动意识与自信心，有利于形成"劳动靠大家""劳动成果人人共享"的正确认知。

(三) 系统学习，升华认知

新时代开展劳动教育，早已跳出了学校单方培养的"包围圈"。家庭作为教育大学生的中坚力量，应积极响应国家政策号召，肩负起培养大学生德智体美劳全面发展的职责与使命。家长要深刻学习并理解家庭劳动教育的重大意义，明晰新时代劳动教育的本质目标，同时采取多种方式关注、学习并带头参与到劳动教育当中。新时代是互联网+的时代，家长可以借助网络平台，充分利用互联网资源，主动了解有关劳动教育的科学理论知识，掌握培养大学生的正确方法，系统教育大学生，并以实践辅之。通过"教"与"学"相结合，使得家长充分认识到劳动教育的"树德""益智""健体""溢美"等综合育人价值，逐渐转变"片面劳动观""功利教育观""单一成才观"等一系列错误观念，形成科学、正确的劳动认知。这样一来，家长才能从根本上重视劳动教育，才能在家庭教育中潜移默化地培养大学生的正确劳动认知，进而提升大学生的劳动素养。如此开展家庭劳动教育，更能省时省力，事半功倍，发挥家庭教育的育人功能。

(四) 联合学校，形成合力

当前由于主客观种种原因，许多家长尚未形成对劳动教育的全面了解和正确认知，加之缺乏专业指导，在对大学生劳动教育的培养上心有余而力不足。对此，家长可联合学校，建立起家校合作关系，形成教育合力。通过家长委员会、家长会、家长定期来校学习交流等形式，实现家校双方对大学生劳动教育的互通培养。首先，家长应主动与学校建立密切联系，方便及时了解学校劳动教育的开展、落实情况，掌握大学生劳动教育培养的正确方法，学习有关劳动教育的新政动态、最新知识以及培养目标和要求等等。其次，家长可以通过与教师面对面交流，第一时间反馈大学生在家庭中的劳动教育情况，及时解决问题与困惑，纠正劳动认知偏差，提升家庭劳动教育的质量和有效性，进而提升大学生的劳动素养，促进大学生身心健康成长。

家庭是大学生的第一所学校，父母是大学生的第一任老师，家庭教育是最好的教育载体。大学生是祖国的希望与未来，家长要给大学生讲好"人生第一课"，帮助大学生扣好人生第一粒扣子。众所周知，有什么样的家长，就有什么样的孩子。在家庭劳动教育中，家长的劳动认知在很大程度上决定着教育的成败，不仅对大学生的终生发展起着不可估量的重要作用，甚至在一定程度上决定未来社会的发展方向！因此，转变家长的劳动观念、消除认知偏差刻不容缓。新时代，家庭劳动教育要想重新发挥它的巨大育人价值，家长必须引起足够重视，从自身做起、形成正确劳动认知。在此基础上，提升大学生的劳动素养、促进大学生德智体美劳全面健康发展才指日可待。

三、家庭劳动教育实施途径

(一) 转变观念，形成积极的劳动态度

家长要转变观念，思想上要重视劳动教育，应认识到家务劳动对大学生心智发展的积极作用。参与家务劳动可以缓解大学生的学习压力，还可以使他们明确家庭成员的责任和义务。大学生承担力所能及的家务劳动，培养了独立意识和克服困难的能力，体会到劳动的艰辛，才会珍惜劳动成果，感受到劳动的乐趣，才会形成积极的劳动态度。

(二) 积极对待大学生的劳动成果

家长不仅要给予大学生劳动的权利，更要积极对待其劳动成果并做出正确的评价。大学生参加劳动时要让他们充分发挥主观能动性，必要时家长可以给一些帮助和指导。

任务完成时，家长要对其劳动成果予以回应，多给予鼓励性的语言。给予大学生劳动的权利，让大学生身体力行，能帮助他们掌握基本的生活自理能力，树立自我服务意识，在完成劳动任务中发展体力，培养智力，增强劳动适应性。

(三) 采用科学方法并积极引导

(1) 引导大学生自我管理。日常的劳动教育中家长要培养大学生的独立意识，自己的事情自己解决，不依赖他人。赋予大学生自我管理的权利，鼓励大学生独立解决问题，开动脑筋想对策，必要时指点和纠正。当大学生通过自己的努力解决了问题，产生了自豪感，劳动兴趣就得以激发，会更愿意完成劳动任务。

(2) 采用赏识教育方法。在家庭劳育中采用赏识法，给大学生以语言上的认同夸奖，并给予支持和力量，让其能够战胜困难，树立自信心，获得成就感。

(3) 共同参与劳动，承担家庭责任。家长要让大学生认识到家庭中的每个人都有自己的义务，要对家庭尽自己的责任，树立责任意识。在家务劳动中，每个人都要积极参与，完成自己的任务。家长可以与大学生共同参与家务劳动，分享劳动的快乐，也体会克服困难的过程，这会融洽家庭成员的情感，使亲子关系更加亲密，最终大学生也会更愿意投入劳动中，承担自己的责任。

(四) 学习先进劳动教育理念

家长可以学习借鉴西方家庭劳动教育中的理念和方法，改进自身的教育理念。例如美国要求大学生在小时候每天进行一个小时以上的家务劳动，长大后要自己挣学费，接受生活的磨炼。家长可以学习借鉴，吸收他人经验中的精华，根据大学生的个性特征，选择合适的教学方法，实现家庭劳育的目标，最终发挥其作用，实现大学生的全面发展。

(五) 身体力行

身教重于言教，身体力行要比简单的说服教育更有效。家长是大学生的第一任老师，家长自身的行为对大学生品格观念的养成影响极大，要培养大学生的独立意识和劳动技能，需要家长以身作则，身体力行，给大学生树立良好的榜样。首先，家长不能鄙视体力劳动，要肯定劳动的价值，尊重体力劳动者，并把这样的观念传递给大学生，让大学生认识到劳动光荣，通过自己的言行让大学生感受到劳动的意义和价值。其次，家长要认识到智育和其他方面的教育同样重要，并为大学生树立这样的价值观，学业固然重要，但它只是一个方面，素质教育理念下，要求大学生全面发展，各个方面的教育应当受到同等重视。最后，家长要在大学生进行家务劳动时起到示范作用，当大学生无法克服困难时，要通过直观具体地引导让大学生学会基本劳动技能。开展家务劳动时，力所能及的事情由大学生独立完成，有难度的可以在家长的引导下合作完成。如此，大学生体会到了劳动带来的快乐体验，激发了积极性，参与意识增强，劳动教育在家庭教育中的地位也就重新树立起来。

第三节　家庭劳动教育的设计方案

家庭劳动是大学生劳动教育的最基本形式之一，对家庭劳动的热爱和参与是培养大学生劳动观念的基本形式，家庭劳动复杂、凌乱，因此大学生在参与家庭劳动时候的劳动效率显得尤为重要。

一、家庭劳动教育方案设计(一)

∽ 学做简单的家庭劳动方案 ∾

【目标设计】

(1) 知识目标

● 通过对家务劳动的调查活动，了解在日常劳动中，哪些劳动属于家务劳动。

● 学会做些简单的家务劳动。

● 学会做一道有创意的"凉拌菜"。

(2) 能力目标

● 通过"练一练""露一手"活动，培养大学生自我服务和家务劳动的意识及能力。

● 培养大学生学会请教、合作交往、收集处理信息、语言表达、发现问题与解决问题的能力。

(3) 情感目标

● 通过调查，体会家长劳动的辛苦，激发大学生的家庭责任感。

● 让大学生品尝成功的喜悦。

【教学准备】

(1) 调查统计表。

(2) 一些简单的家务劳动工具。

【活动内容】

(1) 哪些劳动属于家务劳动?

(2) 跟踪调查: 妈妈一天的家务劳动。

(3) 校园调查: 一周中你做过哪些家务劳动?

(4) 练一练: 学做家务劳动。

- 学会用洗衣机洗衣物。
- 学会择菜、洗菜。
- 学会做饭、做菜。
- 学会整理房间。

(5) 露一手:"学做一道有创意的凉拌菜""今天我当家"。

(6) 交流收获与感受。

【课时安排】

大约 6～8 课时。

【活动设计】

(1) 哪些劳动属于家务劳动?

大学生讨论:

- 在日常生活劳动中,你认为哪些劳动属于家务劳动?
- 你会做哪些家务劳动?
- 你计算过妈妈(或他人)一天中花在做家务劳动上的时间有多少吗?
- 假如你们家没有人做家务,请你想一想,一段时间下来,你们家会是什么样子?(请把你的想象画下来)
- 你准备怎样做"走进家务劳动"这个活动?
- 制订计划。
- 小组讨论。
- 制订出切实可行的个人计划。

(2) 跟踪调查: 妈妈(或他人)一天的家务劳动。

- 利用课余时间跟踪家里某一人一天的家务劳动。
- 计算一周中家务劳动平均每天花费的时间。
- 制订一份科学的家务劳动时间表。

(3) 家务劳动内容:《家务劳动记录卡》。

【习作要求】

记一次家务劳动，要求写得真实，要把劳动的过程(或劳动场面)写具体。

【习作指导】

(1) 要审清题意。记一次家务劳动，很多地方和记一件事相同，是记一次家务劳动的情景，内容要求真实、具体。

(2) 要选好材料。想一想，自己参加过哪些家务劳动，从中选择自己感受最深的一次劳动来写。只有这样，写出的作文，内容才真实、具体。

(3) 要突出重点。这次作文和记叙一件事相同，记事的文章，除了要把时间、地点、人物和事情的起因、经过和结果交代清楚外，对于事情的经过要详细写，如在劳动中遇到什么困难，是怎么克服的，结果怎样，自己的动作、语言、神态和心理活动怎样等等，一定要具体描述。如果是集体劳动，就要抓住紧张、热烈的劳动场面、劳动中典型人物和典型事例写具体，着力写好典型人物的神态、语言和动作。

【习作提示】

《记一次家务劳动》提示：你可能是第一次参加家务劳动，也可能是经常参加家务劳动，这些家务劳动可以是"洗碗""洗菜""做饭""炒菜""洗衣服"或"钉纽扣"等，从中选择一件你印象最深刻的来写，要求把家务劳动的经过写具体，适当写一点你的心理活动和家务劳动后的感想。

案例10-1

❧ 我爱劳动，我爱家——"五分钟家务劳动"总结 ❧

现在的父母，一提到教育子女，首先关注的是文化知识学习和智力开发；即使是开始注意孩子的全面素质培养，也大多把书法、美术、音乐、舞蹈之类当作素质教育的全部内容，往往忽视对孩子的劳动教育。其实，劳动教育是素质教育的内容之一，是培养孩子责任感、独立性、自信心、动手能力的有效途径，是孩子成才的必要条件。为此，在上学期，我班同学们就积极响应学校的号召，开展了"五分钟家务劳动"的活动。经过一学期的家务劳动活动的开展，有了很大的成效，为更好地完成以后的工作，做以下总结：活动中，每一名同学都怀着感谢父母之心，积极帮助父母做了许多力所能及的家务。许多大学生都完成了从不会做家务到会做、从看不见家务到主动做家务的转变。通过家务劳动，让大学生领略到父母培养子女的艰辛，懂得了自己也有照料家庭的义务，希望这种对家庭的义务感鞭策大学生逐步形成对学习、对社会、对他人的义务感。同时还锻炼了大学生的动手能力和解决问题的能力,这个直接作用于大学生逻辑思维能力的提高,可以提高大学生数学、物理的学习能力和语言逻辑能力;培养了大学生的自信心,大学生会干的事情越多,自信心就越强;还培养了大学生的责任心,通过做家务,大学生可以体谅家长的辛苦,逐渐承担自己在家庭、社会的责任,培养了大学生良好的品质。大学生跟随父母做家务,看见地面扫得干净,门窗擦得明亮,房间变得整洁,会感到劳动的伟大,会爱惜自己的劳动成果。大学生做些家务,可以锻炼身体,增强体质。况且,在紧张地用功学习后,干点家务还是一种调节脑力的休息。脑力、体力两种形式劳动的转换,可以提高劳动效率,保护和发展大脑机能,取得更好的学习效果。让大学生参加家务劳动的好处太多了,今后,我们会扬长避短,争取把"五分钟家务劳动"活动开展得更好!

资料来源:百度文库. https://wenku.baidu.com/view/f9ccf111227916888486d71b.html.

二、家庭劳动教育方案设计(二)

∽ 家务劳动分配协议书 ∾

亲爱的儿子(女儿),鉴于目前家务劳动分配的不合理状况,父母亲白天工作非常辛苦,以致引发家庭纠纷,破坏家庭安稳基石。本着社会安定,家庭安定,减少家庭成员战争(包括冷热战争)发生的原则,经双方协商形成如下协议,望双方共同遵守。

甲方:妈妈(签字)

乙方:儿子(女儿)签字

地点:客厅

签订日期:2021 年 7 月 1 日

有效日期:2021 年 7 月 1 日至 2022 年 6 月 30 日

依据平等互利、公平的原则,协议双方就家务劳动分配二事,经协商一致签订本协议。

一、劳动内容和区域

家务劳动的内容:洗衣,做饭,清洁。

家务劳动区域划分:门厅、客厅、客房、厨房、卫生间、卧室

二、清洁卫生的具体实施

1. 门厅:为维护家庭清洁卫生,双方进屋后一律均须脱鞋,并将鞋子放置于鞋柜中。换下来的衣服,不得随意放置于沙发,茶几,甚至地上。双方共同遵守。

2. 客厅:不得将衣物,报刊,零食随意四处堆放,特别是乙方,不得将臭袜子丢在沙发下。双方共同遵守。

3. 客房：鉴于目前书房由甲方一人独占，故此处清洁卫生由甲方一人负担。

4. 厨房：鉴于厨房是甲方表现高超厨艺的地方，为保持甲方积极向上，心情愉快地进行操作，由乙方负责打扫，善后。

5. 卫生间为共同使用，双方共同承担。

6. 卧室：由甲方负责清洁卫生，乙方协助完成，特别提示，乙方不得在电脑桌上吃零食，例如花生、饼干等。

三、洗衣做饭的具体实施

1. 洗衣：甲方负责把衣服放入洗衣机(记得放洗衣粉)，乙方负责晾晒，乙方负责收取折叠；

2. 做饭：因甲方是家庭超级大厨，故对菜肴的前期加工由助手乙方完成，甲方负责深加工，乙方负责洗碗、擦桌子等后期善后工作。

四、验收

甲乙双方负责的区域，玻璃要无水迹，地板要穿白袜子走后，袜子依然白净如初，沙发底下无私藏之物，书本归置于书框里，卫生间无异味。验收指标按四星级宾馆规格进行。此条可再协议。

五、违约责任

因乙方本来就有惰性，一切家务执行时间由甲方规定，乙方必须按时执行！拒绝执行或者拖延时间执行者，甲方可以无条件拒绝为乙方做任何家务！甲方有权减少乙方每月零花钱200元。

六、协议的变更和终止

甲乙双方对此协议有何意见或建议，须于协议签订日起 5 日内诚恳地向对方表明，通过QQ、微信、手机短信、邮件均可。甲乙双方因分歧无法履行协议时，此协议无效。

七、其他

1. 本协议经双方签字后开始生效。

2. 本协议后的补充协议与本协议同等效力。本协议一式二份。甲乙双方各执一份。

三、家庭劳动教育方案设计(三)

写一篇家庭劳动心得体会文章。要求：

(1) 字数在 1200 字以上。

(2) 要有具体的劳动场景描写、要有父母或家人们的评价。

(3) 要有劳动过后的劳动体会。

📖 **拓展阅读**

❧ 我学会了清洗抽油烟机 ❧

我家厨房的抽油烟机已使用很多年了，常因污油堵塞而无法正确运转。我父亲在公安局工作，常年早出晚归，经常一周甚至半月都不回家，工作非常辛苦。没有办法，从我记事起，家里的家务劳动，基本上是我的妈妈一个人承担。第一次清洗家里的抽油烟机，是有一天妈妈生病了，但不巧的是，抽油烟机也坏了，我刚好国庆节放假在家，妈妈对我说"你都 19 岁了，又是信息与自动化专业的大学生，帮妈妈把抽油烟机清洗并检查一下好吗？"我听从妈妈的意见，穿上一件旧衣服，找出家里的简单工具，在妈妈的指导下，开始清洗抽油烟机。以往我妈妈清洗抽油烟机时，并不专业，常常仅仅是用洗洁剂在抽油烟机表面上擦洗，往往是表面很干净，其实里面的堵塞仍然未清理，过几天抽油烟机又会出现问题。我作为广州科贸职业学院的高职大学生，首先想到的是要确定清洗抽油机的正确方法。于是，我拿出手机，在百度上输入"清洗抽油烟机的方法"几个字，相关清洗方法就出来了，我下载了一个常用的大众方法，然后，开始按照这个方法进行清理。

1. 取一个塑料瓶(能够用手捏扁的各种饮料瓶都可以)，用缝衣针在盖上戳 10 余个小孔，然后装入适量的清洗液，再加满温热水摇动均匀。

2. 启动抽油烟机，用盛满清洗液的塑料瓶朝待洗部位喷射，此时可见油污及脏水一道流入储油斗中，随满随倒。

3. 瓶内的清洗液用完之后，继续配制，重复清洗。直至流出的脏水变清为止，视积垢程度，我清洗三遍才冲洗干净。

4. 把扇叶外装的网罩拿下清洗，以加强洗涤效果。

5. 用抹布揩净吸气口周围、机壳表面及灯罩等处。

我通过清洗抽油烟机，学会了把从学校学到的相关知识，同查阅相关资料相结合，找出科学的做家务的办法。我妈妈之前清洗抽油烟机时，都习惯拆卸清洗，这样既浪费时间，又容易损坏机件，而我第一次清洗家里的抽油烟机，就学会了一种十分省时省力的清洗方法。我清洗后的抽油烟机，一个月都没有任何毛病，我妈妈可高兴坏了，见人就夸，"我的儿子真能干，会清洗抽油烟机了，而且清洗后会保持很长时间都不坏，你们以后找他哦"。通过我在家里清洗抽油烟机的家务劳动，我的感触很多，我体会到妈妈长年都这样辛苦，想不到清洗一个简单的抽油烟机，也有这样多的学问。

资料来源：豆丁网. https://www.docin.com/p-1608660781.html. 有删改.

📖 延伸阅读

1. 教育部官网. http://www.moe.gov.cn/.
2. 家务劳动内容. http://www.docin.com/p-1513657689.html.

📖 学习思考

1. 家庭劳动教育的重要作用是什么？
2. 写一篇你参加家庭劳动后的心得体会。

📖 参考文献

1. 段立鑫. 家庭劳动教育现状及实施途径探析[EB/OL]. 山西科技报，2019-08-15(3). https://www.doc88.com/p-7929983840720.html?r=1.

2. 史宇忻，赵峻岩. 认知偏差：家庭劳动教育亟待解决的问题[J]. 中国教育发展战略学会，2020.

第十一章

大学生企业实训劳动教育与实践

为了进一步落实习近平总书记"要努力构建德智体美劳全面培养的教育体系，形成更高水平的人才培养体系"的重要指示，《意见》明确指出："多方面强化安全保障。各地区要建立政府负责、社会协同、有关部门共同参与的安全管控机制。建立政府、学校、家庭、社会共同参与的劳动教育风险分散机制，鼓励购买劳动教育相关保险，保障劳动教育正常开展。"

📖 学习目标

1. 做好企业实训劳动教育，增强劳动意识。
2. 规范企业实训劳动实践，落实劳动责任。
3. 完善企业实训劳动预案，确保劳动有序。

📖 思政目标

1. 培养学生劳动意识，彰显劳动教育价值的必要性。
2. 将实训劳动定义为教学学习活动。
3. 遵守企业实训劳动法规，确保依法实训。

📖 导航阅读

∽ 新时代劳动教育做学教评一体化——五育并举典型案例 ∽

一、贯彻新时期(十九大)党的教育方针，劳动教育评价有方向

新时代党的教育方针最鲜明的特点是第一次把"坚持马克思主义指导地位，贯彻新时代中国特色社会主义思想，坚持社会主义办学方向"写进了方针；第一次把"劳"写进党的教育方针，提出了德、智、体、美、劳"五育"并举的人才培养新要求，为我国教育发展指明了方向。

二、修订人才培养方案，劳动教育评价易践行

2020 年秋季学期吉林省白城医学高等专科学校，2021 年上半学期江苏徐州技师学院、内蒙古鄂尔多斯技术应用学院、内蒙古交通职业学校等学校，根据中共中央、国务院《关于全面加强新时代大中小学劳动教育的意见》的指示精神，出台《劳动教育实施方案》，将劳动教育内容纳入人才培养方案，修订了相关评价体系。吉林省白城医学高等专科学校一年级、二年级120 个教学行政班，5822 名在校学生；江苏徐州技师学院全校 200 多个教学行政班，5532 名在校学生；内蒙古鄂尔多斯技术应用学院全校 140 多个教学行政班，6119 名在校学生。这些学校在广大学生中开展"做学教评一体化"劳动教育，将劳动教育与立德树人工作深度结合，努力培养德智体美劳全面发展的"五好学生"。

三、开展劳动教育线上线下教学，劳动教育评价接地气

注重教学内容研究，围绕劳动教育"学什么，怎么学；教什么，怎么教；练什么，怎么练；思什么，怎样改"四个问题，进行协同研讨，确立共性问题，开发课程资源，提升教学质量。目前，线上线下教学确立了七项学习任务，既有教师备课必修、师生选修，又有学生课前选学及学生必修。学习任务有：劳动精神、劳模精神、工匠精神、社会劳动实践、学校劳动实践及家庭劳动实践等。这些任务经过细化分解，落地为日常生活劳动、生产劳动及服务性劳动三大范畴。学习任务又紧密结合学校专业特色，学生创新创业、职业素养、就业指导教育等，对广大师生理解马克思主义的劳动观、习近平劳动观的理论意蕴，体现劳模精神和劳动精神的时代价值等有针对性的作用。据此，也探索了劳动教育融入高校的实现路径。

四、发挥信息平台优势，劳动教育评价更合理

劳动教育重在做，评价内容应该是更易显现的劳动现象和劳动成果。为此，依托劳动教育产教融合教学 APP 研发平台开展线上线下教学。在做学教评一体化中开展五育并举，将学生劳动素质培养与提高纳入人才培养目标，将育"五好学生"作为教学评价目标，包括以劳树德，思想品德好；以劳增智，学习成绩好；以劳强体，身体素质好；以劳育美，创美鉴美展美好；以劳创新，创新实践好。线上开展劳动教育课程，学习劳动知识，培养劳动理念，并利用线上"产教融合劳育通"对学生开通了课程学习日志、个人劳动日志、集体劳动日志上传功能，联合科技信息技术公司开发了线下的劳动上传功能，真实反映到线上平台。同时利用自评、互评、他评、跨班级评、跨年级评、师评相结合的评价方法，让同学们真正形成"学、比、赶、帮、超"的良好学习风气，形成了线上评价，实时学分累积的合理评价内容。

五、促进学生德智体美劳全面发展，劳动教育评价更全面

从原来的"三好评价"拓展到现在的德智体美劳五育并举，育"五好学生"。五好学生从理想的呼唤成为了可检测的数据和表象，检测的指标、检测的程序和检测的方法都形成明确具体的内容，增强了学生的获得感。

德是"养"成的，德育要把社会主义核心价值观内化于心，外化于行，培养和带领学生坚定跟党走！

智是"学"成的，智育要学思结合知行合一，增强学生的创新精神和实践能力！

体是"炼"成的，体育要每天锻炼一小时，让学生健康迈步走。

美是"化"成的，美育要以美育人、以文化人，让学生增强审美意识。

劳是"干"成的，劳动教育要开展适应学生年龄特点、符合时代特征的劳动活动，充分认识新时代劳动教育的价值属性、社会属性、历史属性和审美属性。

资料来源：知乎网. https://zhuanlan.zhihu.com/p/417619755. 2021-05-05.

第一节　做好企业实训劳动教育，增强劳动意识

国家突出强调开展日常生活劳动、生产劳动、服务性劳动三类劳动教育，这是依据马克思主义劳动观将劳动分为生产劳动和非生产劳动，相应地将劳动教育分为生产劳动教育和非生产劳动教育。国家统筹考虑到劳动教育内容的针对性和可行性，《意见》又将非生产劳动教育分为日常生活劳动教育和服务性劳动教育，后者具有较强的时代特点，注重利用知识、技能、工具、设备等为他人和社会提供服务，特别是在公益劳动、志愿服务中强化社会责任，培养良好的社会公德，例如：强调高校"注重培育公共服务意识，使学生具有面对重大疫情、灾害等危机主动作为的奉献精神"。这三类劳动教育内容不同，各学段可以有所侧重，但从总体上看，三者都很重要，不能偏废。

一、企业实训劳动教育划分

企业实训劳动教育是企业职业技能实际训练的简称，是指在学校控制状态下，企业按照人才培养规律与目标，对学生进行职业技术应用能力训练的教学过程。实训的最终目的是全面提高学生的职业素质，最终达到学生满意就业、企业满意用人的目的。可以从以下三种方式进行划分。

(1) 从内容上划分，可分为动手操作技能实训和心智技能实训，包含综合素质要求(创业和

就业能力)实训。

(2) 从时空上分,有校内实训和校外实训,包括教学见习、认识实训和生产实训等。

(3) 从形式上分,有技能鉴定达标实训和岗位素质达标实训,囊括通用技能实训和专项技能实训。

二、劳动意识贯穿于企业实训劳动教育的始终

法国启蒙思想家、教育家让·雅克·卢梭(Jean-Jacques Rousseau)指出:"劳动是社会中每个人不可避免的义务,没有劳动就不可能有正常的人的生活。"企业实训劳动教育正是践行劳动教育理念,使学生通过到企业开展实习实训以提升劳动素养的方式,促进学生全面发展的教育活动。如何树立"劳动价值观"成为企业培养劳动素养的核心内涵,"企业实训劳动教育"作为促进学生形成劳动价值观(即确立正确的劳动观点、积极的劳动态度,热爱劳动和劳动人民等)和养成良好劳动素养(形成劳动习惯、有一定劳动知识与技能、有能力开展创造性劳动等)为目的的教育活动。通过企业实训劳动教育可以增强学生相关劳动意识。

(1) 有利于提高学生的动手能力和思维水平。参加企业实训一方面可以培养学生运用所学知识解决实际问题的能力,另一方面可以通过学生的积极参与、具体操作,提高动手能力,使感性知识和理论知识相互印证。

(2) 有利于培养学生参与实践和主动创新的意识。企业实训解决了学生渴望了解社会、了解他人、探索未知、探索未来的精神需要。学生在实践操作过程中,充分利用已有的生活经验和想象来进行思考和操作,自主解决问题,培养其主体意识。

(3) 有利于增强学生适应未来发展的需要。让学生适应企业工作环境,参加劳动实践是最有效的途径。参加企业实训,培育培养一定的劳动技能,既是未来生活和工作的外在要求,也是学生更好地适应未来生活和发展的内在追求。

(4) 有利于增强学生的主体意识和团队合作精神。企业实训围绕一个目标开展主题性、综合性的实践活动,可以引领学生学会合作,增强学生的自主发展意识,培养学生的合作技能,涵养合作精神。

第二节 规范企业实训劳动实践,落实劳动责任

科学规范化的管理是达成劳动教育效果的重要保障。学生只有参加了真正的生产实践,才能在实际生产劳动中增强组织纪律性和工作责任心,提高整体配合意识和效率与质量意识,从

而使他们的综合劳动素质获得全面的提高。通过在企业实训中开展生产劳动认知教育、生产劳动观念教育、生产劳动技能教育、生产劳动法律法规教育和生产劳动习惯养成教育，不断探索企业实训中劳动教育的内容、途径和方式，才能使学生在实践劳动中更深入地理解专业知识，更熟练地掌握专业技能，具备技术革新和技能创新的意识；才能不断提升综合素质和劳动能力，体会劳动创造美好生活，体会劳动不分贵贱，热爱劳动，尊重普通劳动者；才能强化劳动观念，端正劳动态度，增强法律意识，保护自身劳动合法权益，进而形成正确的劳动价值观；才能具备满足生存发展需要的基本劳动能力，形成良好的劳动习惯。

一、企业实训劳动实践应与时俱进

劳动教育是以提升学生劳动素养的方式促进学生全面发展的教育活动。因此，在当前形势下应当大力倡导劳动教育，但劳动教育责任要落到实处，其观念与实践都应当与时俱进。特别是在新冠肺炎疫情防控工作中，我国各行各业特别是医疗卫生行业的劳动者们表现出的无私奉献和大无畏的牺牲精神，是新时代千千万万劳动者用劳动为国家和社会作出重大贡献的基本形式，因此，党中央国务院在《意见》中特别强调："注重挖掘在抗疫救灾等重大事件中涌现出来的典型人物和事迹，大力宣传不畏艰难、百折不挠、敢于担当的高尚品格。"《意见》同时还要求，要宣传推广劳动教育的典型经验，营造良好的舆论氛围，特别要旗帜鲜明地反对一切不劳而获、贪图享乐、崇尚暴富的错误观念。在劳动教育实施过程中也要紧跟时代的脚步，顺应变化，树立正确的价值观，培养良好品质，不断地去完善自我，争做时代的先锋。

二、资源整合，不断深化校企产教融合

通过资源整合，不断深化校企产教融合。企业实训给学生提供更多的劳动场所，加强劳动教育与其他社会资源之间的联系，满足多样化人才培养劳动实践的需求。"实训＝素质＋技能＋经验"，对于学生来讲，通过企业实训，一方面可以增加实践经验；另一方面可以降低就业的成本和风险，增加就业的机会。企业实训劳动教育主要面向企业培养实用员工，对企业而言，其本质不是培训而是预就业，以"就业"为诉求点，"实训过程=补强阶段+实操阶段+实习阶段+就业阶段"，实现劳动教育过程与企业嫁接。

在 2020 年全国教育工作会议上，教育部对构建劳动教育责任链条作出重要部署。落实劳动教育，不仅是各级各类学校的重要责任，也是学生家庭和社会企事业单位的重要责任，更是各级政府的重要责任，任何一方缺一不可。只有以学校为主体的各个方面都切实承担并履行好各自的责任，才能合力落实好劳动教育，培养和提高学生的劳动素质。构建责任链条，是将劳

动教育从认识转化为行动的重要机制，也是改变某些地方只喊口号却无行动甚至抵触劳动教育这一现象的有力手段，还是化解落实劳动教育难题的有效方法。构建劳动教育责任链条，需要解决两个关键问题：一是要明晰各个方面的责任，杜绝"空心环节"；二是要让相关方面切实履行各自的责任，避免链条成为摆设。2022 年 1 月，全国教育工作会议召开，会议指出，2022年是新时代新征程中具有特殊重要意义的一年，教育工作要围绕中心、服务大局，作出实质性贡献。

(1) 坚定不移用习近平新时代中国特色社会主义思想铸魂育人。把学习贯彻习近平新时代中国特色社会主义思想作为首要政治任务，坚持以高质量党建引领育人，着力以风清气正的环境育人，加快完善德智体美劳全面培养的教育体系。

(2) 巩固发展更加公平而有质量的基础教育。持续打好"双减"攻坚落实战，深入推进学前教育普及普惠发展，大力推进义务教育优质均衡发展，加快推动普通高中特色多样发展。

(3) 大力发展适应新技术和产业变革需要的职业教育。优化发展环境，增强职业教育适应性，提高内涵质量。

(4) 创新发展支撑国家战略需要的高等教育。推进人才培养服务新时代人才强国战略，推进学科专业结构适应新发展格局需要，以高质量的科研创新创造成果支撑高水平科技自立自强，推动"双一流"高校建设，为加快建设世界重要人才中心和创新高地提供有力支撑。

(5) 建设高素质专业化教师队伍。坚持师德师风第一标准，全面夯实教师发展之基，切实保障教师权益。

(6) 以改革创新注入教育发展强大动力。深化新时代教育评价改革，激发基层和学校活力，提升依法治理水平，实施教育数字化战略行动，健全 4%落实机制。

(7) 在大变局中谋划教育对外开放新策略。用好全球优质教育资源，讲好中国故事。

以上七大方面的工作任务都需要各级各类学校全体师生用劳动和智慧去完成，如果没有脚踏实地的劳动创造和劳动实践，不可能完成七大方面的工作任务。

三、合力落实企业实训劳动教育责任链条

在合力落实企业实训劳动实践责任链条中，学校是实施劳动教育的主体。各级各类学校应当将培养和提高学生劳动素质作为学校人才培养目标的重要内容，将劳动教育列入学校统一规划和重要工作安排；应当根据学生发展的阶段性特点，在教育体系、课程体系和校内外活动中安排必要的时间，组织和指导学生开展各种劳动实践；应当建立并实行学生参加教室和校园卫生劳动制度，小学中、高年级应当建立并实行学生参加校外公益服务劳动制度，中等及以上学校应建立并实行学生参加见习实习劳动和社会生产劳动制度(包括有条件的学生参加家庭生产

劳动制度)，规定适合学生年龄特点的劳动时间，可以探索对参与的学生和班级或院(系)实行积分制，将积分作为学生综合素质评价和班级或院(系)评优的重要依据之一；将加强劳动教育专兼职师资建设列入教师队伍建设规划，将有效实施劳动教育列入教师考核标准，高度重视保障劳动教育校内资源建设和配置；应当制定保护学生劳动安全的操作细则。

在合力落实劳动教育责任链条中，各级政府要切实肩负起指导、支持和监督的责任，而且肩负构建完整链条、让链条有效运行不掉链子的责任。各级政府尤其是县(区)人民政府应当以文件形式明确各相关方面的劳动教育责任，将其纳入教育督导的考核内容，并规定督导考核和奖惩办法，多渠道保障劳动责任。

各级教育行政机关应当将加强和改进劳动教育纳入教育规划及年度工作计划；就所属各级各类学校劳动教育目标、课程、教学、活动方式等方面，将劳动素质纳入学生综合素质评价、劳动教育中的安全责任等方面，制定具体的可操作的指导文件；为学校劳动教育提供必要的经费保障，为专职师资建设提供培训、技术职务评聘、校际共享等政策支持；可以考虑将劳动教育纳入教育行政机关和学校督导评价，纳入学校领导述职考核等。

四、建立健全保障机制

各相关单位可以根据各自业务特点，分别从营造劳动教育的舆论环境、提供劳动教育的专用实践基地、鼓励企事业单位提供劳动教育精神奖励和政策优惠、鼓励保险等金融机构提供公益性学生劳动保险等方面承担责任。各级工青妇组织根据各自群团组织特点，承担起为学校实施劳动教育提供校外兼职教师和青年志愿者等责任。特别是校企双方要确保企业实训实践基地建设前期的经费投入及后期的维护和活动经费的投入。鼓励企业实训劳动实践基地开展自我造血功能的研发，最终实现自给自足。倡导接受爱心企业的支持与资助，在接受帮助的同时，也以学生的专业特长助力企业完成社会责任建设。在落实企业实训劳动实践责任链条建设中，要开展供给侧结构性改革，精准对接社会和企业需求，完成如下保障。

(1) 加强双师型师资队伍建设保障。要根据劳动教育课程体系建设与企业实训实施途径，配齐相关教师、提升学科和专业教师劳动教育素养，聘请劳动模范、大国工匠等建设专兼职结合的劳动教育师资队伍，是全过程、多渠道实施劳动教育的重要保障。

(2) 加强企业实训实践基地建设保障。校企双方应根据劳动教育需求建好配齐稳定的企业实习和劳动实践基地，满足学生劳动实践需求。行业企业积极参与学校组织的劳动教育实训活动，为学生体验现代科技条件下劳动实践新形态、新方式提供支持。

(3) 建立健全企业实训社会资源保障机制。政府应通过政策引导和舆论宣传在全社会营造热爱劳动、崇尚劳动，关心和支持劳动教育的良好社会氛围。鼓励行业企业积极参与劳动教育，为学生提供劳动实践场所和参与劳动实践的机会，并对参与支持学校劳动教育的行业企业、社会机构给予表彰或奖励。加强对师生的劳动安全教育，强化劳动风险意识，建立健全安全教育与管理并重的劳动安全保障体系。

第三节　完善企业劳动预案，确保劳动有序

企业劳动实训过程中，安全工作面临着极大的挑战，问题也会更加突出。突发事件多，学生安全意识薄弱，安全知识欠缺，对实训劳动环节中的突发事件缺乏应急处置的经验。如何建立科学、有效、完备的企业实训劳动安全预案是劳动有序进行的重要保障。企业劳动预案应统筹部门规划，兼顾组织协调，从实战出发，建立健全的劳动预案，确保劳动有序进行。

一、防患于未然

"安全第一、预防为主。"加强企业劳动预案建设，形成推动学校企业等企事业单位各项工作的核心竞争力，通过强化管理，建立适应企业管理的劳动预案、员工行为规范；全面贯彻落实，开展全面系统、高强度培训，形成良好的企业劳动建设氛围；通过对劳动安全理念的层层宣贯，形成良好劳动特征、岗位标准、岗位职责和安全教育口号；同时通过制度规范，推进行为养成，使企业核心价值理念、基本价值理念、员工行为公约等各种行为规范为员工所认知、熟记、掌握，确保劳动有序。

《意见》明确提出："各学校要加强对师生的劳动安全教育，强化劳动风险意识，建立健全安全教育与管理并重的劳动安全保障体系。科学评估劳动实践活动的安全风险，认真排查、清除学生劳动实践中的各种隐患特别是辐射、疾病传染等，在场所设施选择、材料选用、工具设备和防护用品使用、活动流程等方面制定安全、科学的操作规范，强化对劳动过程每个岗位的管理，明确各方责任，防患于未然。制定劳动实践活动风险防控预案，完善应急与事故处理机制。"

二、劳动预案的制定与启动程序

预案，是指根据评估分析或经验，确定应急救援的范围和体系，对潜在的或可能发生的突发事件的类别和影响程度而事先制定的应急处置方案。能够有效地降低企业事故纠纷数量，提高风险防范意识。在开展劳动教育中，为及时有效地防范和处置劳动安全事件，各单位要认真

贯彻"安全第一，预防为主"的方针，结合实际情况，制定本单位的预案，对劳动安全事件做到统一领导、分级管理、落实措施、及时排危抢险，最大限度地减少劳动事件造成的危害、损失及其他不良影响。当劳动安全事件发生时，第一时间报告组织，根据领导指令，启动劳动安全事件应急预案，以最快的速度奔赴事发现场，迅速有序地展开救援工作，并保留、维持好现场。统计范围包括：事件发生的时间、地点、事件类别、事故原因、目前状况、后果估计、影响范围和已采取的应急措施、报告人姓名、联系电话等，并随时报告事件后续的发展和处置情况，做好相关记录上报单位领导及相关职能部门，不得迟报、谎报、瞒报和漏报。在救援过程中要注意事发现场的保护及相关人员的心理抚慰工作。

📖 案例11-1

⚘ 某学校劳动安全应急预案 ⚘

为切实做好学生参加劳动实践活动期间的安全管理工作，积极应对可能发生的重大安全事故，及时组织人员做好抢险救护工作，确保师生的生命财产安全，根据上级规定并结合本校实际，特制定本校劳动安全应急预案。

一、安全应急组织机构

为切实加强学生参加劳动实践活动期间安全工作的组织领导，确保应急工作的顺利进行，职责明确，责任到位，学校成立安全应急领导小组。

组长：×××

副组长：×××、×××

成员：×××、×××

领导小组主要职责：

1. 指挥有关老师立即到达规定岗位，采取相应的应对措施。

2. 安排老师开展相关的抢险排危或实施求救工作。

3. 根据需要对师生进行疏散，并根据事件性质，及时报请上级有关部门。

4. 根据需要对现场采取控制措施。

二、重点部位的安全事故类型

1. 劳动实践活动过程中摔伤、砸伤、碰伤等事故。

2. 劳动实践活动操作事故。

3. 其他意外伤害事故。

4. 学生参加劳动实践活动及往返途中安全事故。

三、安全责任人职责

1. 安全应急领导小组成员确保通讯畅通。

2. 有关人员到岗在位负责。

3. 有关人员要认真检查巡视，发现隐患及时报告。

四、应急处理

1. 应急指挥

应急处理指挥由本预案应急领导小组组长，即分管校领导任总指挥，负责组织协调指挥抢险疏散，及时报 110、120 抢险中心并向上级报告有关情况。总指挥如因故不在，由副组长代为行使职权。

2. 现场抢险救援

(1) 劳动事故现场由校长负责总指挥。

(2) 现场辅导员、各班主任负责做好本班学生的自我安全保护工作。

(3) 通道安全的疏导由安全处负责指挥调集。

(4) 发现学生在劳动实践活动中受伤或身体不适，应当立即向学校应急领导小组报告，并送校医务室救治。如校医、学校应急领导小组认为有必要送医院救治的，应迅速通知家长，并由家长陪同就医，若家长不能陪同的，必须由校医或有关老师陪同到医院。

3. 善后处理

事故发生以后由校应急抢险指挥小组领导及有关安全责任人员参加，除负责现场抢险外还应及时报告主管部门并积极配合上级领导对事故情况的调查，分析事故产生的原因、事故责任人的处理建议等工作。

五、相关安全措施

1. 带队指导老师或辅导员(班主任)负责本班劳动实践活动意外伤害事故发生后的应急处理工作。

2. 每次参加劳动实践活动前，应制定详细的活动计划，认真做好各项准备工作。

3. 活动前要做好四个层次的安全教育：全校集中教育、二级院(系)安全动员、班级教育、家长配合教育。增强学生的安全意识和自我防范能力，牢固树立集体主义观念，培养学生守纪律、讲秩序的良好习惯。

4. 如需要车辆的活动，要求汽车租赁公司选派能自觉遵守交通法规、驾驶经验丰富、技术熟练的驾驶员和车容、车况、安全性能好的车辆，条件成熟的二级院(系)可以购买人身意外险。

5. 一旦发生意外伤害事故，事故现场主要负责人立即向总指挥汇报。总指挥应在第一时间赶赴现场，组织抢救工作，并由应急领导小组负责统一上报地方教育局直至教育厅。

6. 带队指导老师或辅导员(班主任)应检查学生的受伤程度，情况严重的立即拨打 120 急救电话，并详细说明学生的情况和学生的位置。

7. 带队领导、辅导员(班主任)、带队指导老师应立即组织实施力所能及和切实有效的抢救措施。

三、与时俱进，制定突发事件等应急预案

2020 年一场突如其来的新型冠状病毒肺炎疫情，给全世界人们带来了极大的伤害和影响，国务院新闻办公室在 2020 年 6 月 7 日发布的《抗击新冠肺炎疫情的中国行动》白皮书指出：这是近百年来人类遭遇的影响范围最广的全球性大流行病，对全世界是一次严重危机和严峻考验。人类生命安全和健康面临重大威胁。疫情就是命令，防控就是责任。在以习近平同志为核心的党中央坚强领导下，各级党组织和广大党员干部、医务工作者全面落实联防联控措施，构筑起群防群治的严密防线。教育部职业教育与成人教育司《关于加强新型冠状病毒肺炎疫情防控期间学生实习实训管理工作的通知》中强调：各高校要对疫情防控期间学生实习情况进行全面排查，掌握正在开展的实习、计划开展的实习等情况，尤其是要摸清实习学生的实习计划、实习地点、时间安排、工作生活环境、安全防护措施等情况。

在疫情防控的特殊时期，各类学校应按照国家有关规定，对处在校外实习岗位的大学生，启动相应的应急预案，立即协调实习单位切实做好师生安全防护工作，要加强疫情监控，密切注意学生身体健康状况，严格遵守实习地疫情防控要求与相关法规，主动配合做好医学筛查，严格控制学生外出活动，及时掌握学生工作生活情况。跟岗教师要加强对实习学生的预防教育和常规管理，与学生及家长进行沟通联络，全时段全过程掌握学生实习动态和身体状况。根据应急预案与教育部门相关通知，对实习学生出现疑似症状者和确诊患者，学校要积极协调实习单位，双方共同按照当地疫情防控工作要求妥善处置，及时联系学生家长告知有关情况，并向当地有关疫情防控部门和省教育厅报告。正在校外进行实习的学生，要严格遵守当地人员流动的管理规定，待相关条件允许后方可返回，期间做好相关心理疏导和生活保障。对于暂未开展而拟于本学期进行的实习活动要立即与实习单位衔接，延期组织实习，并及时通知学生及家长，疫情解除后再恢复进行。

第四节　遵守企业实训劳动法规，确保依法实训

加强企业实训劳动法律法规教育，防范化解劳动风险。在企业实训教学中，要加强劳动法

律法规、就业指导、职业生涯规划等内容的教育，帮助学生了解劳动与经济、社会、职业、健康之间的关系，了解劳动合同订立的基本规定，劳动合同的履行、变更、解除与终止，劳动争议的处理等，有针对性地开展学生企业实训权益保障、学生劳动权益保障、工伤权益保障、劳动报酬权益保障、休息休假权益保障、就业权益保障方面的劳动法律知识指导。通过加强制度建设，制定学生实训工作具体管理办法和安全管理规定、实训学生安全及突发事件应急预案等制度性文件。在制定过程中，须充分征求、吸纳实习单位意见。学生参加跟岗实习、顶岗实习前，学校、实习单位、学生三方应签订实习协议，明确各方的责任、权利和义务，协议约定的内容不得违反相关法律法规，确实保障学生权益，防范和化解劳动风险。

一、让依法实训"香"起来、"亮"起来

针对企业实训劳动实践社会性很强的特点，《意见》特别强调，各级政府要加强劳动教育工作的统筹协调，各相关部门要履行自身的劳动教育职责，全社会合力推动劳动教育。文件要求强化组织领导。在党委统一领导下，各级教育行政部门要明确实施机构和人员职责，并积极争取发展改革、财政、人力资源社会保障、税务等部门以及工会、共青团、妇联等群团组织力量，推动落实好各项改革措施，把劳动教育的目标任务落到实处。通过各部门通力合作，加强宣传引导，全社会共同创造良好的劳动文化，让劳动教育"香"起来、"亮"起来，从根本上解决劳动教育特别是企业实训维权保障等问题。

法律规定劳动者享有的权利有：①平等就业和选择职业的权利；②获得劳动报酬的权利；③获得休息休假的权利；④获得劳动安全卫生保护的权利；⑤接受职业培训的权利；⑥享受社会保险和福利的权利；⑦提请劳动争议处理的权利。而学生作为企业实训人员，实训实习期间与企业的劳动纠纷问题，一直是法律中普遍存在的问题，几乎涉及到劳动关系的各个方面。我国相关法律法规规定，当劳动者与用人单位发生纠纷后，根据《中华人民共和国劳动法》(以下简称《劳动法》)第七十七条：用人单位与劳动者发生劳动争议，当事人可以依法申请调解、仲裁、提起诉讼，也可以协商解决。调解原则适用于仲裁和诉讼程序。

而学生在企业实训实习期间劳动权益容易受侵害的主要原因有：①现行的法律对学生群体的劳动教育实习行为并没有统一、准确的定义，因此学生在实习中出现的权益相关问题得不到法律的保护；②部分行业企业的社会责任观念薄弱，钻法律空子肆意损害学生权益时学生难以维权；③某些学校管理规章不健全，对实习的监管松散，甚至串通一些不法企业侵犯学生的权益。

二、依法合规遵守企业实训劳动法规

确保依法实训，遵守企业实训劳动法规，是规范用人单位用工行为，保护劳动者合法权益，促进社会稳定的前提。签订劳动合同是劳动者的权利也是劳动者的义务，我国劳动法特别强调了劳动合同的签订。《劳动法》第十六条规定："劳动合同是劳动者与用人单位确立劳动关系、明确双方权利和义务的协议。建立劳动关系应当订立劳动合同。"作为劳动者也应当遵守企业实训劳动法规，确保依法实训。根据《劳动合同法》第三十九条的规定，员工严重违反用人单位规章制度的，用人单位有权随时与其解除劳动合同且无须支付其任何经济补偿。企业根据本条与员工解除劳动合同时，应当具备以下几点。

(1) 企业有充分证据证明，员工有严重违反公司劳动纪律的行为存在。

(2) 企业拥有制定相应规章制度的权利，规章制度应当遵守法律规定，做到内容合法，通过民主程序制定，并向员工进行公开公示。

企业要严格遵守劳动制度特别是学生企业实训劳动制度，进一步深化企业管理，充分调动发挥公司员工的积极性和创造性，切实维护公司利益和保障员工的合法权益，规范公司全体员工的行为和职业道德。结合《公司法》《劳动法》等相关规定，建立一套管理制度，以促使公司从经验管理型模式向科学管理型模式转变。依法建立和完善企业内部劳动制度，既是企业的责任，也是企业的义务。

拓展阅读

大学生实习受伤的索赔与认定

大中专院校学生临近毕业，都有一个到单位实习的过程，有的是学校联系和介绍，有的是自己去四处找寻。由于这个衔接过程不够严密和规范，学生在实习中受伤很难得到较好的解决。笔者试就这方面的情况做些介绍。

一、成功解决的案例

案例一：确认早年损害赔偿客观合理

20 世纪 70 年代，某校学生 A 被派到某动物园河马馆实习。某日下午，正在清扫河马兽舍的 A 看到有些麻雀在吃河马草料，就去驱赶。刚生完小河马的河马妈妈突然扑向 A，A 急忙往外跑，但已来不及了，张开大嘴的河马把 A 咬倒在地，结果 A 经抢救无效去世。

事后，动物园负担了医疗费 2997.47 元，丧葬费 200 元，其父的误工费 209.27 元，另支付补偿费 500 元。动物园还安排住房一套，并支付困难补助共计 6800 元。

2004 年，A 的家属向法庭起诉，要求动物园再给予赔偿 44 万元。其家属声称，当年动物园领导曾口头承诺等国家政策出台后继续补偿。其证据主要是证人的证言。但法院认为，证言系回忆，而根据当时的文件档案记录等书证，均无记载。法院认为，动物园的补偿数额基本符合当年的工伤死亡补偿标准，并妥善安置了其家属的工作和住房问题。现家属要求依照现行法律对其进行人身损害赔偿，已超过了诉讼时效。考虑到其家属生活困难，法院对其家属应交纳的 9000 元案件受理费予以免除。

案例二：未成年学生实习受伤由三方负责

B 参加毕业前实习，实习单位是某大酒店。按照多年的惯例，校方仅是与酒店口头说了一下，即让学生到酒店实习，双方对学生实习期间的管理及权利义务未作明确的界定。

某日，B 在酒店点心房独自一人上班，其他人员还未到岗。在加工面粉过程中，因操作不慎，右前臂被机器缠绞轧伤，经诊断为"右前臂旋转撕脱离断伤"。共 5 次住院，总天数为 144 天，用去医药费 4.14 万元。

B 经鉴定右腕关节功能丧失 90%、右手功能丧失 90%，前臂损伤属 5 级伤残。B 获报销医药费 30 066 元和伤残补助金 3360 元。B 将学校和酒店告上法庭，索赔 14 万余元，其中精神损失费 2 万元。学校称这是一起工伤事故引发的劳动争议纠纷，不是一般的人身损害引发的民事赔偿纠纷，学校不是劳动争议法律关系的一方主体，请求法院驳回对学校的诉讼请求。酒店称自己仅仅是作为学校的一个教学场地，提供的是教学条件，B 与酒店不存在任何法律关系。

法院认为，B 应遵守学校有关实习的规定，亦应遵守实习单位有关安全操作的规程。她所受的损害是由于自己在实习操作中的失误所引起，应由其监护人承担相应的责任。学校与酒店在 B 的损害事故中存在疏于管理的责任，未能妥善落实对她在实习期间的管理，任由未满 18 岁的 B 独自一个人操作，而发生事故，也应担负起相应的责任，法院为此判决学校和酒店各赔偿 31 105 元。

案例三：实习期间中毒获劳动赔偿

学生 C 被学校推荐到某药业公司实习，从事药品包装工作。实习单位未告知此项工作有毒，也未让她们采取任何防护措施。

两个月后，C 感到浑身酸疼，腰部疼痛尤为厉害。她到省内多家大医院就诊，但均未查明病因。经某职业病医院诊断，确诊为汞中毒。

C 为治病已开支费用 10 万多元，父母为给她治病已债台高筑，只好向法院起诉，要求某药业公司赔偿损失费 12 700 余元。

药业公司称，自己不应承担工伤费用，因为其他学生都没汞中毒，C 中毒是自己抹化妆品时感染的。还称，我国《劳动法》《合同法》《工伤保险条例》，都没有明文确定实习生为法律上的"劳动主体""合同主体"或"工伤赔偿主体"，要求工伤赔偿于法无据。

法院调查表明，该药业公司确实未告知此项工作有毒，也未让 C 采取任何防护措施。还查明该药业公司内部职工在此之前有两人汞中毒。法院确认 C 的病情是由药业公司造成的，同时认定 C 属于《工伤保险条例》中的赔偿对象。原被告双方达成了和解协议：被告某药业公司先期支付 C 后续治疗费 1 万元，其他费用待治疗结束后一并解决，后续相关费用由原告、被告和原告所在学校商议解决。据此，原告同意撤诉。

案例四：实习受伤按工伤处理

某医学专业大学生 D 到某县中医院实习，领导安排打扫卫生，D 在擦玻璃时不慎从窗口坠落，头部受伤，经医院救治 155 天，花去医药费 18 万元，其中县中医院支付 12 万余元。出院时，大学生呈无恢复可能的植物生存状态。劳动鉴定委员会鉴定为一级伤残。

D 的父亲向劳动仲裁委员会申请仲裁，要求中医院支付工伤福利待遇 65 万余元。仲裁机关作出裁决：县中医院支付大学生 D 医药费、工伤津贴、伤残抚恤金等 31 万余元。县中医院不服仲裁裁决，认为该大学生受伤时的身份不符合劳动法规定的工伤条件，故向法院提起民事诉讼，请求撤销仲裁裁决，按一般民事损害赔偿判处。

一审法院认为，D 实习 8 个月，双方虽未订立书面劳动合同，但却是依双方真实意思的表示，根据劳动和社会保障部的相关解释，双方已形成事实上的劳动关系。虽然对于大专院校学生在实习期间受到意外伤害是否按工伤认定处理，我国尚无明文规定，但仲裁机关的认定符合国务院《工伤保险条例》中规定的宽泛工伤范围，同时也符合建立健全劳动保险保障机制的要求，因此仲裁机关依法裁定该大学生享受各种工伤待遇正确。县中医院没有在法定期限内就此申请复议或提起行政诉讼，故不能在民事诉讼中对抗行政机关已生效的工伤认定，其请求不能成立。一审法院驳回其诉求，二审法院维持原判。

二、大学生实习受伤的认定及启示

大学生实习受伤按工伤处理有法律依据。实习生属于《工伤保险条例》中的赔偿对象。我国《劳动法》《合同法》《工伤保险条例》等，都没有明文确定实习生属于法律上的"劳动主体""合同主体"或"工伤赔偿主体"。但是，根据《最高人民法院关于审理人身损害赔偿案件适用法律若干问题的解释》第三条规定，属于《工伤保险条例》调整的劳动关系和工伤保险范围的工伤，应由《工伤保险条例》的规定来处理，而《工伤保险条例》虽然没有明文规定实习生为"工伤赔偿主体"，但该条例中有关解释性条款已将这种主体包容了进去。

该条例第二条规定：中华人民共和国境内的企业、事业单位、社会团体、民办非企业单位、基金会、律师事务所、会计师事务所等组织的职工和个体工商户的雇工，均有依照本条例的规定享受工伤保险待遇的权利。这里所说的职工或雇工，讲的就是《工伤保险条例》规定中的主体，实习生自然包括在其中，如果他们遭到了工作中的伤害，就可以依法称为"工伤赔偿主体"。

企业或其他用人单位应重视劳动安全。我国《劳动法》第五十二条规定："用人单位必须建立、健全劳动安全卫生制度，严格执行国家劳动安全卫生规程和标准，对劳动者进行劳动安全卫生教育，防止劳动过程中的事故，减少职业危害。" 第五十三条和第五十四条规定："劳动安全卫生设施必须符合国家规定的标准。""用人单位必须为劳动者提供符合国家规定的劳动安全卫生条件和必要的劳动防护用品，对从事有职业危害作业的劳动者应当定期进行健康检查。"用人单位的劳动安全设施和劳动卫生条件不符合国家规定，或者未向劳动者提供必要的劳动防护用品和劳动保护设施的，根据第九十二条规定，由劳动行政部门或者有关部门责令改正，可以处以罚款；情节严重的，提请县级以上人民政府决定责令停产整顿；对事故隐患不采取措施，致使发生重大事故，造成劳动者生命和财产损失的，对责任人员比照刑法有关条文的规定追究刑事责任。

资料来源：百度百科. 大学生实习受伤的索赔与认定. https://baijiahao.baidu.com/s?id= 1625229326383114766. 2019-02-12. 作者有修改.

🕮 延伸阅读

1. 全面贯彻党的教育方针 大力加强新时代劳动教育. http://edu.people.com.cn/n1/2020/0330/c1006-31652900.html.

2. 全国人民代表大会常务委员会关于修改《中华人民共和国劳动合同法》. https://wenku.baidu.com/view/f8279fe1d3f34693daef5ef7ba0d4a7303766c45.html.

3. 如何正确认识劳动合同法. http://www.npc.gov.cn/zgrdw/npc/zt/2010-06/08/content_1594286.htm.

4. 2020年最新劳动合同法全文【完整版】. http://m.maxlaw.cn/n/20200107/967544703218.shtml.

5. 《劳动合同法》系列解读—协商解除劳动合同. https://m.sohu.com/a/290896497_797738.

6. 劳动法常识：大学生就业中的法律问题. http://www.chinalawedu.com/web/4000/wl1507036472.shtml.

🕮 学习思考

1. 新时代企业实训劳动教育的目标是什么？

2. 教人者要先受教，如何加强企业实训师资培养？

3. 新时代企业实训劳动教育应该如何展开？

4. 劳动者在权益受到侵害时应该如何维护自身的权益？

5. 员工在什么情况下可以提出解除劳动合同？

6. 劳动者依法解除劳动合同的基本程序是什么？

7. 企业应该如何制定劳动制度去维护劳动者的权利与企业权益？

8. 如何将劳动责任渗入到企业实训劳动实践各个育人环节中去？

9. 如何构建好劳动教育的相关保障体系？

📘 参考文献

1. 李想. 集体劳权的中国化：立法述评和实践问题[J]. 中国集体经济，2017(3).

2. 韩笑. 签订劳务合同能否否认劳动关系[N]. 中国商报，2017-11-02.

3. 姚会平. 劳动法实务[M]. 成都：西南财经大学出版社，2019.

4. 唐贵才. 企业应急预案编制与实施[M]. 北京：中国劳动社会保障出版社，2018.

5. 王媛. 企业经济合同法律风险及防范措施分析[J]. 法制博览，2019(18).

6. 季志华. 员工遭遇企业解除劳动合同该如何维权[N]. 中国商报，2018-12-27.

7. 朱赤浩. 论合同法定解除权[J]. 法制与社会，2019(34).

8. 吴越. 违约方的合同法定解除权问题研究[D]. 华东政法大学，2019.

9. 勾清芸. 探析合同法定解除后损害赔偿问题[J]. 法制与经济，2019(2).

10. 李珂. 嬗变与审视：劳动教育的历史逻辑与现实重构[M]. 北京：社会科学文献出版社，2019.

11. 檀传宝. 劳动创造美好生活—劳动教育课教材[M]. 北京：中国劳动社会保障出版社，2020.

12. 张立志，盖海红，谷慧琳. 高职学生顶岗实习法律风险防范探析[J]. 考试周刊，2016(13) :151.